本书获得国家自然科学基金（项目编号51478297）资助和国家重点研发计划（项目编号2018YFC0704400）资助

| 光明社科文库 |

APEC城市可持续发展
指标体系构建研究

朱丽　王辰◎著

光明日报出版社

图书在版编目（CIP）数据

APEC 城市可持续发展指标体系构建研究 / 朱丽，王辰著 . -- 北京：光明日报出版社，2023.7

ISBN 978－7－5194－7388－4

Ⅰ.①A⋯ Ⅱ.①朱⋯ ②王⋯ Ⅲ.①城市发展战略—研究—中国 Ⅳ.①F299.21

中国国家版本馆 CIP 数据核字（2023）第 145235 号

APEC 城市可持续发展指标体系构建研究
APEC CHENGSHI KECHIXU FAZHAN ZHIBIAO TIXI GOUJIAN YANJIU

著　　者：朱　丽　王　辰

责任编辑：杨　茹　　　　　　　责任校对：杨　娜　李佳莹
封面设计：中联华文　　　　　　责任印制：曹　净

出版发行：光明日报出版社
地　　址：北京市西城区永安路 106 号，100050
电　　话：010-63169890（咨询），010-63131930（邮购）
传　　真：010-63131930
网　　址：http://book.gmw.cn
E - mail：gmrbcbs@gmw.cn

法律顾问：北京市兰台律师事务所龚柳方律师

印　　刷：三河市华东印刷有限公司
装　　订：三河市华东印刷有限公司

本书如有破损、缺页、装订错误，请与本社联系调换，电话：010-63131930

开　　本：170mm×240mm
字　　数：245 千字　　　　　　　印　　张：16.5
版　　次：2023 年 7 月第 1 版　　印　　次：2023 年 7 月第 1 次印刷
书　　号：ISBN 978－7－5194－7388－4

定　　价：95.00 元

序

当前，全球再次进入了一个充满可持续发展挑战的时期。全球气候变化、能源转型和碳减排，构成了这些挑战中最严峻的部分。城市作为承载了最多人类文明发展成果的平台，已经成为应对可持续发展诸多挑战的"最前线"。而多样性、复杂性、发展不平衡和数量众多等特点交织的亚太经合组织（APEC）成员经济体城市，在全球人口城市化、环境影响、经济总量和社会包容等领域，都扮演着举足轻重的角色，进而深刻影响着全球可持续发展的成果。本书的研究目的是面向重要且复杂多样的 APEC 城市，构建城市可持续发展指标体系，并通过对指标体系的评价和应用研究，形成一套完整的面向众多 APEC 城市的可持续发展指标体系应用方案。

本书采用从理论到应用，从定性到定量，由面到点，逐层简化与精准化的方式开展 APEC 城市可持续发展指标体系的研究。基于复杂系统理论，本书以三支柱方法为参考，构建了以环境、社会、经济和城市治理为子系统可持续发展组成的评价方法和框架。在此基础上，通过核心指标、支持指标和城市指标的设置，结合对百余位国内外专家咨询与问卷调研的结果，构建了 APEC 城市可持续发展指标体系。指标体系既能够通过核心指标（34 个）进行城市可持续发展测量和城市间的比较，又能够利用支持指标（61 个）和城市指标，在面向具体城市制定用于引导其发展的指标体系时，兼顾经济体和城市间的差异。

APEC 城市可持续发展指标体系的评价研究和应用研究，则基于面向 231 座复杂多样的 APEC 城市的类型识别研究展开。本书运用自组织特征映射神经网络（SOFM），将这些城市归为九种类型。并选择可持续发展问题最为突出的 B-1 型城市，从城市综合发展水平与发展协调程度两个方面，开展了评价研究。以定量研究，阐明了各个子系统均衡协调发展，对提升 APEC 城市可持续发展水平和质量的意义。最后，本书选择 B-1 型城市中的张家口市作为应用研究的对象。通过本地化流程的设计和与城市政府的密切合作，实践了将城市政府纳入指标体系编制过程中的设想，并通过张家口城市可持续发展指标体系的编制，形成一套完整的 APEC 城市可持续发展指标体系本地化方法。

通过本书的工作，我们认为在未来，有必要对构建 APEC 城市数据库这一重要学术"基础设施"的搭建工作加以重视。一个拥有相对完整准确数据的，能够覆盖大多数 APEC 城市的城市数据库，可以被认为是服务于本区域各个经济体相关研究的。目前，这一工作正在由 APEC 可持续能源中心（APSEC）积极推进。此外，由于时间关系，本书仅就 APEC 城市中的一个类型开展了评价与应用研究。在今后的研究中，希望能够与更多机构和学者一道，开展面向更多类型城市的可持续发展研究工作，一起探讨更加完善的面向不同类型城市指标体系的构建问题。

本书构建的 APEC 城市可持续发展指标体系，及其评价应用研究，首次形成了针对 APEC 城市可持续发展评价的理论依据，构建和提出了适应复杂多样的 APEC 城市的指标体系和应用方式，有效支持了城市间的发展测量、比较与经验交流。将有助于为更多中国城市开展应对气候变化、能源转型和碳中和行动提供参考，也能够传播中国城市可持续发展做法和经验，推动 APEC 区域，乃至全球城市的可持续发展。

目 录
CONTENTS

第一章

绪 论

第一节 选题背景

一、全球可持续发展面临的挑战

当今世界，再次进入一个充满发展挑战的时期，既有的粗放的发展模式与设想的可持续的发展模式之间的矛盾日益突出。2020 年至今，局部地缘政治冲突、供应链紧张、能源危机、通货膨胀、极端天气频发等全球性和地区性问题都在威胁着全球的可持续发展。作为联合国"十年行动（Decade of Action）"中强调的全球可持续发展面临的最严重挑战之一——全球气候变化问题在不断加强对全球可持续发展的威胁和挑战。2022 年夏季极端高温天气席卷北半球，全球气象组织（WMO）① 指出，这样的高温和与之类似的极端气候，及其产生的负面影响，将持续至 21 世纪的 60 年代。而近年来屡创纪录的异常天气，也很可能预示着全球气候系统正在形成不可逆的变化。

究其背后的原因，全球气候变化与全球的能源结构和与之伴随的巨量碳排放有着密不可分的联系。当前，全球能源供应仍然主要依赖化石能

① WMO. Advancing Urban-Related Weather, Climate and Environmental Research ［EB/OL］. （2022-06-01）［2022-08-22］. https：//public. wmo. int/en/resources/meteoworld/advancing-urban-related-weather-climate-and-environmental-research.

源，每年全球使用的化石能源已经达到了工业革命时期的 4000 倍以上①，随之而来的便是由于巨量化石能源燃烧导致的二氧化碳浓度提升，进而使得全球平均温度快速提升。联合国政府间气候变化专门委员会（IPCC）②的报告中指出，2011—2020 年这十年时间里，由于持续加剧的碳排放，全球平均温度比 1850—1900 年提高了 1.09 摄氏度，而在《巴黎协定》中，各国同意致力于在 21 世纪末，将气温升高幅度控制在 1.5 摄氏度到 2 摄氏度以内。由此可见，全球能源结构转型与碳减排对全球气候变化的影响以及解决这一问题的迫切性。为了应对气候变化挑战，中国、欧盟、美国、日本、新加坡等 130 多个国家和地区提出了碳减排和碳中和的发展目标。为了实现相关目标，承诺采取提高能源效率和大力发展可再生能源的措施，已经在全球取得共识。

当我们将目光从宏观的全球视角转移到更加具体的现实中时，城市所处的重要经济和社会地位，使其成为落实能源转型和碳中和行动，有效应对全球气候变化，并最终成为应对全球可持续发展挑战的最有力抓手。当前，全球有超过 55% 的人口居住在城市，预计到 2050 年，这一比例将增至 68%。城市每年消耗全球 65% 以上的能源，对全球二氧化碳排放总量的贡献率为 60% 以上。因而，城市对于有效应对全球气候变化，以及可持续发展问题有着举足轻重的作用。

受发展水平和发展模式的制约，广大的发展中经济体城市更加难以避免气候变化所带来的影响。值得注意的是，发展中经济体城市的可持续发展与其城市政策和治理行动有着更加明确的协同关系。能源效率、可再生能源、空气质量等城市或地方的政策和治理行动，对于当地的能源转型、碳减排、环境治理和经济发展都能够产生显著的效果③。然而，在开展可持续发展的相关行动中，仍然需要认识到在不同城市，尤其是发展中经济

---

① KESSEL D G. Global Warming-Facts, Assessment, Countermeasures [J]. Journal of Petroleum Science and Engineering, 2000, 26 (1-4): 157-168.

② IPCC. Global Warming of 1. 5 oC [EB/OL]. (2021-12-12) [2022-03-24]. https://www.ipcc.ch/sr15/.

③ BEG N. Linkages Between Climate Change and Sustainable Development [J]. Climate Policy, 2002, 2 (2-3): 129-144.

体城市所要考虑的其他优先或关注的发展事项，如社会的均衡发展、产业转型和能源的价格等。因此，在考察和促进城市的可持续发展问题和水平时，需要认识到不同城市的发展水平或缓解气候变化的能力等多方面的不同情况，形成兼顾城市其他优先或关注的发展事项的引导方案，是形成城市可持续发展综合能力的第一步。

二、APEC 城市对全球可持续发展的重要意义

随着全球经济的蓬勃发展和产业链的不断延伸，更多的人口持续快速地向城市流入成为新市民，促进了 APEC 经济体，尤其是发展中经济体的快速城市化。APEC 的 21 个成员经济体拥有占全球约 40%的人口，占到了全球 60%左右的 GDP 和 45%以上的贸易量，且城市地区对 GDP 的贡献超过 75%，城市已经成为 APEC 地区乃至全球经济增长的支撑[1]。然而，在取得令人瞩目的发展成绩的同时，APEC 经济体的发展也潜伏着重大的危机。APEC 能源工作组（APEC EWG)[2] 的统计研究显示，APEC 地区人均一次能源供应总量（3.8 千瓦）显著高于世界平均水平（2.5 千瓦），人均二氧化碳排放量（7.8 吨/年）也大幅高于全球平均水平（4.5 吨/年），经济增长与碳排放的脱钩进程，却比世界平均水平落后大约两年的进度。

与此同时，根据联合国[3]的研究结果，APEC 经济体约 60%的人口生活在城市中，这部分人口约占世界城市人口的 46%，即 18 亿人，而到 2050 年时，APEC 城市人口将出现前所未有的增长，达到 77%，约为 24 亿

---

① APEC COMMITTEE ON TRADE AND INVESTMENT. Promoting Quality Infrastructure Investment in Rapidly Urbanizing APEC Region［EB/OL］.（2019-06-01）［2020-05-14］. https：//www. apec. org/docs/default - source/publications/2019/6/promoting - quality - infrastructure - investment - in - rapidly - urbanizing - apec - region/219_ cti_ promoting-quality - infrastructure - investment - in - rapidly - urbanizing - apec - region. pdf? sfvrsn=8ad8fb9f_ 1.

② APEC EWG. APEC Sustainable Urban Development Report-From Models to Results［EB/OL］.（2019-04-01）［2021-12-16］. https：//www. apec. org/publications/2019/04/apec-sustainable-urban-development-report---from-models-to-results.

③ UNITED NATIONS. World Urbanization Prospects the 2018 Revision Methodology［EB/OL］.（2019-03-27）［2020-05-17］. https：//population. un. org/wup/Publications/Files/WUP2018-Methodology. pdf.

人。一些经济体的城市化程度甚至将超过 80%①。叠加新市民涌入城市所带来的经济和社会问题②，在全球应对气候变化的紧迫时段，这样由经济增长所造成的环境和社会代价，将反过来严重威胁该地区城市的人居环境和生产力发展，并进一步形成这一地区，乃至全球可持续发展的挑战。此外，与全球其他地区不同，APEC 成员经济体，尤其是发展中经济体，正在经历前所未有的快速城市化进程③。因此，当前的发展路径形成的结果，将被更加迅速地呈现，对 APEC 城市及经济体本身的未来发展都有着巨大的影响。发展的现实情况和对未来的预判都让 APEC 城市表现出对全球可持续发展的重要影响。

然而，尽管 APEC 组织及各个经济体的研究机构和专家学者对 APEC 成员经济体应对气候变化、能源转型、碳减排等可持续发展问题开展了研究与合作工作，如能源智慧社区倡议（ESCI）、APEC 低碳示范城镇（LC-MT）和 APEC 可持续城市合作网络（CNSC），但更多是以数量十分有限的案例研究和最佳实践的形式展开，仍旧缺少面向多数 APEC 城市的可持续发展问题研究工作，也使得经济体间和城市间可持续发展经验的借鉴与交流仍旧缺少有效的参考和依据，也很难为全球的可持续发展提供更具广泛参考意义的方案。而出现这种情况的原因之一，便是 APEC 城市具有的多样性突出、发展水平各异、发展不均衡，且数量众多的特点。

具体而言，由于 APEC 的 21 个成员经济体地跨五个大洲，APEC 城市天然形成了基于地理因素的多样性，具有诸如海滨城市、内陆城市、海岛城市、热带城市、寒带城市等丰富的类型。同时，21 个成员经济体中，发展中经济体占到约一半的比例，导致经济体间城市的发展存在差异，而在

① UNITED NATIONS. World Urbanization Prospects：The 2014 Revision ［EB/OL］．（2014-07-10）［2018-05-14］．https：//www. un. org/en/development/desa/publica-tions/2014-revision-world-urbanization-prospects. html.

② ROBERTS B H. Shaping the Future through an Asia-Pacific Partnership for Urbanization and Sustainable City Development ［EB/OL］．（2014-11-01）［2019-11-05］．ht-tps：//www. apec. org/publications/2014/11/shaping-the-future-through-an-asiapacific-partnership-for-urbanization-and-sustainable-city-developm.

③ APEC. 2015 Leaders' Declaration ［EB/OL］．（2015-11-19）［2018-09-09］．ht-tps：//www. apec. org/meeting-papers/leaders-declarations/2015/2015_ aelm.

经济体内，区位优势、产业政策等因素又进一步放大了这样的差距。根据《亚太城市绿色发展报告》的数据，APEC 区域 96 座城市在综合发展指数方面的差异巨大（如图 1-1 所示），超过一半的城市综合发展指数低于

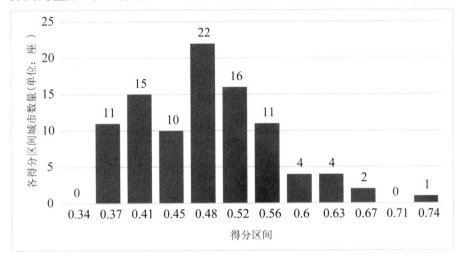

图 1-1　APEC 区域 96 座城市综合发展指数得分统计图

0.48[①]。在环境、社会和经济等分项评价结果上，也表现出明显的发展"鸿沟"。然而，这一研究仍旧主要面向的是有着较为重要的经济、政治和文化地位，具有较高知名度的城市，如东京、纽约、广州、雅加达等，更多的普通城市并没有被考虑其中。因此，可以合理判断，APEC 城市间存在发展水平差异较大、多样性与发展不均衡的问题。除了以上特征外，APEC 城市的数量也令人瞩目，不完全统计显示，APEC 区域内不同规模城市的数量已经超过了 4400 座[②]，而其中人口超过 30 万的城市数量就达到了 825 座。其中，囊括了世界上一半的超级大城市，22 座特大城市（约占全球的 55%），185 座大城市（约占全球的 41%），284 座中等城市（约占

① 赵峥. 亚太城市绿色发展报告［M］. 北京：中国社会科学出版社，2016：25-37.
② IQAIR. Air Quality and Pollution City Ranking［EB/OL］.（2020-01-03）［2020-10-07］. https：//www.iqair.cn/cn-en/world-air-quality-ranking.

全球的 48%）①。而大城市还将进一步快速增长，并通过越来越深入的全球化、自由贸易协定、便捷的通信和交流方式，逐渐形成城市无国界体系，从而使得城市在发展中的地位更加重要②。

因此，面向 APEC 城市可持续发展的指标体系研究，一方面，在过程中因 APEC 城市具备的多样性、差异性和庞大的数量，而具有切实的挑战性。另一方面，这一领域的研究工作，不仅对提升城市的发展质量和居住生活在这片土地上的人们具有重要的现实意义，也对全球向可持续发展转型具有重要的参考价值和贡献，能够为更多城市的转型发展提供有力的引导。

作为一个区域合作组织，APEC 组织的目的不仅仅在于促进成员经济体的经济发展，更在于促进平衡、包容、可持续、创新和安全的增长，通过加快区域经济一体化，为本地区人民创造更大的繁荣。所以 APEC 组织认为如果各个成员经济体期待找到一条可持续的、平衡的和强劲的增长路径，就必须进一步拓宽合作的维度，在维护生态环境、促进均衡发展和加强居民安全等领域开展更加多元化的合作③。而鉴于 APEC 经济体及其城市对于全球经济的贡献度，APEC 城市可持续发展指标体系的研究工作能够帮助本地区城市积极调整自身的发展模式和路径，为区域和全球经济重回健康、繁荣的增长道路发挥更加强劲的引擎作用。具体而言，APEC 城市可持续发展指标体系的研究将从现实问题和相互的发展成果中汲取经验，充分考虑自身的客观条件和发展现状，结合联合国可持续发展目标的落实，使城市的可持续发展成为后疫情时代 APEC 经济体合作的支柱领域，引导 APEC 城市发展方式的转型升级，具体领域包括环境保护、应对气候变化、绿色和低碳增长、能源安全等。并且，通过研究 APEC 城市突出的

① UNITED NATIONS. World Urbanization Prospects the 2018 Revision Methodology ［EB/OL］.（2019-03-27）［2020-05-17］. https：//population. un. org/wup/Publications/Files/WUP2018-Methodology. pdf.
② APEC POLICY SUPPORT UNIT. Partnerships for the Sustainable Development of Cities in the APEC Region ［EB/OL］.（2017-06-01）［2020-08-06］. https：//www. apec.
③ 刘晨阳，曹以伦. APEC 三十年与我国参与亚太区域经济合作的战略新思考 ［J］. 东北亚论坛，2020，29（02）：3-18，127.

多样性和各异的发展水平，并采取有针对性的方式，可以更好地使用可持续发展的相关措施，因地制宜地促进具体城市的发展需要。

总之，面向 APEC 城市可持续发展指标体系的研究，一方面，由于其城市具备的多样性、复杂性、发展的不平衡和数量众多的特点，而具有切实的挑战；另一方面，因 APEC 城市为全球经济增长所做出的持续的积极贡献，也使得面向这一区域的城市指标体系的研究具备了非常重要的现实意义，并对全球的可持续发展产生深切的影响。这项研究也为中国城市解决自身的发展问题寻找经验提供了机会，并利用 APEC 平台传播中国发展经验、提供支持与指导方案，助力中国国家影响力的扩大。最终，形成双向促进的良性可持续发展格局与交流方式。

三、联合国面向城市可持续发展的行动

鉴于城市在可持续发展议题中扮演的重要角色，面向城市可持续发展问题，全球范围内开展了一系列的行动。其中可持续发展指标体系是重要的组成部分，其能够有力地引导和促进城市可持续发展问题的解决。

2015 年，联合国在继千年发展目标（MDGs）之后，提出了联合国可持续发展目标（SDGs），用以指导 2015—2030 年的全球发展工作。SDGs 提出的发展目标中，九个目标发展和继承了 MDGs 提出的发展目标，在此基础上又调整和增加了八个目标，形成了由 17 个发展目标组成的新全球可持续发展目标。2018 年，联合国又推出了新版可持续发展目标追踪器（SDG-Tracker），以不断跟踪和修正 SDGs 对可持续发展的监测行动①。SDG-Tracker 以 2030 年为目标年，为 17 项可持续发展目标定义了 169 项可持续发展目标具体目标，并引入了 232 项指标跟踪这些目标实现的进展情况。2020 年国际可持续发展研究院（IISD）发布了《2020 年可持续发展目标进展报告》，结合全球 COVID-19 疫情，分析了 SDGs 的进展情况。报告关注到了由于快速城市化导致的城市基础设施和服务不足且负担过重，空气污染日益严重，以及由于气候变化导致的能源供应与使用效率低下等

①　R RITCHIE, MISPY, ORTIZ-OSPINA. Measuring Progress Towards the Sustainable Development Goals［EB/OL］. （2021-05-12）［2022-01-15］. https：//sdg-tracker.org/.

问题。2021 年，联合国环境署发布了《与自然和谐共处：应对气候、生物多样性和污染危机的科学蓝图》①，并指出了气候变化、环境污染等是全球面临的迫切问题，已经形成了对可持续发展目标的挑战。全球需要参考 SDGs 开展系统的工作，应对可持续发展的挑战。

四、APEC 区域推动城市可持续发展的行动

面对区域内城市快速发展造成的可持续发展问题，APEC 领导人在 2014 年批准了《亚太经合组织城镇化伙伴关系合作倡议》，并指出面对城镇化挑战和机遇，承诺共同推进合作项目，深入探讨建设绿色、高效能源、低碳、以人为本的新型城镇化和城市可持续发展路径并在 2015 年的 APEC 会议领导人宣言中继续强调环保、节能、低碳和以人为本的新型城镇化对城市可持续发展的重要意义②。此外，APEC 组织还通过 APEC 政策支持组（PSU）、能源智慧社区倡议（ESCI）、APEC 低碳示范城镇（LCMT）和 APEC 可持续城市合作网络（CNSC），对城市可持续发展问题进行了探索和实践。

（一）APEC 政策支持组（APEC Policy Support Unit，PSU）

2007 年 9 月，亚太经合组织同意成立 APEC 政策支持组（PSU），这是 APEC 组织的一个研究和分析机构。该单位附属于 APEC 秘书处，由自愿捐款提供资金，并由管理委员会监督。PSU 旨在寻找机会协助 APEC 成员经济体，通过对不同的主题进行详细的研究，将关键点合成为简短易懂的政策文件，以支持论坛的讨论。2017 年，由其发布的 Partnerships for the Sustainable Development of Cities in the APEC Region 报告，获得了 APEC 第二十九届部长级会议的高度肯定，并形成对 APEC 城市可持续发展问题研究的重要参考文件。

---

① BASTE I A. Making Peace with Nature：A Scientific Blueprint to tackle the Climate，Biodiversity and Pollution Emergencies［M］. Nairobi：United Nations Environment Programme，2021：10-22.

② APEC. 2015 Leaders' Declaration［EB/OL］.（2015-11-19）［2018-09-09］. https：//www. apec. org/meeting-papers/leaders-declarations/2015/2015_ aelm.

（二）能源智慧社区倡议（ESCI）

能源智慧社区倡议（Energy Smart Communities Initiative，ESCI）是2010年APEC领导人峰会上由时任美国总统的奥巴马和时任日本首相的菅直人共同发起的。其目标是：提供在智慧交通、智慧建筑、智能电网、智慧工作和消费、低碳示范城镇方面的案例研究、政策简讯、研究发现和统计数据；对APEC能源工作组及其相关伙伴提供信息库；向APEC政策制定者宣传关于绿色增长、可持续发展和创造长期就业机会的解决方案；展示与APEC目标（到2035年，能源强度较2005年下降45%）相关的清洁能源实践。

2011年5月，APEC能源工作组第41次会议建立了智慧分享平台（Knowledge Sharing Platform，KSP），该平台由宾夕法尼亚大学城市研究院、中国台北经济研究院运营。到目前为止，ESCI-KSP平台上共收录各类项目500余个，其中54个项目与中国相关。2013年，在APEC能源工作组第45次会议上首次颁发了ESCI最佳实践奖。此后，APEC能源工作组每两年评选出10个获奖项目。截至目前，该奖项的评审已举办五届，共有来自13个经济体的47个项目获得该奖项。

（三）APEC低碳示范城镇（LCMT）

2010年第九届APEC能源部长会议认为需通过合作促进APEC区域内的能源可持续发展，并以此支持成员经济体的经济增长和发展。为了控制APEC区域内不同城市地区日益增长的能源消耗和温室气体排放，决定启动"APEC低碳示范城镇项目"，在城市规划中引入低碳技术，以提高能源效率，并减少化石能源的使用，以示范先进低碳技术的最佳实践和成功模式。该项目是APEC能源合作框架下的优先倡议之一，其主要目标是：

1. 发展"低碳城镇的概念"，为低碳城镇的设计原则和实施提供指导；

2. 通过提供这些城市发展项目的可行性研究和政策综述，协助在选定的低碳模型城镇中实施概念；

3. 与APEC区域的规划者和决策者分享关于低碳城市设计的最佳实践和现实经验。

在APEC能源工作组内，由日本牵头成立了低碳示范城镇任务组，并通过其资助的亚太能源研究中心（APERC）从事相关工作。APERC 针对该项目（一期）评选出的七个低碳示范城镇，进行了概念、导则、指标体系和政策方面的梳理与分析。

（四）APEC 可持续城市合作网络（CNSC）

为积极落实 APEC 领导人的会议精神，加强国际上 APEC 各经济体在低碳发展领域的交流与合作，国家能源局以"APEC 低碳示范城镇项目"为主线组织开展了多个 APEC 项目合作。2011 年，天津大学向国家能源局申请了 APEC 项目，并于 2012 年 11 月 15 日在天津举办"新能源·新城市——经济转型中的低碳城镇发展论坛"。为更好地了解和熟悉低碳示范城镇的建设与发展，由国家能源局主导，天津大学牵头组织的"APEC 低碳城镇中国行"活动在天津大学正式启动。2013 年 8 月，天津大学与华能集团、中国节能环保集团有限公司、国际商业机器公司（IBM）、中集国际物流、天津新金融、法国电力等 12 家央企、世界五百强企业以及国内低碳产业链其他重点企业共同发起成立 APEC 低碳城镇联盟暨低碳发展国际合作联盟。随后，通过组织国际研讨会、编制《低碳城镇全球推广活动宣传手册与参与指南》、项目实地考察等一系列活动，对中国低碳城镇推广活动进行了广泛的交流和互动。国家能源局国际合作司对推广活动各核心成员的工作给予了高度的肯定和评价，并表示大力支持 APEC 低碳城镇推广活动的继续推进。

2014 年 APEC 峰会《北京宣言》中提出的"我们支持亚太经合组织城镇化伙伴关系倡议，承诺建立亚太经合组织可持续城市合作网络"重要内容，于 2014 年 APEC 领导人非正式会议上获得通过，2015 年 APEC 会议文件中认定，APEC 可持续能源中心（APSEC）作为该领导人倡议的官方落实机构。2016 年 APEC 城镇化高层论坛《宁波倡议》中指出，鼓励成员经济体构建 APEC 可持续城市合作网络，每个经济体自愿提名在可持续发展方面有意愿的城市开展 APEC 城市合作示范。为了响应并落实雁栖湖会议领导人提出的《亚太经合组织城镇化伙伴关系合作倡议》，在外交部和国家能源局的支持下，将原有的"低碳示范城镇推广活动"升级为"APEC 可持续城市合作网络项目（CNSC）"，并持续推进落实。

APEC 可持续能源中心（APSEC）的成立是中国政府积极响应 APEC 领导人提出《亚太经合组织城镇化伙伴关系合作倡议》的重要成果，已写入 2014 年的《第十一届 APEC 能源部长会议声明》和《第二十二届 APEC 领导人宣言》。2014 年 9 月，国家能源局与天津大学签署《关于合作运营管理 APEC 可持续能源中心的协议》，委托天津大学负责 APSEC 的日常运营管理。作为中国国家能源局牵头成立的第一个能源国际合作机构，APSEC 肩负着为我国参与 APEC 框架下能源合作提供智力支持和保障，为 APEC 各经济体提供可持续能源技术合作平台、整体解决方案与专业化服务，为 APEC 区域能源和环境协调可持续发展贡献积极力量的重要任务。在 APEC 机制下，APSEC 与 1995 年成立的由日本政府主导的亚太能源研究中心（APERC）并行为两大常设研究机构，接受能源工作组的直接管理；在国内接受由中国外交部、国家能源局和天津大学组成的指导委员会的工作指导。

CNSC 着眼于通过城镇化和可持续城市发展，为经济增长寻求新的驱动力。通过举行论坛和政策对话会，发挥国际友城等项目作用，推进城镇化和可持续城市发展的合作与经验交流。充分利用现有资源，推进城镇化研究和能力建设，强调生态城市和智能城市合作项目的重要性，探讨实现绿色城镇化和可持续城市发展的途径。

CNSC 包括两个网络和一个论坛，即 APEC 低碳能效城市合作网络和 APEC 可持续城市服务网络以及 APEC 可持续城市研讨会。APEC 可持续城市研讨会于每年上半年与 APEC 能源工作组会议同期召开。

CNSC 的主要工作是通过网络扩大网络中的成员与 APEC 的联系，加强成员在 APEC 层面与其他经济体的交流与合作，协助成员参与 APEC 项目和活动，树立城市形象，提升国际知名度。信息平台的建立，使成员拥有 APEC 信息共享权，从而在国际合作中获得更大的自主权。

五、中国面向城市可持续发展的行动

随着中国经济的发展和国际竞争日趋激烈，中国对于可持续发展问题愈发重视。中国政府早在 2016 年即发布了《落实 2030 年可持续发展议程

中方立场文件》，随后又公布了《中国落实 2030 年可持续发展议程国别方案》，同年 12 月中国国务院印发了《中国落实 2030 年可持续发展议程创新示范区建设方案的通知》。在其后的 2017 年和 2019 年又分别完成了中国落实 SDGs 的进展报告。2018 年，国务院正式同意太原市、桂林市、深圳市为首批示范区，面向具体城市制定发展技术路线，以促进社会经济协调发展、探索科技创新与社会发展融合为目的，促进经验分享，向世界提供可持续发展的中国方案①。

这一系列响应行动，反映了中国政府在落实 2030 年可持续发展议程及相关目标上的积极姿态和务实行动。进入后疫情时代的 2020 年，联合国开发计划署和中国社会科学院可持续发展研究中心发布了《中国城市 SDG 进展评估报告（2020）》。报告中，根据 2030 年可持续发展议程的 5P 理念，即人类（people）、繁荣（prosperity）、地球（planet）、和平（peace）、伙伴关系（partnership）构建了中国城市 SDGs 实施进展评估指标体系。同年，中国提出，中国二氧化碳的碳排放力争于 2030 年前达到峰值，努力争取到 2060 年前实现"碳中和"的"3060 目标"。翌年的中国政府工作报告中，即提出了要制定 2030 年前碳排放达峰行动方案的要求。2021 年，在第七十六届联合国大会一般性辩论上，中国呼吁国际社会加快落实 2030 年可持续发展议程，推动实现更加强劲、绿色、健康的全球发展，构建全球发展共同体。

在标准建设方面，中国先后颁布和实施了《绿色生态城区评价标准》（GB/T51255-2017）、《城市可持续发展 城市服务和生活品质的指标》（GB/T 36749-2018）、《城市和社区可持续发展 低碳发展水平评价导则》（GB/T 41152-2021）等面向城区和城市的可持续发展评价标准，用以引导和评价在这一尺度上的可持续发展行动。

通过对 SDGs 和"3060 目标"的不断跟踪研究和促进实施行动，以及早先实施的生态城市、低碳城市、海绵城市等建设计划，中国正在积极响应全球的可持续发展行动。而中国积极开展和实施的可持续发展国家战

---

① 周宏春，等. 中国可持续发展 30 年：回顾、阶段热点及其展望［J］. 中国人口·资源与环境，2021，31（09）：171-178.

略，也产生了积极成效，受到了国际社会的高度评价和赞誉。

第二节　研究范围与概念界定

一、研究范围

本书的研究范围涉及两个维度。首先，本书研究对象的范围框定在 APEC 经济体城市的范围。尽管全球城市，或某一经济体的城市，如中国城市，也都面临城市可持续发展问题，但 APEC 经济体通过 APEC 组织构成了一个存在紧密联系的群体，而其城市则成为对全球发展起到举足轻重作用的主体，并对全球的可持续发展有着重要的意义。APEC 城市之间的发展经验交流将促进 APEC 区域，乃至全球整体的可持续发展。因此，本书选定 APEC 城市作为研究对象。具体地，由于 APEC 经济体的管理制度、社会和经济发展水平差异较大，城市数据的可获得性受到不同程度的影响，使得本书从 21 个 APEC 经济体的 4000 余座城市中，选取了来自 17 个经济体的 231 座数据较为完整的城市开展具体工作。通过与 APEC 组织研究机构的统计对比，这 231 座城市能够代表 APEC 地区。在此基础上，利用 SOFM 方法对这 231 座城市进行了类型识别研究，将其归为九种类型，并选择了其中可持续发展问题最为突出的 B-1 型城市作为评价研究和应用研究的对象。

第二，本书研究的是 APEC 城市的可持续发展指标体系，由于是面向 APEC 地区，且在 APEC 地区城市的界定在各经济体中存在巨大的差异，因此，本书参考 APEC 组织对城市与可持续发展方面的研究①，选择了边界包含城市经济区及其腹地的"城市"定义，并作为研究对象选择的标

---

① APEC POLICY SUPPORT UNIT. Partnerships for the Sustainable Development of Cities in the APEC Region [EB/OL]. (2017-06-01) [2020-08-06]. https：//www. apec. org/publications/2017/06/partnerships-for-the-sustainable-development-of-cities-in-the-apec-region.

准。基于这样的选择标准，本书中的中国城市是指中国地级及以上城市，即包括了全部行政区域，如城区、辖县。在对 APEC 的其他经济体城市进行筛选时，也基于同样的标准。例如：针对美国城市进行筛选时，选择了"都市区域"作为对城市定义的范围，而有别于仅仅将城区定义为城市的做法。

二、城市可持续发展相关概念界定

在有关城市可持续发展的研究中，城市可持续性、可持续城市和城市可持续发展这三个词往往被随意使用，甚至被滥用。为了未来在 APEC 城市可持续发展指标体系的研究中，能够更加清楚地认识城市可持续性、可持续城市和城市可持续发展的概念和关系（如图 1-2），在此给予界定。

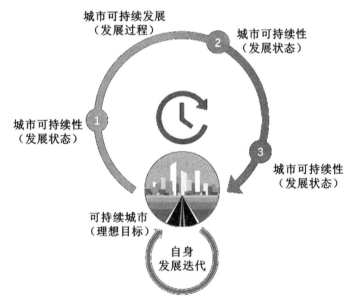

图 1-2　关键概念的关系

（一）城市可持续性

与可持续城市这一被广泛提及的概念不同，城市可持续性则没有那么被公众所知晓。然而，城市可持续性对于可持续城市的发展却是重要的，并能够反映和衡量城市在某一时间点的发展状态和能力。

第一，城市可持续性概念的产生，在一定程度上，是具有时间和发展的必然性的。Bugliarello①指出城市可持续性是由城市化和可持续性这两个复杂概念命题的交集而产生的，并需要解决多种矛盾冲突，包括城乡之间的冲突和城市中心区内的冲突等。城市可持续性是在城市发展过程中对可持续发展理念思考而形成的概念。第二，城市可持续性的概念具备空间的属性，并来源于城市占据的空间和其对周边空间的影响力。从而在现实世界中，城市变成城市无国界体系里一个全球城市网络中的节点，同时也要满足自身的需要。综合 Bugliarello、Egger②、中国科学院城市环境研究所可持续城市研究组③和王江磊④的研究，城市的可持续性应当是从可持续发展理念出发，用于表达和衡量城市在其发展过程中所呈现出的状态和能力。这种能力能够反映城市自身可持续发展的能力，也能反映城市对周边空间产生的影响。

因此，对城市可持续发展评价的实质是针对城市可持续性的，即对城市发展状态和能力的评价。具体到 APEC 区域，APEC 政策支持小组在其重要的研究报告 Partnerships for the Sustainable Development of Cities in the APEC Region 中指出，APEC 区域的发展专家一致认为，城市可持续性应当被定义为人和社会在满足当前需要的同时不牺牲后代满足其需要的能力，因为大多数城市在满足当前需求时，所消耗的资源已经远远超过了其

① G BUGLIARELLO. Urban Sustainability：Dilemmas，Challenges and Paradigms［J］. Technology in Society，2006，28（1-2）：19-26.
② S EGGER. Determining a Sustainable City Model［J］. Environmental Modelling & Software，2006，21（09）：1235-1246.
③ 中国科学院城市环境研究所可持续城市研究组. 2010 中国可持续城市发展报告［M］. 北京：科学出版社，2010：12-23.
④ 王江磊. 美国和欧洲城市可持续发展报告分析与启示［J］. 北京规划建设，2020（04）：5.

自然补充和恢复的能力。作为基本的共识，这一解释与《我们共同的未来》中的相关内容一致。这一基本共识也是在 APEC 框架下，该区域探讨城市可持续性问题的共同出发点。

（二）可持续城市

可持续城市被认为是满足可持续发展目标的理想模型，并旨在为现实中的城市指出未来的发展方向。可持续城市的概念起源于 20 世纪 70 代全球对可持续发展一系列政策的议程，并在 20 世纪 90 年代之后得到了相对广泛的认可和应用①。由于城市本身的复杂性和近五十年全球快速发展的经济和科技，可持续城市的概念并不是固定不变的，而是随着人类对城市可持续发展认识的不断发展和深入，这一概念也在不断变化和丰富②，但仍缺少共识③。因而，得出精准且公认的概念必然是十分困难的④。

1996 年，在土耳其召开的第二届联合国人类住区会议上，出现了对可持续城市的描述，即可持续城市是一个社会、经济和物质都以可持续的方式发展，根据其发展需求有可持续的自然资源供给（尽量在可持续产出的水平上使用资源），对于可能威胁到发展的环境危害有可持续的安全保障（考虑可接受的风险）⑤。该定义后来被联合国"可持续城市计划"所采用。因而在广义上，城市可持续性的概念具备一定的共识。而到了 2015 年，SDGs 的"目标 11"为"建设包容、安全、有风险抵御能力和可持续

---

① MENSAH. Sustainable Development：Meaning，History，Principles，Pillars，and Implications for Human Action：Literature Review［J］. Cogent Social Sciences，2019，5（01）：1653531.

② BERARDI U. Sustainability Assessment of Urban Communities through Rating Systems［J］. Environment，Development and Sustainability，2013，15（06）：1573-1591.

③ EVANS J，JONES P. Rethinking Sustainable Urban Regeneration：Ambiguity，Creativity，and the Shared Territory［J］. Environment and Planning A，2008，40（06）：1416-1434.

④ 杨东峰，等. 迈向可持续的城市：国际经验解读——从概念到范式［J］. 城市规划学刊，2010（01）：49-57.

⑤ LEAF M，PAMUK A. Habitat II and the Globalization of Ideas［J］. Journal of Planning Education and Research，1997，17（01）：71-78.

的城市及人类住区"①，而且没有进行进一步直接的解释和说明。狭义上，中外大量学者，如郑锋②、赵景柱等③、Munier④、黄璐等⑤、Tregua 等⑥都对可持续城市的定义进行了探讨。

显然，作为一个理想化的概念，且由于这一区域城市的多样性、差异性、发展的不均衡，以及庞大的数量，定义 APEC 可持续城市的概念是十分艰难的。但是，一个面向城市可持续发展的"城市"的概念仍然值得思考，并作为测量这一区域城市可持续发展水平的基础。幸运的是，APEC 相关研究机构通过努力，在现实中为 APEC 区域的可持续城市勾画出了一个得到广泛认可的、相对具体的和可以参照的模型。基于前文对 APEC 城市可持续性的定义，APEC 组织的研究结果认为，可持续城市应当是像中国城市那样，"城市"的边界包含了一个城市经济区及其腹地，否则没有一个城市可以说是可持续的⑦。这一观点与中国科学院院士周干峙⑧的观点相一致。因此，APEC 区域的可持续城市的概念变得相对清晰起来，其并不仅仅指城区，而是由城区和与之有紧密社会经济联系的区域共同组成的。这一概念打破了由于强调可持续城市，应能够在不过分依赖输入资源和资本的情况下组织起来，并且应该能够自我维持的桎梏，为通过更多技

---

① UNITED NATIONS. The Sustainable Development Goal Report 2017 ［R］. United Nations Statistics Division Development Data and Outreach Branch，2017：40-41.

② 郑锋. 可持续城市理论与实践［M］. 北京：人民出版社，2005：20-23.

③ 赵景柱，等. 中国可持续城市建设的理论思考［J］. 环境科学，2009，30（04）：5.

④ MUNIER N. Methodology to Select a Set of Urban Sustainability Indicators to Measure the State of the City，and Performance Assessment ［J］. Ecological Indicators，2011，11（05）：1020-1026.

⑤ 黄璐，等. 城市的远见——可持续城市的定义及其评估指标［J］. 华中建筑，2015，33（11）：7.

⑥ TREGUA M. Comparing Research Streams on Smart City and Sustainable City ［J］. China-USA Business Review，2015，14（04）：203-215.

⑦ APEC POLICY SUPPORT UNIT. Partnerships for the Sustainable Development of Cities in the APEC Region ［EB/OL］. （2017-06-01）［2020-08-06］. https：//www. apec. org/publications/2017/06/partnerships-for-the-sustainable-development-of-cities-in-the-apec-region.

⑧ 周干峙. 城市及其区域——一个典型的开放的复杂巨系统［J］. 城市轨道交通研究，2009，12（12）：1-3.

术手段解决城市可持续发展问题提供更多可能。同时,这样的描述也符合 APEC 地区领导人对 APEC 城市可持续发展更具体的考虑(APEC, 2015),即优化生产和产出、尽可能减少污染并有效地利用土地和城乡协调发展,是符合本地区发展现实需求的定义。然而,当前针对可持续城市的研究,往往局限于城市的核心建成区域,而忽视了为城市提供自然资源、人力资源等的郊区和更广大的乡村区域。

(三) 城市可持续发展

相对于城市可持续性和可持续城市,城市可持续发展相对清晰。前文中对城市可持续性和可持续城市分别对应城市可持续发展的状态和目标进行了阐述,而城市可持续发展则是连接城市发展起点(或已达成的可持续目标)与未来可持续发展目标,并串联起各个时间节点的城市发展状态的行动过程。也就是作为一个动态的概念,城市可持续发展所要解决的核心问题是,城市在不断发展和迭代自身可持续性水平的基础上,逐步缩小与不断变化的可持续城市目标和模式距离的过程①。需要注意的是,对可持续城市理想目标和模式的探讨和研究很多是从理论和技术的角度开展的,而城市可持续发展,作为一个偏向于过程的概念,在本质上更趋向于实践的领域,因而其具备自身的复杂性。一方面,由于对发展目标,即可持续城市的准确定义十分困难,城市可持续发展的过程必然需要处理各类思想、主张和争论;另一方面,城市的发展规划、政策、资源分配等往往受到来自各个利益相关方的影响。相对于更多强调统一性的宏观层面的可持续发展行动,针对城市的可持续发展需要考虑其复杂性带来的影响,处理其因多样性和差异性带来的问题。

---

① 杨东峰,等. 迈向可持续的城市:国际经验解读——从概念到范式 [J]. 城市规划学刊, 2010 (01):49-57.

第三节 研究内容、目的与意义

一、研究内容

与本书的研究目的相对应，研究内容也分为三个部分。三个部分研究内容的核心是服务面向多样性、复杂性、发展不平衡和数量众多等特点交织的 APEC 城市，开展可持续发展指标体系构建的任务。以 APEC 城市可持续发展的评价方法和框架确立为出发点，在评价框架的基础上，构建适用于复杂多元城市的指标体系。并且在构建完成指标体系后，基于城市类型识别研究，通过评价研究与应用研究，形成能够向更多不同类型 APEC 城市提供反馈和参考的一套完整的本地化方法。

研究内容包括：

（一）针对多样性、复杂性、发展不平衡和数量众多等特点交织的 APEC 城市的可持续发展评价方法和框架的研究。本书在梳理总结当前主要的城市可持续发展评价方法的基础上，以复杂系统理论为基础，基于城市具备的耗散结构特征，自组织与他组织并存的关系，提出了以环境、社会、经济和城市治理为子系统的 APEC 城市可持续发展评价方法，并在此基础上形成评价框架。本书分析了子系统间的关系，指出城市治理在应对气候变化、能源、污染、贫困等问题中，可以起到协调各个子系统的关键作用。

（二）基于评价框架，构建 APEC 城市可持续发展指标体系，以及如何利用这一指标体系对城市的可持续发展表现评价开展研究。基于 APEC 城市可持续发展评价框架，本书将评价指标拆分为由核心指标、支持指标和城市指标共同构成指标体系的方式，在保证指标的科学性、全面性和可获得性的同时，探索更好地适应 APEC 城市复杂多样的现实情况。通过对既有的 118 种指标体系中的指标进行筛选，并结合专家学者的意见输入以及专家调研问卷的结果，利用可靠性分析、KMO 检验、巴特利特检验、主成分分析、成分旋转技术等进一步确定了核心指标和支持指标的选择，以及指标目标层的设定。在此基础上，基于对 APEC 城市类型的识别研究，利用熵权-TOPSIS 组合模型、耦合协调度模型，从综合发展水平与发展协调程度两个方面，对 APEC 城市的可持续发展表现开展评价，利用相对客观和适应复杂多样城市类型的评价组合模型，完成指标体系评价研究。

（三）开展针对具体 APEC 城市可持续发展指标体系的本地化应用研究，形成一套完整的指标体系本地化方法，以支持在更多 APEC 城市中的应用。通过针对张家口市的应用研究，利用张家口市在应对气候变化、能源转型和碳中和方面的地理气候优势、发展政策环境和先行先试的经验，通过与当地政府和专家的深度合作，构建和完善 APEC 城市可持续发展指标体系的本地化应用方法。以目标责任理论为基础构建的 DR^3 模型，识别了张家口市可持续发展的具体目标和责任部门，构建了目标责任矩阵。并通过本书构建的共识取得机制，形成了一套指标体系本地化的编制方法，为面向有着自然地理、政治经济和社会文化等多种差异的 APEC 城市推广这一方法，提供了有效的示例和重要的参考。

二、研究目的

基于本书的研究背景和国内外研究的进展，虽然存在一些面向全球或广大区域城市的城市可持续发展指标体系，但其仍然处于相对初级的阶段，能够得到充分开发和广泛使用的并不多。而面向 APEC 城市这样多样性、复杂性、发展不平衡和数量众多等多特点交织，且能兼顾该区域发展需要和全球可持续发展挑战的指标体系的研究尚且缺失，也很具有挑战性。

本书总体的目标是在充分了解和认识城市可持续发展指标体系的基础上，构建面向 APEC 区域的城市可持续发展评价方法、评价框架与指标体系，并通过对 APEC 城市特征与类型的研究，更有针对性地开展指标体系的评价研究与应用研究。研究主要解决三个核心科学问题：

（一）面向 APEC 城市，如何构建合理的城市可持续发展评价方法和框架？

（二）如何结合 APEC 城市特点，构建面向当前可持续发展突出问题的 APEC 城市可持续发展指标体系？

（三）基于指标体系，如何形成一套完整有效的，并有助于向更多 APEC 城市提供反馈和参考的指标体系本地化方法？

针对研究意在解决的三个科学问题，具体研究目的如下：

（一）基于当前全球与区域可持续发展的突出问题和已有的研究，面向 APEC 城市构建城市可持续发展评价方法和框架。本书以当前全球可持续发展面临的主要挑战——气候变化、能源转型和碳减排为背景，通过梳理城市可持续发展理论、评价方法与框架及指标体系，基于复杂系统理论和三支柱方法，从城市的自组织性与他组织性为切入点，提出由环境、社会、经济和城市治理为子系统可持续发展组成的 APEC 城市评价方法与评价框架，也形成了对城市现实世界模型的有效、准确还原。

（二）鉴于 APEC 城市多样性、复杂性、发展不平衡和数量众多的特点交织的情况，通过指标的筛选和类型设置，形成针对不同类型和具体城市的灵活的城市指标体系。本书通过对 118 种既有的城市指标体系的梳理和筛选，提出并确定了通过构建核心指标、支持指标和城市指标三类指标组成的指标体系，以适应 APEC 城市复杂多样的特点。通过向各领域百余位专家和学者的咨询与调研，借助可靠性分析、KMO 检验（Kaiser-Meyer-Olkin test）、巴特利特检验、主成分分析等方法，确定了核心指标和支持指标的组成。本书还辨析了 APEC 城市的特点。在此基础上，基于数据的可获取性和惯用的城市类型识别指标，从 APEC 区域的 4400 余座城市中，筛选出了 231 座城市。并基于自组织特征映射网络（SOFM）算法，将这些城市识别为九种类型，为进一步研究和开展 APEC 城市可持续发展指标体系的评价研究和应用研究奠定了基础。

（三）在城市可持续发展指标体系的基础上，通过评价研究与应用研究，形成一套完整有效的指导指标体系本地化的方法。通过 APEC 城市类型识别研究，本书选择了可持续发展问题最为突出的 B-1 型城市，开展评价研究。利用权威统计机构的统计数据和研究报告，本书采用熵权-TOPSIS 和耦合协调度模型，从综合发展水平与发展协调程度两个角度，对

B-1 型城市开展了评价研究，并更进一步选择 B-1 型城市中的张家口市作为研究对象，开展了面向具体城市的指标体系应用研究。通过与当地专家和城市政府的深度合作，完成了张家口市城市可持续发展指标的编制，也形成了 APEC 城市可持续发展指标体系，一套面向具体城市应用时的完整的指标体系本地化方法。

三、研究意义

城市可持续发展是一个国内外学者研究探讨多年的问题。随着全球气候变化、能源转型和碳减排等问题的日趋严峻，对它的研究日益受到关注，究其原因主要是这一课题的研究，依然有需要深入的领域并具有重要的价值。随着经济的快速进步，全球尤其是 APEC 区域的城市正在经历着一个快速发展的阶段，随之而来的环境、社会、经济、治理等问题开始增多和集中出现，使得如何评价城市可持续发展的问题研究具有重要理论意义和现实意义。而对于 APEC 城市可持续发展指标体系的研究，也可为解决中国城市自身的发展问题，利用 APEC 平台传播中国发展经验提供支持与指导方案，并进一步助推中国成为连通太平洋与"一带一路"沿线各个经济体的物资、信息、人员交流的纽带，扩大中国的国际影响力。

本书的理论意义在于：

（一）基于复杂系统理论，构建了 APEC 城市可持续发展的评价方法和框架，为相关评价工作提供了理论依据。现有的城市评价方法，通过分割城市发展不同领域指导评价工作的进行，形成了用于城市发展评价的抽象模型，但这一模型是对城市现实模型的扭曲，对城市发展的评价造成了负面的影响。通过强调城市内部各个子系统的相互影响和作用，可以切实测量和反映城市发展的可持续性，构建适当的评价方法与框架。本书在梳理和总结城市可持续发展理论、评价方法与框架的基础上，以复杂系统理论为基础，构建了以环境、社会、经济和城市治理子系统可持续发展组成的 APEC 城市可持续发展评价方法与框架。并以此为基础，系统分析了城市环境、社会、经济和城市治理子系统的关系，尤其是城市治理子系统对于其他子系统协调发展的关键作用，为测量和反映城市发展可持续性的评价提供了理论基础与依据。

（二）基于 APEC 城市可持续发展的评价框架构建的指标体系，为面向多样性、复杂性、发展不平衡和数量众多等特点交织的 APEC 城市开展评价提供了基础条件。本书提出了由核心指标、支持指标和城市指标组成的 APEC 城市可持续发展指标体系。在构建过程中，通过对既有指标体系的梳理和研究，以及中外百余位专家和学者的意见输入，形成了高频指标库、初选指标库，并依据专家调研的结果，确定了 APEC 城市可持续发展指标体系的核心指标和支持指标。核心指标使 APEC 城市的可持续发展指标体系具备了面向不同类型城市测量其综合发展水平与发展协调程度的能力，而通过支持指标和城市指标的选择和设置，最大可能地保持了对具体城市开展工作时的开放性和灵活性。在面对有别于复杂多样的 APEC 城市的其他地区时，能因地制宜地面向具体城市开展评价和发展引导工作，以应对快速城市化带来的挑战。

（三）利用多种算法辅助 APEC 城市可持续发展指标体系的编制、评价与应用研究，形成了适应 APEC 城市复杂多样性特征的指标体系构建和评价方法。在对 APEC 城市进行指标筛选、类型识别、城市可持续发展评价和应用研究的过程中，本书运用了主成分分析、成分旋转技术、SOFM 算法、熵权-TOPSIS 组合模型、耦合协调度模型，利用多种算法，完成了指标的筛选，进行了客观的城市类型识别，并实现了面向不同类型城市的指标权重的确定和城市评价工作，形成了相对客观、适应多元评价类型和动态的指标体系构建方法。而 SOFM 算法、熵权-TOPSIS 组合模型、耦合协调度模型的运用，基于客观统计数据，使得对城市的类型判断和可持续发展的评价变得更加客观和动态，为指标体系的进一步发展和对未来变化的适应形成了准备。

本书的现实意义在于：

（一）将有效帮助 APEC 城市准确测量其城市可持续发展水平，并支持城市间的可持续发展经验交流。通过构建 APEC 城市可持续发展指标体系，利用熵权-TOPSIS 组合模型、耦合协调度模型，可以从综合发展水平与发展协调程度两个方面，获得对城市可持续发展更加全面的测量结果。

从而帮助政策制定者或管理者充分理解城市可持续发展存在问题，更加清楚地认识到城市发展的问题，进而促进城市间发展经验的有效分享，缩小城市间乃至地区间的发展差距。

（二）通过构建本地化的指标体系，在帮助城市管理者测量城市发展可持续性的同时，增加其参与相关工作的深度。APEC 城市可持续发展指标体系通过将城市发展的重要主体——城市政府纳入指标体系的制定工作中，一方面，帮助政策制定者或管理者制定和确定合理的发展目标，从而为取得良好的发展效果奠定基础；另一方面，城市的可持续发展与其内部的相关职责部门息息相关。结合评价应用研究，通过将城市可持续发展的责任部门纳入城市可持续发展问题的解决方案，使各责任部门正确认识其作用，从而促进城市可持续性表现向积极的方面发展，切实提高城市可持续发展的质量，为保证 APEC 城市可持续发展的质量探索解决方案。

（三）本书以张家口为应用研究案例，传播中国城市可持续发展的做法和经验，推动 APEC 区域，乃至全球城市的可持续发展。张家口市作为中国唯一一个国家级可再生能源示范区和 2022 年冬季奥林匹克运动会协办城市，其在应对气候变化、能源转型和碳中和领域的发展经验和近期的国际影响力是十分可观的，对探索中国城市可持续发展具有重要意义。一方面，通过 APEC 城市可持续发展指标体系的编制和评价与应用研究，可以帮助中国更加有效地利用 APEC 平台，打造新型伙伴关系和人类命运共同体，促使 APEC 平台成为完善全球治理的有力抓手。另一方面，APEC 经济体间的互联互通合作与"一带一路"倡议倡导开放、包容、均衡、普惠、互利共赢的原则，有着异曲同工的作用。二者除了在理念上相容，机制上相连外，APEC 在地理上与"一带一路"倡议沿线国家存在重合（中国、俄罗斯和东盟七国）和相通。本书依据 APEC 城市可持续发展指标体系制定的张家口市城市可持续发展指标体系，将在全球应对气候变化、能源转型和实现碳减排目标的大背景下，有力提升我国就可持续发展问题在本地区的影响力，有助于促进中国发展经验向全球的传播，进一步使中国成为连接东西方的纽带。

第四节 研究方法与技术路线

一、研究方法

本书研究的三个问题中，构建 APEC 城市可持续发展评价方法和框架的核心在于面对 APEC 城市复杂多样的情况，提出合理的 APEC 城市可持续发展评价方法和框架。本书通过对既有研究和理论的分析、定性研究，发现存在的问题，并基于复杂系统理论和三支柱评价方法，构建了 APEC 城市可持续发展评价方法和框架。构建 APEC 城市可持续发展指标体系的核心，在于如何处理多样性、复杂性、发展不平衡和数量众多等特点交织的 APEC 城市带来的问题。因而，本书通过理论分析、定量分析、专家访谈、问卷调研、神经网络、多属性评价等方法，基于既有的研究和指标体系，运用权威统计数据，完成从指标体系组成设计、指标筛选、城市类型识别到面向具体类型城市的指标体系构建，并开展了发展评价研究工作；对于构建指标体系本地化方法的问题，本书则基于文献调研、专家调研与访谈、数据统计分析等，实现了与张家口市政府的深度合作，且综合国内专家学者的意见，形成一套完整有效的 APEC 城市指标体系本地化方法。

总体上，本书针对复杂多样的 APEC 城市可持续发展指标体系的研究，从理论研究、定性研究出发，合理运用主客观的分析与研究方法，充分利用权威统计数据、客观的算法与分析方法，以及专家学者的意见，支持了指标体系的筛选和构建，以及评价与应用研究。

这些方法在研究中的具体应用如下：

（一）APEC 城市可持续发展评价方法与框架：文献研究、理论分析和定性分析

通过对中外文献的阅读，在当前全球可持续发展面临挑战的大背景下，研究城市可持续发展理论和既有的指标体系，梳理和总结城市可持续发展的体系和构建指标体系所依赖的评价方法与框架。通过文献研究、

理论分析和定性研究，分析发现当前研究中的缺失，并找到支持评价方法与框架研究的理论和方法，提出了由环境、社会、经济和城市治理四个子系统构建的评价方法和框架。同时，进一步勾画指标体系构建的总体路线。

（二）APEC 城市可持续发展指标的初步筛选：频数分析

在文献研究的过程中，收集重要的和具有影响力的城市可持续发展指标体系，获得 118 种指标体系。在此基础上，运用频数分析的方法，对指标出现和使用的频率进行统计，建立高频指标库以完成最初步的筛选工作，为进一步基于定量和定性的研究和筛选提供研究的基础。

（三）APEC 城市可持续发展指标核心指标与支持指标的筛选：定性分析、理论分析、专家咨询、问卷调研和主成分分析

在高频指标库的基础上，通过引入专家学者的意见和建议，对高频指标库中的指标进行筛选。通过定性分析、理论分析、专家咨询的方法，不断迭代和筛选，逐步构建初选指标库、初选核心指标库、初选支持指标库，并通过国际专家问卷调研的方法，结合可靠性分析、KMO 检验和巴特利特（Bartlett）检验、主成分分析、成分旋转技术等算法，筛选出 APEC 城市可持续发展指标体系的核心指标和支持指标。

（四）APEC 城市类型识别研究：自组织特征映射神经网络（SOFM）算法

为了能够更好地面向复杂多元的 APEC 城市进行指标体系的进一步研究，本书在文献分析的基础上，基于城市统计数据的可获取性和 SOFM 算法，开展了 APEC 城市类型识别的研究。通过城市自然环境指标和城市发展水平指标，以分布类型识别的方式，将 APEC 城市识别为九种类型。并通过对各个类型城市数据的比对，确定选择可持续发展问题较为突出的 B-1 型城市，开展进一步的研究。

（五）APEC 城市可持续发展指标体系评价研究：熵权-TOPSIS 组合模型、均值-标准差法和耦合协调度模型

在获得指标体系和城市类型识别结果的基础上，本书基于权威统计数据，对 B-1 型的 52 座城市开展了评价研究。通过利用熵权-TOPSIS

组合模型，获得了针对 B-1 型的指标体系权重结果，以及 52 座城市四个子系统的综合发展水平评价值。并且运用均值-标准差法对综合发展水平评价值进行了分类，进一步支持对 B-1 型城市发展表现的分析。耦合协调度模型则通过对城市内部子系统，发展协调程度的评价，从发展质量的角度，审视 B-1 型城市发展的情况。最终，实现从发展水平和发展质量两个方面，运用指标体系对城市发展的表现进行评价研究的目的。

（六）APEC 城市可持续发展指标体系应用研究：文献分析、理论分析、实地调研、专家咨询、问卷调研、DR^3 模型和共识取得机制

APEC 城市可持续发展指标体系应用研究，选择以 B-1 型城市之一的张家口市为研究对象，旨在形成一套完整的指标体系本地化方法。因此，在核心指标的基础上，本书运用理论分析和实地调研的方法，对张家口的相关规划、发展环境、政策环境进行分析，对当地行政部门开展调研走访，并通过理论分析，构建了发展目标-责任部门-识别-响应（DR^3）模型，指导完成对张家口市发展目标和发展责任部门的识别。结合对专家的咨询、问卷调研，以及共识取得机制，筛选了面向张家口市的支持指标和城市指标，构建了张家口市可持续发展指标体系，并完成指标体系的赋值工作。

二、技术路线

本书的技术路线图详见图 1-3 所示。本书针对 APEC 城市构建城市可持续发展指标体系的研究，以全球可持续发展面临的挑战、APEC 城市对全球可持续发展的重要意义和全球面向城市可持续发展的行动为起点，结合国内外研究现状，引出了构建 APEC 城市可持续发展评价的问题。进而形成了本书研究的目的与意义，以及创新点。

在 APEC 城市可持续发展指标体系的构建环节，本书运用文献研究、理论分析、定性分析、频数分析、专家咨询、问卷调研、主成分分析等方法，基于已有的研究成果，提出了 APEC 城市可持续发展评价方法与框架和指标体系构建方案，即由核心指标、支持指标和城市指标组成的指标体系。通过对既有的 118 种指标体的分析和研究，逐步迭代，从高频指标中

逐步筛选指标，并结合国内外百余位专家学者的智力输入，形成了由 34 个核心指标和 61 个支持指标组成的指标体系（城市指标在面向具体城市时确定）。

成功地构建指标体系，需要具体地考虑城市大致情况。因而，通过对多样性、复杂性、发展不平衡和数量众多等特点交织的 APEC 城市进行类型识别，将进一步提升指标体系的适用性。本书基于类型识别指标的科学性和数据的可获取性，从 4439 座 APEC 城市中，筛选出了 231 座城市开展类型识别研究。通过运用自组织特征映射神经网络（SOFM）算法，得到了相对客观，并能够动态反映 APEC 城市发展变化的城市类型识别结果（九种城市类型）。通过对各个类型城市数据的定量分析，选择了可持续发展问题较为突出的 B-1 型城市开展进一步的研究。

本书从发展的总体水平和质量两个方面，利用 APEC 城市可持续指标体系的核心指标，开展评价研究。首先选择利用熵权-TOPSIS 组合模型，面向 52 座 B-1 型城市开展综合发展水平评价，并利用均值-标准差法对结果进行了分级。其次，采用耦合协调度模型，进行了城市发展协调程度评价。最后将两部分的评价结果结合，进行综合分析。

在面向具体城市开展指标体系应用研究的部分，本书选择 B-1 型城市之一的张家口市，开展指标体系的本地化研究。利用文献分析、理论分析、实地调研等主要方法和 DR^3 模型，识别当地的城市可持续发展目标与发展职能部门。在此基础上，结合专家咨询、问卷调研和共识取得机制，完成了指标体系的本地化应用研究，形成了张家口城市可持续发展指标，并为在更多 APEC 城市中开展指标体系的应用提供了一套完整的方案。

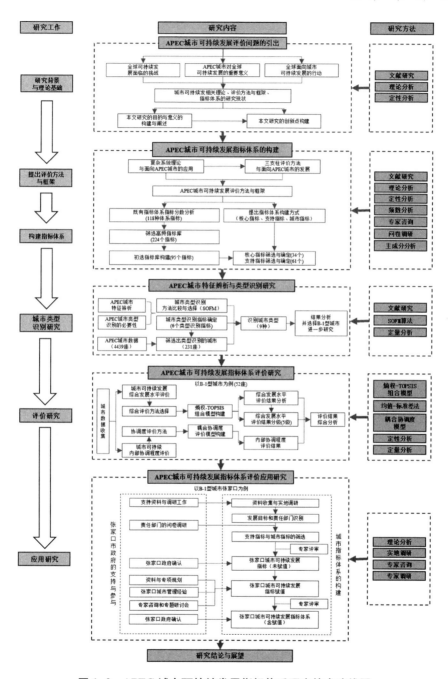

图1-3 APEC城市可持续发展指标体系研究技术路线图

第五节　主要创新点

一、本书首次面向复杂多样的 APEC 城市，开展构建适用于该地区城市的指标体系研究。APEC 城市作为对全球环境质量、社会和经济发展都有着重要影响的主体，对全球可持续发展问题有着举足轻重的影响力。然而，长期以来，城市可持续发展评价未能直接聚焦于这一重要的区域。本书则首次以多样性、复杂性、发展不平衡和数量众多等特点交织的 APEC 城市为评价对象，并依据 APEC 组织对可持续城市的理解，将城区和与之有紧密社会经济联系的区域考虑其中。同时配合 APEC 城市类型识别研究，基于 SOFM 方法对复杂多样的 231 座 APEC 城市进行了类型识别研究。首次从城市自然环境和发展水平两个方面对 APEC 城市进行了归类，增进了对 APEC 城市总体和分类型的认识。在此基础上，为该区域城市通过指标体系及相关研究进行政策工具、管理方式、技术措施等城市发展经验交流，提供了更加客观的参考。

二、本书首次提出由核心指标、支持指标和城市指标三类指标构建的 APEC 城市可持续发展指标体系，以适应其复杂多样且数量众多的特点。通过三类指标的设置，既能通过核心指标开展测量和比较，又能够利用支持指标和城市指标，兼顾经济体和城市间的差异，构建城市指标体系。本书通过对既有指标体系的分析和研究，综合国内外百余位专家学者的观点、意见和建议，筛选出了核心指标和支持指标。核心指标在 APEC 城市类型识别结果的基础上，通过运用城市统计数据和熵权-TOPSIS 组合模型，实现了核心指标针对不同类型城市的权重调整和确定，并且获得了综合发展水平的评价结果。结合发展协调程度评价，使指标体系实现了从发展水平和发展质量两个方面对城市可持续发展的评价，解决了多数指标体系单纯对总体水平进行评价而忽略城市内部失衡的问题。而城市指标的筛选，则需要结合具体的城市可持续发展目标与发展责任部门的识别，通过与城市政府的深度合作筛选和确定。以一种兼顾"自上而下"和"自下而上"

指标体系优势的方式，使三类指标发挥不同作用，实现了对复杂多样的 APEC 城市有效的横向评价和比较，并能够实现通过制定有针对性的城市指标体系的方式，引导具体城市的可持续发展。

三、本书通过对 APEC 城市可持续发展指标体系本地化的应用研究，形成一套完整的 APEC 城市可持续发展指标体系应用方法。本书在应用研究环节，选择 B-1 型城市之一的张家口市作为研究对象，以目标管理理论为基础，提出了发展目标-责任部门-识别-响应（DR³）模型。在通过 DR³ 模型对城市可持续发展目标和责任部门的识别的基础上，结合专家咨询、实地调研、问卷调研和共识取得机制，与当地专家和城市政府深度合作，将城市发展过程的主要责任方——城市的管理者纳入城市可持续发展指标体系的编制中，为切实保证评价指标所设定的目标的完成起到保障作用，也为通过构建因地制宜的指标体系，在更多 APEC 城市中形成有效引导城市可持续发展的方案提供了重要的参考。由于张家口市是中国唯一一个国家级可再生能源示范区，及冬季奥林匹克运动会协办城市，通过指标体系的应用研究，将为更多中国城市开展应对气候变化、能源转型和碳中和行动提供参考，也能够传播中国城市可持续发展做法和经验，推动 APEC 区域，乃至全球城市的可持续发展。

第二章

相关理论与方法

第一节 城市可持续发展研究与重要理论

城市可持续发展体系的基础是由各学科概念、原理、理论、方法、技术手段等形成的。在此基础上，形成了理论部分和实践部分。理论部分主要是在学科基础上进行基本理论的研究，并形成城市可持续发展理论。实践部分则是在基本理论或其他学科理论的基础上，进行推理和演绎而形成的发展模式，并基于对实践问题的思考与解决方法而形成的实践手段。

赵景柱等[1]和何跃和高策[2]指出，哲学基础的研究也是影响城市可持续发展理论的重要方面，以人为本和系统科学的相关理论被一些学者认为应该用于相关的研究中。但是，目前还缺乏公认的核心哲学理论。

通过对中国科学院城市环境研究所可持续城市研究组[3]、周国艳和于立[4]和孙施文[5]等权威机构和学者研究成果的阅读，本书对城市可持续发

---

[1] 赵景柱，等. 中国可持续城市建设的理论思考 [J]. 环境科学，2009，30（04）：5.

[2] 何跃，高策. 城市演化的非他律性探索 [J]. 山西大学学报（哲学社会科学版），2011，34（02）：7-12.

[3] 中国科学院城市环境研究所可持续城市研究组. 2010 中国可持续城市发展报告 [M]. 北京：科学出版社，2010：31-52.

[4] 周国艳，于立. 西方现代城市规划理论概论 [M]. 南京：东南大学出版社，2010：17-46.

[5] 孙施文. 现代城市规划理论 [M]. 北京：中国建筑工业出版社，2007：1-32.

展理论的哲学基础、学科基础、基本理论、发展模式和实践部分等进行了梳理。由于城市作为一个十分复杂的系统①，且事物具有的普遍联系性和学科之间的交叉，城市可持续的发展理论也呈现出多学科基础、多种理论交叉的现象，并且衍生出了新的基本理论和发展理论，进而探索出了不同的发展模式，来解决城市可持续发展中所面临的问题。

　　人类城市的发展是随着科学技术和对社会认知的不断进步而发展变化的。在这一变化过程中，城市经历了由原始的聚落形式到后工业城市大致六个阶段②。可以说，当今的大多数城市已经脱离了"城"与"市"结合体的阶段，城市已经转变为以人为本的主体，成为由环境、社会和经济等系统组成的有机整体。而随着可持续发展概念的提出，对这一有机整体内部的关系的研究变得越来越重要。

　　城市可持续发展理论是人们在对城市可持续发展问题进行研究后，思考城市内部关系，并探索形成的揭示城市可持续发展本质和演化发展规律的学说。在可持续发展问题出现以前，学者已经基于对城市发展方式的思考，提出了关于城市的发展理论和发展模式。如古希腊时期的城邦国家（城邦国家的概念近似于城市）尝试了通过绝对的理性和秩序来组织城市。而对当今世界产生影响的城市发展思想开始于 19 世纪下半叶。如探索将城市和乡村优点相结合的田园城市理论、提出以分散和低密度组织城市的"广亩城市"理论、以机械理性主义和集中主义思想设计城市的"明日城市"理论、试图融合和解决城市集中发展和分散发展的有机疏散理论，以及讨论分析资本主义城市空间产生和集体消费的新马克思主义城市理论③等。中国作为世界文明古国，有着漫长的城市发展历史。在古代中国，城市的发展受到《周礼》及堪舆学理论的影响④，近代中国的城市发展则主要是受到来自西方理论的影响，主要变现为对西方城市发展理论的学习与

---

① 苗东升 . 系统科学精要［M］. 北京：中国人民大学出版社，2016：2-8.
② 周干峙 . 城市发展和复杂科学［J］. 规划师，2003（S1）：4-5.
③ 张应祥，蔡禾 . 资本主义城市社会的政治经济学分析——新马克思主义城市理论述评［J］. 国外社会科学，2009（01）：6.
④ 王一波 . 风水与城市规划生态要素评价的共通［J］. 中华建设，2014（04）：76-77.

实践。

20 世纪 50 年代出现的新城市运动可以被视为早期对城市可持续发展的探索。1954 年的《杜恩宣言》提出了适应新时代要求的城市建设新观念，即对人的关怀和对社会的关注，以适应人对社会生活意义和丰富生活的变化要求①。而后的 20 世纪 70 年代，随着生态学的不断发展，城市被认为是人工复合生态系统的观点被提出，并形成了生态城市理论②。直到 1987 年，随着可持续概念的提出，城市可持续及相关的城市发展理论获得了理论上的支撑。

在城市可持续发展理论中，较为重要的有：城市发展控制理论、城市 PRED 系统理论、城市多目标协同论、城市生态学理论、城市代谢理论和城市形态理论（中国科学院城市环境研究所可持续城市研究组，2010）。城市发展控制理论以控制论为基础，结合可持续发展的观点而形成。其将城市本身视为一个超级复杂的系统，包含多个子系统，城市发展控制理论就是研究城市各子系统信息的变换、传递和控制的规律。城市 PRED 系统理论以系统论为基础提出。PRED 是人口（population）、资源（resource）、环境（environment）和发展（development）的首字母缩写。该理论以人口、资源、环境和发展四个子系统构成，并含有数量不同的要素。其强调四个子系统的协调，才有可能实现社会经济的持续稳定发展③。城市多目标协同论主要以协同论为基础，并结合区域经济学提出。在多学科研究基础上，20 世纪 70 年代，由德国著名物理学家赫尔曼·哈肯提出。城市多目标协同论在城市可持续问题上，以生态和资源问题为基础，以经济发展为主导，以促进社会发展为最终的目标④。城市生态学理论以生态学为基础，涉及包括区域发展生态学等多个学科和领域。将城市看作一个"生态

---

① 朱渊，汪坚强. 从"十次小组"（Team 10）研究看当代基于时间纬度的城市与建筑关联［J］. 建筑学报，2009（S2）：5.

② WU Y G. Design with Nature and Eco-city Design［J］. Ecosystem Health and Sustainability，2020，6（01）：1781549.

③ ZHAO J Z. Brief Review of Sustainable City［M］. New York：Springer，2011：1-13.

④ PORTUGALI J. Complexity Theories of Cities（CTC）［M］. Berlin：Springer，2011：53-94.

系统"，该生态系统以人为中心，具有开放的特征，是一个典型的由社会生态系统、经济生态系统、自然生态系统复合而成的"生态系统"①，并促进了低碳城市模式的形成②。城市代谢理论尝试解决城市发展面对的资源与生态问题，为试图解释和探寻维持城市正常运转的关键部门提供了研究基础③。城市形态理论是将生物和医学领域的"形态"概念引入，将城市作为有机体，分析其发展机制的理论。结合城市可持续发展的理念，该理论认为城市形态（紧凑或分散）可以影响城市系统的结构与功能，提倡相对绿色的交通出行方式、相对紧凑的居住方式以及提高能效，并影响了紧凑城市模式的提出与发展④。

中国的城市发展则主要是受到西方理论的影响，改革开放之后，西方城市可持续发展理论的进入，促进了我国在这一领域的研究和实践。20 世纪 90 年代，钱学森结合我国的国情，提出了山水城市理论，探索将中国实际国情与可持续发展理念结合⑤。之后受到紧凑城市模式和低冲击开发模式的影响，我国尝试了分散化集中的发展模式并实施了海绵城市的试点⑥。2010 年，中国开启了低碳城市试点的工作，积极探索面向未来的城市可持续发展模式。

---

① 顾朝林，等. 霍尔-巴洛《城市生态学》评介［J］. 生态学报，2021，41（23）：9555.

② 庄贵阳. 中国低碳城市试点的政策设计逻辑［J］. 中国人口·资源与环境，2020，30（03）：19-28.

③ 彭思涵，等. 基于代谢理论的城市化—水资源系统协同演化研究［J］. 水文，2019，39（04）：1-6.

④ BIBRI S E. Compact City Planning and Development：Emerging Practices and Strategies for Achieving the Goals of Sustainability［J］. Developments in the Built Environment，2020，4：100021.

⑤ 傅礼铭. 钱学森山水城市思想及其研究［J］. 西安交通大学学报（社会科学版），2005（03）：65-75.

⑥ 仇保兴. 如何使海绵城市更具"弹性"［J］. 建设科技，2017（01）：14-16.

第二节　城市可持续发展评价方法与评价框架

　　根据前文对关键概念的梳理，城市可持续发展评价的本质，是对城市在可持续发展过程中某一时间点的城市可持续性进行的测量，其目的在于了解城市当前的可持续发展的状态和能力，以及与最终的理想目标——可持续城市之间的差距。之后通过合适的手段，引导城市的可持续发展，探索解决城市可持续发展中的问题，提升城市可持续性。

一、城市可持续发展评价方法

　　1987 年，即可持续发展概念被提出的同年，联合国发布的《我们共同的未来》报告中即提出了应该"开发用于测定和评估发展进程的方法"的建议。在 1992 年和 2002 年联合国发布的《二十一世纪议程》和《约翰内斯堡执行计划》中也强调了应该结合全球的发展实际和关心的发展领域，推动监测和评价可持续发展进程的方法的工作。尽管中外学者尝试和提出不同评价方法，但其中能够对城市可持续发展评价产生影响的却不多。经过不断尝试和探索，到 2003 年，根据研究者的研究和观点，联合国、欧洲委员会、国际货币基金组织、经济合作与发展组织和世界银行，联合发布了《综合环境经济核算 2003》。该文件总结了可以用于测量可持续发展的方法，并指出资本方法、生态学方法和三支柱方法是最为清晰明确的可持续发展评价方法①。这三种方法可以被认为是城市可持续发展评价的方法论。其原因在于这三种相对明确的方法代表了面对城市可持续发展评价问题时，如何认识城市和理解城市的观点，也是构建城市可持续发展评价的基础，并直接影响城市可持续评价的框架和指标体系的构建。

　　（一）资本方法（The Capital Approach to Sustainable Development）

　　可持续发展的资本方法与经济学家在这个问题上的研究密切相关，尽

---

①　UNITED NATIONS. Handbook of National Accounting：Integrated Environmental and Economic Accounting 2003 ［M］. New York：United Nations，2003：2-6.

管这种方法远远超出了通常的经济学领域①。其借鉴了经济学中"资本"的概念，但以各种方式扩展了它的范围，将更多的城市可持续发展相关要素纳入其中。在此过程中，它从自然科学和非经济社会科学中提取概念，并将它们整合在这个方法中。虽然经济学家对可持续发展有一定的分歧，但在一点上却是有共识的，即可持续发展与长期存在的经济收益概念密切相关。在这方面，大多数经济学家参考希克斯对收入的定义，即收入是一个人在一段时间内所能消费的最高金额，并且在这段时间结束时，仍然和开始时一样富裕（如图2-1）。尽管个人的经济事务和城市的经济事务之间，存在着明显的差异，但上述对收入的定义同样适用于两者。

图2-1 资本方法示意图

可持续发展的出现改变了人们对财富的思考方式。与以往不同，随着可持续发展理念的深入人心，在讨论收入和财富的可持续性时，自然资本的贡献受到了重视，并且人力资本和社会资本也需考虑在内。这导致从资本角度对可持续发展的解释变为，可持续发展是指通过替代或保护人均财富来源来确保不减少人均财富的发展。这里的财富即生产资本、人力资本、社会资本和自然资本的存量。

（二）生态学方法（The Ecological Approach to Sustainable Development）

生态学方法的观点是社会系统和经济系统是环境系统的子系统（如图

① S EL SERAFY. Weak and Strong Sustainability: Natural Resources and National Accounting [J]. Environmental Taxation and Accounting, 1996, 1 (01): 27-48.

2-2)。因此，社会和经济领域的可持续发展要服从环境的可持续发展。从生态学方法的观点来看，发展指的是"生态系统"对变化和机遇做出的积极反应或维持对变化的动态适应。生态学方法认为"生态系统"的健康必须得到保护和加强，即表现出可持续发展所必需的复原力。这是一个源自医学的隐喻，难以准确定义。简单地说，其可以被认为是一种"资源"或"能力"，能够使"生态系统"适应和进化，以面对不断变化的环境。要维持生态系统应对外部干扰和变化的能力，生态学方法强调对两类定义相对宽泛的类别进行监测：第一类是"压力"，主要是人类活动，如物质和能源开采、污染物排放等，可以理解为是"生态系统健康"恶化的原因。第二类主要指生态系统对这些人类活动造成的"压力"的"反应"。

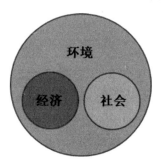

图 2-2　生态学方法示意图

（三）三支柱方法（The Three-pillar Approach to Sustainable Development）

相对而言，三支柱方法是最为公众所知晓的一种方法。其更加为人所知的应用形式被称为"三重底线"或"3P"原则，即人（people）、地球（planet）和利润（profit）。该方法代表可持续发展同时涉及的经济、社会和环境三个方面（如图 2-3）。根据这一方法的观点，没有单一的可持续性重点（或对象），而是所有的经济、社会和环境系统本身同时具有可持续性[①]。其原因在于：第一，这三个支柱独立，且同等重要；第二，三个

---

① 杨东峰，等. 从可持续发展理念到可持续城市建设——矛盾困境与范式转型 [J].
国际城市规划，2012, 27（06）：30-37.

支柱中并不存在优先级的差异，需要同时处理；第三，这三个支柱之间具有相互联系的关系①。因此，在试图解决系统中的问题时，需要整合决策，以避免其他问题的恶化或出现新的问题。

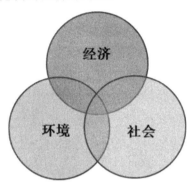

图 2-3　三支柱方法示意图

二、城市可持续发展评价框架

城市可持续发展指标体系的建立需要以各项指标为基础，然而，指标体系并不是简单的指标堆积，其需要考虑一定的目的和逻辑架构。这是基于城市的复杂性而做出的选择。城市系统涵盖环境、社会和经济等诸多方面，城市可持续发展的评价需要兼顾不同的因素和方面，需要一种指导指标体系构建的思路。这种赋予和支撑指标体系的逻辑、架构或者构建的思路，通常被称为指标构建模型或评价指标框架②。基于对城市可持续性定量评估的研究，杨东峰等③指出必须将指标体系建立在一个系统的和整体的框架之上，以确保能够准确评价城市的可持续性。此外，指标框架可以

---

① ROBINSON J, TINKER J. Reconciling Ecological, Economic and Social Imperatives [M]. Ottawa：International Development Research Centre, 1998：71-85.

② 赵玉川，胡富梅. 中国可持续发展指标体系建立的原则及结构 [J]. 中国人口·资源与环境，1997，7（04）：6.

③ 杨东峰，等. 城市可持续性的定量评估：方法比较与实践检讨 [J]. 城市规划学刊，2011（03）：58-65.

从理论上稳固指标体系，并指导构建合理的指标结构，以及识别指标的有效性①。另外，合理的指标框架还将有助于促进与政策制定者的沟通，进而对指标体系的落地实施起到推动作用。因此，城市可持续发展评价指标框架就变得尤为重要。在评价框架的开发和使用历史中，很多的设想被尝试使用，以下列举几种相对常见的框架类型。

（一）资本核算框架

与城市可持续发展评价的资本方法相对应的就是资本核算框架。用资本核算的方法评价发展可以追溯到 20 世纪 80 年代末。后由世界银行正式推出资本核算框架，并指出资本包括自然资本、人造资本和人力资本。随着研究的深入，世界银行在随后出版的《财富扩张》中，又增加了"机构资本"（社会资本）②。资本核算框架意在表达各类资本的总值。这种框架最为人们所熟知的应用就是对国内生产总值（GDP）的计算。但是，GDP很难计算由于发展所导致的损失或发展成本。于是由国际发展重新定义组织（Redefining Progress）的 Talberth 等提出了真实发展指标（GPI），以试图修正传统的资本核算方式，促进资本核算体系的发展。GPI 扣除了发展过程中的一些成本和损失，如资源枯竭、污染等，还考虑了福利因素，如公共基础设施。GPI 在加拿大阿尔伯塔省、新斯科舍省和美国旧金山湾区有一些应用，用以评价地区促进经济发展的政策效果③。资本核算框架主要适用于评价一个国家、地区或者城市在经济、社会及环境等方面所取得的成绩。其本质上是将区域内的各类资本的损失或折旧看作是经济成本。这一框架通过监测收益和成本成分的变化，揭示不同因素对区域经济的影

---

① 黄经南，等.国际常用发展指标框架综述与展望［J］.国际城市规划，2019，34（05）：94-101.

② WORLD BANK. Expanding the Measure of Wealth: Indicators of Environmentally Sustainable Development［EB/OL］.（1997-06-30）［2019-01-25］.https://documents. worldbank. org/en/publication/documents - reports/documentdetail/555261468765258502/ expanding-the-measure-of-wealth-indicators-of-environmentally-sustainable-development.

③ NESS B. Structuring Problems in Sustainability Science: The Multi - level DPSIR Framework［J］.Geoforum, 2010, 41（03）：479-488.

响，并在一定程度上兼顾社会和环境的影响①，但需要注意的是其仍以经济发展为主要关注对象。这一框架的缺陷在于，其将可持续发展与经济活动的联系变得过于紧密，而容易忽视对其他方面的考虑。此外，对于某些影响造成的成本，很难以经济的方法衡量其准确价值，比如生态服务、污染物排放造成的损害等。

（二）压力-状态-响应框架及其衍生类型

压力-状态-响应框架，即 PSR 框架。PSR 为 Pressure-State-Response 的缩写。PSR 框架与其衍生的类型深刻地影响了环境和城市可持续发展的研究与评价工作②。而这些框架的发展脉络（如图 2-4）也能够折射出评价框架对相关工作的重要性与影响。

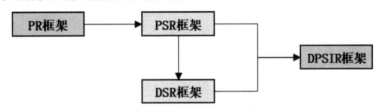

图 2-4　PSR 框架与其衍生的类型的发展脉络

PSR 框架是 20 世纪 70 年代由加拿大统计学家安东尼·弗兰德提出的，1991 年经济合作与发展组织（OECD）首次采用该框架用于构建环境评估指标体系③。该框架及其衍生框架可以被认为是基于生态学方法而建立的可持续发展评价框架。PSR 框架源于压力-响应（PR）框架，最初被应用于环境科学领域的研究，后被广泛应用于可持续发展研究和指标体系的研

---

① KUBISZEWSKI I . Beyond GDP：Measuring and Achieving Global Genuine Progress ［J］. Ecological Economics，2013（93）：57-68.

② ZHAO R D. Evaluating Urban Ecosystem Resilience Using the DPSIR Framework and The ENA Model：A Case Study of 35 Cities in China ［J］. Sustainable Cities and Society，2021（72）：102997.

③ BOSSEL H. Indicators for Sustainable Development：Theory，Method，Applications ［EB/OL］.（2001-10-05）［2019-01-28］. https：//www.iisd.org/publications/indicators-sustainable-development-theory-method-applications.

究中。其实质与环境学方法相近，即假设人类行为对环境的压力，并试图消除或减轻这种压力对环境造成的影响。该框架随着应用的不断增加而被不断完善。然而，PSR 框架存在两个缺点：第一，其框架更多地认为人与环境是简单的线性关系，PSR 框架忽视了人对环境可能产生的积极影响，比如通过法令或制度的形式，采取行动来适应或改善环境①；第二，不同的出发点可能让压力和状态发生转换，从而模糊。这些缺点也导致联合国从 2001 年起不再使用该框架。

由于 PSR 框架在人与环境关系处理方面的困境，1996 年，联合国可持续发展司引入了驱动力-状态-响应框架（DSR 框架），将压力替换为驱动力。通过引入驱动力，解决人的发展对环境的单向影响问题②。然而，DSR 框架依旧忽视了对人类健康福祉和社会整体发展进步的影响③。因而在 PSR 框架和 DSR 框架的基础上，驱动力-压力-状态-影响-响应框架（DPSIR 框架）被开发了出来。该框架最初被欧洲环境署（EEA）应用于有关农业的研究中④。DPSIR 框架假设社会和经济的发展，即驱动力，可以对环境产生压力，造成环境状态改变，并引起社会对驱动力的反应（或者反映在压力、状态或者影响上）。与前两种框架相比，DPSIR 框架中的驱动力表示人类对幸福生活的追求和促进发展的力量，压力更加具体，响应则表示对问题的反馈，从而形成了一个更加有效的评估环境和人类可持续发展的框架，将其引入对城市复杂系统的评价中，可以将问题简单化。

PSR 框架及其衍生类型的出现过程提示了人类活动与环境影响之间的关系。同时，也传递了通过政策和管理行动解决环境问题的思路。这使得

① MORAIS L G, ABESSA D M. PSR Framework Applied to the Coastal Management of "Complexo Estuarino-Lagunar Iguape-Cananéia" -CELIC (São Paulo, Brazil), in terms of sanitation and public health [J]. Revista de Gestão Costeira Integrada-Journal of Integrated Coastal Zone Management, 2014, 14 (04): 625-635.

② VENABLE J A. Comprehensive Framework for Evaluation in Design Science Research [C]. Springer, 2012.

③ MEYAR-NAIMI H, VAEZ-ZADEH S. Sustainable Development Based Energy Policy Making Frameworks, a Critical Review [J]. Energy Policy, 2012, 43: 351-361.

④ TSCHERNING K. Does Research Applying the DPSIR Framework Support Decision Making? [J]. Land Use Policy, 2012, 29 (01): 102-110.

这类框架被广泛用于环境评价的领域。然而，也正是由于这类框架对环境问题解决的优势，使其在重视社会、经济、治理综合可持续发展的今天显得过于狭隘。

（三）三维框架

三维框架，或称三重底线框架（Triple bottom line，TBL）。其被认为是由英国学者约翰·埃尔金顿于 1997 年提出的。狭义的三维框架就是由社会、经济和环境三个部分组成（如图 2-5），这三个支柱对于可持续性指标体系的开发是至关重要的因素①，并且符合可持续发展的理论②。三维框架是通过引入相应的指标，用以监测社会、环境和经济三者协同性的框架。自其被提出以来，三维框架被广泛应用于管理、咨询、投资和非政府组织的研究项目中③。这一框架使得可持续发展的评价摆脱了将经济发展或环境影响作为评价事物发展的唯一尺度的方式，而综合考虑环境、社会和经济领域的协调可持续发展。

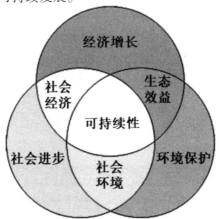

图 2-5 三维框架示意图

---

① WEN B. Evolution of Sustainability in Global Green Building Rating Tools ［J］. Journal of Cleaner Production，2020，259：120912.

② REN Y T. A Guiding Index Framework for Examining Urban Carrying Capacity ［J］. Ecological Indicators，2021，133：108347.

③ 凤亚红，陈小妮. 基于三重底线理论的 PPP 项目可持续评价 ［J］. 工程管理学报，2021，35（02）：62-67.

在三个维度中，经济维度是保障城市经济可持续增长的，被认为是实现城市可持续发展的重要条件①。社会维度是为了满足人类的需要。如果城市社会方面不能提供足够的公共产品满足人类需求，将引发各种社会问题，如缺少住房、贫困和收入分配、交通堵塞等。环境维度则为人类的生存和繁衍提供了自然支持。如果城市环境不能承载或恢复城市发展中造成的影响，就会出现各种城市环境问题，如水污染、空气污染等②。三维框架中的三个维度对于实现和评价城市可持续发展都至关重要，且重要度难言区别，因而相当多的城市或社区的可持续发展指标体系均采用三维框架或承认其对工具开发的重要影响，如 BREEAM Communities、LEED Neighborhood Development、LEED Cities and Communities、Green Star Communities 等。研究者在利用三维框架的同时，也在探索发展该框架，因为有时这一框架会演变为四维或者拥有更多的维度。例如 UISA fEn（Urban Integrated Sustainable Assessment Methodology for Existing Neighborhoods）工具，通过添加管理维度，构建了一个四维分析工具，用以分析现有的评价体系，并展示了管理在协调环境、社会和经济之间关系方面的重要功能③。Ameen 等④通过添加文化维度，在城市研究中强调了社会多样化的趋势和对当地文化的保护和利用。APEC 则在其《亚太经合组织区域城市可持续发展伙伴关系》文件尝试构建了一个城市可持续发展评价的五维框架，由治理环境、物理环境、自然环境、社会环境和经济环境组成⑤。然而，由于环境、

---

① ALI-TOUDERT F, JI L. Modeling and Measuring Urban Sustainability in Multi-Criteria Based Systems—A Challenging Issue [J]. Ecological Indicators, 2017 (73): 597-611.

② XIA T Y. Variations in Air Quality During Rapid Urbanization in Shanghai, China [J]. Landscape and Ecological Engineering, 2014, 10 (01): 181-190.

③ J E REYES NIETO. Urban Integrated Sustainable Assessment Methodology for Existing Neighborhoods (UISA fEN), a New Approach for Promoting Sustainable Development [J]. Sustainable Development, 2018, 26 (06): 564-587.

④ AMEEN R F M. A Critical Review of Environmental Assessment Tools for Sustainable Urban Design [J]. Environmental Impact Assessment Review, 2015, 55: 110-125.

⑤ APEC POLICY SUPPORT UNIT. Partnerships for the Sustainable Development of Cities in the APEC Region [EB/OL]. (2017-06-01) [2020-08-06]. https://www.apec.org/publications/2017/06/partnerships-for-the-sustainable-development-of-cities-in-the-apec-region.

经济、社会以及更多维度都被赋予在了支持可持续发展的行动中，相对独立且地位重要，在为社会中各种群体创造"利己"发展方式的同时，也造成了对可持续发展议题的扭曲。

（四）基于主题的框架

除利用资本方法、生态学方法和三支柱方法建立评价框架以外，在国际通用的指标体系中，基于主题的框架也受到广泛的利用。这种趋势在2001年联合国不再使用PSR框架之后变得更为明显，纯粹基于主题框架的指标体系开始得到重视，如后期的二十一世纪议程框架。这种框架沿用至今，如2014年，国际标准化组织（ISO）在其发布的ISO 37120《城市可持续发展指标体系——关于城市服务和生活品质的指标国际标准》中使用了这一框架。ISO37120选择经济、教育、能源、环境、治理、水与卫生等17个主题，制定了一个由100个指标（46个核心指标和54个辅助指标）组成的，用于监测城市可持续发展状态的指标体系。联合国在2015年发布的联合国可持续发展目标（SDGs）即是基于这种框架。其通过贫穷、饥饿和粮食安全、教育、水和环境安全、能源、经济增长、基础设施和工业化、城市和人类住区等17个不同的主题构建了SDGs的发展目标和相应的指标体系（SDG Indicators）。中国的《城市可持续发展　城市服务和生活品质的指标》（GB/T 36749-2018）也采用了基于主题的框架，以人为核心，从城市服务和生活品质角度出发，从经济、教育、环境、财政、火灾与应急响应、治理等17个方面选择了100项指标，以评价城市可持续发展状态，对改善城市治理、提高城市可持续发展水平具有指导作用。

基于主题的框架认可城市各个系统间复杂关系和清楚认识其困难程度，并强调城市可持续发展的整体性。正是由于城市本身的复杂性，基于主题的框架可以通过补充新的内容来不断完善现有的主题和评价体系，构成了这种框架的优势之一。制定指标体系的目的除了监测城市的可持续发展，也需要与政策制定的过程和目标产生结合，为包括决策者和公众在内的各个利益相关方提供一个相对清晰和直接的沟通渠道，并促进可持续发展问题得到更多舆论的关注。基于主题的框架能够使指标体系的目的性和针对性变强。指标的选取可以针对城市某一关键问题或发展的现状，并为决策者提供明确的判断依据，可操作性较强①。但该框架的问题在于，较难从整体上反映可持续发展的全貌。

除了以上的评价框架外，还有单指标框架、分部门框架、空间分维框架、存量与流量框架等②。作为构建城市可持续发展监测和评价的重要组成部分，可持续发展评价框架是基于城市可持续发展评价方法的，并尝试将可持续发展问题分解为不同的维度，再通过不同维度的影响关系来探索解决城市可持续发展问题的路径。

二、城市可持续发展评价方法和评价框架存在的问题

从对城市可持续发展评价方法和评价框架的梳理中，可以认识到，城市可持续发展评价方法和评价框架其实是在构建一种模型，一种能够将现实世界抽象为相对简单结构的模型。

根据对可持续发展评价方法的梳理，在很多时候，评价方法构建的模型是将现实世界简单地分解为经济、社会和环境三个相对独立的部门。Neumayer③ 指出，这种通过构建相对独立的部门，且对其重要性和交叠关系进行更改而构成的城市可持续发展评价模型是存在问题的。而国际地方环境倡议理事会④和 Brandon 等⑤则进一步指出，这样的处理方式在理论依据方面仍有欠缺。中国学者杨东峰等认为现实世界是由经济、社会和环境逐级嵌套且相互联系而成的复杂系统，即经济活动是社会活动的一部分，

---

① 杨锋，等. ISO 37120 城市可持续发展指标体系国际标准解读［J］. 中国经贸导刊，2014，29：24-27，38.
② 黄经南，等. 国际常用发展指标框架综述与展望［J］. 国际城市规划，2019，34（05）：94-101.
③ NEUMAYER E. Weak Versus Strong Sustainability：Exploring the Limits of Two Opposing Paradigms［M］. Cheltenham：Edward Elgar Publishing，2003：27-39.
④ INTERNATIONAL COUNCIL FOR LOCAL ENVIRONMENTAL INITIATIVES. The Local Agenda 21 Planning Guide：An Introduction to Sustainable Development［C］. IDRC，1996.
⑤ BRANDON P. Cities and Sustainability，Sustaining Our Cultural Heritage［M］. Moratuwa：University of Moratuwa，2000：38-42.

而社会活动存在于环境中，且三个部分相互联系，并具有一定的模糊性①。

四、城市可持续发展指标体系

在可持续发展评价方法和城市可持续发展评价框架的基础上，基于不同目的和需要，城市可持续发展指标体系被编制出来。2017 年，国际标准化组织发布的《社区的可持续发展——关于城市可持续发展和韧性的现有指导方针和方法的清单》中，根据国际标准化组织的不完全统计，目前全球范围内具有一定影响力的城市可持续发展指标体系已经超过了 120 种②。

尽管数量众多，且拥有不同的名称，但城市可持续发展指标体系依然拥有共同的特征。虽然拥有种类繁多的名称，如城市指标体系、社区可持续性评价工具或可持续发展社区评级工具等，但城市可持续发展指标体系共同点体现在，这些指标体系都是根据一系列标准和分类的评价条款，对给定区域的可持续性进行评估和评级的工具，是对城市可持续发展评价方法的实践。指标体系旨在评估该区域在实现可持续发展过程中的状态，并测量该区域在实现可持续发展目标方面的成功程度③。

而形成数量众多且名称多样的城市可持续发展指标体系的原因在于，对城市这一复杂系统发展评价的探索进程在不断推进。由于城市的各个组成部分——城区、社区、城镇等，是创建真正可持续城市的起点，是实现可持续城市的重要前线④。因此，在城市可持续发展指标体系开发的早期，是从城市的组成部分开始探索的，并深刻影响了对更大尺度区域的评价。这同时也形成之前对城市指标体系认识和应用的局限性。此外，作为次要

① 杨东峰，等. 从可持续发展理念到可持续城市建设——矛盾困境与范式转型 [J]. 国际城市规划, 2012, 27 (06)：30-37.

② ISO. ISO/TR 37121：2017 Sustainable Development in Communities-Inventory of Existing Guidelines and Approaches on Sustainable Development and Resilience in Cities [R]. International Standardization Organization, 2017.

③ SHARIFI A, MURAYAMA A. A Critical Review of Seven Selected Neighborhood Sustainability Assessment Tools [J]. Environmental Impact Assessment Review, 2013 (38)：73-87.

④ SHI Q. Challenges of Developing Sustainable Neighborhoods in China [J]. Journal of Cleaner Production, 2016, 135：972-983.

原因，城市可持续发展指标体系受到开发者或使用地域的语言、制度、文化等诸多方面的限制，而使用了包括城市、城区、社区、邻里、城镇等表述方式。

在如此多元的城市可持续发展指标体系中，依据开发者的类型，大致可以分为两个大类，即"自上而下"的和"自下而上"的。"自上而下"的指标体系更多地从宏观层面开展工作，往往由国家或有重要影响力的国际组织或机构开发，往往并不针对具体城市开发，不强调对城市类型的研究和区分，有时具有一定的试验性质；而"自下而上"的指标体系往往从微观层面开展工作，由非政府组织或团体、地方政府或学者开发，因为更多地直接结合城市的特点或需要而开发，往往基于应用的城市，对城市类型进行简单的划分，并且由于其开发者的宣传，这一类指标体系往往更容易获得较高的知名度。

（一）"自上而下"的城市可持续发展指标体系

1. 可持续发展目标追踪器（SDG-Tracker）

联合国可持续发展目标（SDGs）是 2015 年发布的全球发展目标，计划定于 2030 年实现。2018 年联合国制定了 SDG-Tracker，并表示会公布和更新全球各个国家实现可持续发展目标的进展情况。

联合国通过构建 Our World in Data 数据库，利用联合国和其他国际组织的官方统计数据，为 SDG-Tracker 提供可用指标的数据，并形成一套开放的，可以追踪实现可持续发展目标的全球进展情况的指标体系。这使得世界各地的人们可以更加清楚其国家在可持续发展领域的表现和实现商定目标的进度。

联合国为既有的 17 项可持续发展目标定义包含了 169 项可持续发展目标具体目标，并选择了 232 个独特的指标，例如：土地消耗率与人口增长率之比、由民间社会直接参与城市规划和管理的城市的比例、城市定期收集并最终排放的城市固体废物占城市固体废物总量的比例。并以这些指标跟踪和测量实现 17 项可持续发展目标的进展情况。目前，SDG-Tracker 仍然在不断增加和补充数据。已有的数据显示，在国家层面，实际发展情况与目标仍然存在较大差距。

作为一个更多面向国家层面的可持续发展的指标体系，SDG-Tracker 在面向具体城市的评价方面的作用是有限的，但其为直接面向城市编制的指标体体系的开发提供了具体的参考。

2. ISO 37120《城市可持续发展城市 服务和生活品质的指标体系》（ISO 37120）

该指标体系于 2014 年 5 月由国际标准化组织正式发布，旨在建立一套协助不同类型的城市衡量其可持续发展、城市服务和生活品质的指标体系。其通过引入宏观管理、文化与治理和基础设施的维度，补充原有的三支柱评价方法的不足，并采用了基于主题的评价框架。更具体地，如前文所述，ISO 37120 选择经济、教育、能源、环境、治理、水与卫生等 17 个主题，并制定了一个由 100 个指标组成的指标体系，其中 46 个为核心指标，54 个为辅助指标，并用于监测城市可持续发展状态。此外，在 ISO 37120 的附录 B 中，从人口、住房、经济、地理与气候四个方面给出了 39 项概要指标，用以帮助城市选择那些同类型城市进行横向比较①，但并没有进一步对城市类型和如何进行类型划分进行研究。ISO 37120 为城市可持续发展指标体系与评价工具的开发提供了值得借鉴的内容和经验。但是，其仍旧是一个相对"粗糙"的指标体系，对于如何落地实施，并指导具体城市的可持续发展指标体系构建，没有给出答案。因而，其在各个经济体的实施过程中，都不同程度地进行了本土化。2019 年 3 月 1 日正式实施的中国《城市可持续发展 城市服务和生活品质的指标》（GB/T 36749-2018）即是对其的本土化版本。

3.《绿色生态城区评价标准》（GB/T51255-2017）

中国的《绿色生态城区评价标准》于 2018 年颁布实施，是目前中国各地开展绿色生态城区建设和评价的权威指导文件。该标准共有 128 个指标，被分配进九大领域，即土地利用、生态环境、绿色建筑、资源与碳排放、绿色交通、信息化管理、产业与经济、人文、技术创新。

该标准的主要特色是：第一，城市设计理念；第二，评价内容全面，

---

① 杨锋，等 . ISO 37120 城市可持续发展指标体系国际标准解读［J］. 中国经贸导刊，2014，29：24-27，38.

涵盖多个领域，如能源和碳排放、信息化及产业；第三，重视实践，分为规划和运营两个阶段，注重实际成效①。《绿色生态城区评价标准》为具体指导城市可持续发展的评价提供了重要的参考。但该指标体系仅仅将评价对象局限于城区，并没有将支持城市发展的其他组成部分囊括进来。

4.《城市可持续发展 城市服务和生活品质的指标》（GB/T 36749-2018）

《城市可持续发展 城市服务和生活品质的指标》是 2018 年正式发布，并于 2019 年 3 月 1 日正式实施的。GB/T 36749-2018 与前文中的 ISO 37120 的一致性程度为非等效，而是采用了重新起草法②，参考 ISO 37120 而编制的本土化的指标体系。

由于采用了重新起草法，GB/T 36749-2018 选择了"以人为本"的原则，作为指导整个指标体系编制的基础和指导原则。结合前文可持续发展研究体系的梳理，GB/T 36749-2018 采取了从哲学基础开始，结合 ISO 37120 构建适用于中国实际情况的指标体系的方式。在学习和借鉴 ISO 37120 的基础上，通过调研，并结合中国发展和政策现状，充分考虑国家人口、资源、经济、社会等国情，剔除了 ISO 37120 不适合中国的指标，并基于可行性的考虑进行调整。GB/T 36749-2018 从经济、能源、环境、治理等 17 个方面，也确定了 100 项指标用以测量城市可持续发展状态，并且也设定了核心指标（46 项）和支持指标（54 项）。

与一般的城市可持续发展指标体系有所不同的地方在于，GB/T 36749-2018 的出发点是"城市居民"对生活的满意度，从生活品质和城市服务两个方面，直接和间接地反映评价的内容。但是，评价内容未涉及城市管理的其他侧面，即其仅从城市管理的服务对象——居民的生活满意度方面出发，测量城市软硬件环境满足居民生活需求的程度，并且其评价对象仍然仅面向城区，而并不包括城市所下辖，并支持城市发展的广大非城区范围。

---

① 杜海龙，等. 中外绿色生态城区评价标准比较研究［J］. 城市发展研究，2018，25（06）：156-160.
② 许肖杰，等. 2014 年~2017 年杭州市可持续发展评价——基于 GB/T 36749-2018 的分析［J］. 标准科学，2019（12）：11-17，59.

5.《城市和社区可持续发展 低碳发展水平评价导则》（GB/T 41152-2021）

虽然城市的可持续发展涉及诸多领域，但是低碳乃至零碳排放的发展方式，对于应对气候变化和能源转型等当前矛盾突出的领域，有着重要的意义。而中国政府已于 2020 年宣布实现碳达峰和碳中和的"3060 目标"，因而中国标准化研究院等研究机构，在充分借鉴国内外研究成果和实践方法的基础上，基于对低碳发展评价方法的梳理，按照城市应对气候变化的具体目标和要求，研究和制定了《城市和社区可持续发展 低碳发展水平评价导则》（GB/T 41152-2021）。导则主要由一套指标体系构成，包括碳排放量类、直接影响类、间接影响类以及管理类四大类型的指标，并进一步构建了由 8 个一级指标和 29 个二级指标组成的指标体系。

由于我国正在经历的城市化进程在规模和速度上都是人类历史上前所未有的，因而，存在包括经济发展模式亟须转变、公共服务均等化亟待提高、生态环境有待改善、城市建设有待改进、城市治理能力亟待改善等诸多问题。GB/T 41152-2021 通过指标体系，指导中国城市开展现代化城市治理，为解决前述问题提供了重要的技术手段①。

（二）"自下而上"的城市可持续发展指标体系

由于"自下而上"的城市可持续发展指标体系具有开发者富有多样性和部分基于商业利益的开发和宣传，这一类指标体系的数量是异常巨大的。但是，能够得到充分开发、广泛使用并产生重要影响的并不多。通过对国内外机构和专家学者关于城市可持续发展指标体系研究工作的整理，本书整理出了 21 个相对重要的城市可持续发展指标体系（见表 2-1）。基于 Sharifi 和 Murayama② 关于城市可持续发展指标体系特点的总结，"自下而上"的指标体系可以被分为两类，即规划嵌入式（plan-embedded）和第

---

① 杨锋，高莉洁. GB/T 41152-2021《城市和社区可持续发展 低碳发展水平评价导则》［J］. 标准生活，2022（02）：38-41.

② SHARIFI A, MURAYAMA A. A Critical Review of Seven Selected Neighborhood Sustainability Assessment Tools［J］. Environmental Impact Assessment Review, 2013, 38：73-87.

三方式，或称衍生式（spin-off）。规划嵌入式指标体系是指将本身融入城市和社区规划或可持续发展倡议，并用以评价可持续发展的指标体系。而第三方式指标体系，则多是单独作为指标体系开展评价工作。

表 2-1 全球范围内相对重要的城市可持续发展指标体系

指标体系	年份[a]	国家/地区	开发者	指标体系类型
Earth Craft Communities Earth Craft 社区	2005	美国	亚特兰大住宅建筑商协会 亚特兰大地区委员会 城市土地研究所 亚特兰大地区议会	第二方式
HQE^{2}R	2005	欧盟	法国建筑技术中心（CSTB）	规划嵌入式
ECOCITY 生态城市	2005	欧盟	欧洲委员会（European Commission）	规划嵌入式
CASBEE Urban Development CASBEE 城市开发	2008	日本	日本可持续建筑协会（JSBC） 日本绿建筑委员会（JaGBC）	第三方式
BREEAM Communities BREEAM 社区	2008	英国	英国建筑研究院（BRE）	第三方式
GBI Township GBI 小镇	2008	马来西亚	马来西亚建筑师协会（PAM） 马来西亚咨询工程师协会（ACEM）	第三方式
IGBC Green Townships IGBC 绿色小镇	2008	印度	印度绿色建筑委员会（IGBC）	第三方式
LEED Neighborhood Development LEED 社区开发	2009	美国	美国绿色建筑委员会（USGBC） 新城市主义协会（CNU） 自然资源保护协会（NRDC）	第三方式
DGNB for Urban Development DGNB 城市开发	2009	德国	德国可持续建筑委员会	第三方式
Green Mark for Districts	2009	新加坡	建筑事务监督（BCA）	第三方式

续表

指标体系	年份[a]	国家/地区	开发者	指标体系类型
Pearl Community for Estidama Estidama 珍珠社区	2010	阿联酋	阿布扎比城市规划委员会	第三方式
CASBEE Cities CASBEE 城市	2011	日本	日本可持续建筑协会（JSBC） 日本绿建筑委员会（JaGBC）	第三方式
One Planet Communities One Planet 社区	2011	英国	百瑞诺（BioRegional）	第三方式
Green Star Communities Green Star 社区	2012	澳大利亚	澳大利亚绿色建筑委员会	第三方式
BERDE for Clustered Development BERDE 聚合发展	2012	菲律宾	菲律宾绿色建筑委员会	第三方式
ISO37120 Sustainable cities and communities — Indicators for city services and quality of life 可持续城市和社区 城市服务和生活质量指标	2014	——	国际标准化组织（ISO）	第三方式
LEED Cities and Communities LEED 城市与社区	2016	美国	美国绿色建筑委员会（USGBC）	第三方式
BEAM Plus Neighborhood BEAM Plus 社区	2016	中国香港	香港绿色建筑议会（中国香港）	第三方式
绿色生态城区评价标准	2017	中国	中华人民共和国住房和城乡建设部（MOHURD）	第三方式
IGBC Green Cities IGBC 绿色城市	2017	印度	印度绿色建筑委员会（IGBC）	第三方式

指标体系	年份[a]	国家/地区	开发者	指标体系类型
IGBC Green Existing Cities IGBC 绿色既有城市	2018	印度	印度绿色建筑委员会（IGBC）	第三方式

a. 该时间为指标体系第一个相对正式的版本发布时间，由于各个工具开发的方式不同，在不同资料中，年份信息会有差异，本书主要参考 ISO/TR 37121：2017 和指标体系开发机构官网。

表 2-1 显示，"自下而上"的城市可持续指标体系在 15 年左右的发展过程中，规划嵌入式指标体系相对较少，而主要是以第三方指标体系为主。然而，第三方式指标体系的编制往往与规划嵌入式指标体系相关或受到后者的影响。例如，澳大利亚当前使用的城市可持续发展指标体系 Green Star Communities，作为一种第三方式指标体系，就是在可持续性社区评价（SCR）——一种规划嵌入式指标体系的基础上发展而来的。同时，目前应用较为广泛的 BREEAM Communities，从其实施方式中，也能看到规划嵌入式指标体系的痕迹①。

规划嵌入式指标体系与第三方式指标体系也各自具备优势。Charlot-Valdieu② 指出，以 HQE²R 和 Ecocity 为代表的嵌入式指标体系的优势在于，其能较为均衡地将各类指标纳入其设置的可持续评价框架中。这一方面是得益于嵌入式指标体系的可持续发展目标更为明确③，另一方面，应该归

---

① CALLWAY R. Embedding Green Infrastructure Evaluation in Neighbourhood Masterplans—does BREEAM Communities Change Anything？［J］. Journal of Environmental Planning & Management，2019，62（14）：2478-2505.

② CHARLOT-VALDIEU C. The European Commission Community Research ［EB/OL］.（2017-12-05）［2017-12-05］. http：//www. suden. org/en/european-projects/the-hqe2r-project/.

③ HAAPIO A. Towards Sustainable Urban Communities ［J］. Environmental Impact Assessment Review，2012，32（01）：165-169.

功于其在制定指标体系和实施过程中，能够更多地使利益相关方参与其中①。因此，能否充分考虑各个方面的意见，是两种类型指标体系需要共同注意的地方，例如由于在开发过程中，未能充分考虑经济相关指标，前文提及的 SCR 便无法得到有效的使用，以致被放弃。

第三方式指标体系的优势则更加明显。其之所以被称为衍生式指标体系，是由于其前身多是基于面向建筑的指标体系，或其所属指标体系"家族"之前的评价系统主要是用于评价建筑的相关指标。第三方式指标体系由于其"家族"在建筑领域奠定的基础，往往更容易被市场所接受。再加上第三方式指标体系基于商业利益的宣传和对项目的商业贡献，使得第三方式指标体系成了较受欢迎的类型②。

尽管两类指标体系各具优势，但仍然存在不足。一方面，由于城市可持续发展评价研究一般出现在城市发展的成熟期之后③，使得参与评价的城市大多是发展成熟的城市、大城市或特大城市。而能够让可持续发展理念更好地影响城市发展走向的处于发展期的城市则较少受到关注④，这也直接影响了指标体系对城市发展产生积极作用的效果。另一方面，由于城市是一个复杂巨大的系统，且城市的类型复杂多样，数量众多，使得面向城市的研究和评价难度很大，在既有的指标体系中，能够得到相对充分和应用情况较好的指标体系并不多，其中包括：HQE²R、Ecocity、BREEAM Communities、LEED ND 和 CASBEE UD。

———————————

① AWADH O. Sustainability and Green Building Rating Systems: LEED, BREEAM, GSAS and Estidama Critical Analysis [J]. Journal of Building Engineering, 2017 (11): 25-29.

② BENSON E M, BEREITSCHAFT B. Are LEED-ND Developments Catalysts of Neighborhood Gentrification? [J]. International Journal of Urban Sustainable Development, 2020, 12 (01): 73-88.

③ 张衍春，胡国华. 美国新城市主义运动：发展、批判与反思 [J]. 国际城市规划，2016, 31 (03): 40-48.

④ APEC POLICY SUPPORT UNIT. Partnerships for the Sustainable Development of Cities in the APEC Region [EB/OL]. (2017-06-01) [2020-08-06]. https://www.apec.org/publications/2017/06/partnerships-for-the-sustainable-development-of-cities-in-the-apec-region.

1. HQE²R（规划嵌入式）

HQE²R 源于 HQE，是指法国的 Haute Qualité Environnementale，意为高质量环境，是一个建筑可持续性的指导方针，但在城市层面，经济（E）和其他社会因素涉及再生（R），因此缩写为 HQE²R。该指标体系源于一个为期 30 个月（2001 年－2004 年）的欧洲研究和开发项目。其由法国建筑科学技术中心（CSTB）协调，研究的重点是建筑环境的可持续改造和城市社区的复兴，从人、建筑、社区、城市和全球多个层次切入，并重点关注居民和使用者。HQE²R 旨在为城市恢复活力提出一套可行的方案，并确保城市获得可持续性，主要从提升和改善环境质量、生活品质、运维和管理方法角度出发，并试图通过提倡公共交通控制城市扩张。

2. Ecocity（规划嵌入式）

Ecocity 项目指由欧洲委员会在第五框架项目中发起的一个国际研究项目，并得到了五个不同经济体的 20 多家机构的支持，其较为出众的案例包括挪威特隆赫姆、丹麦赫尔辛格和赫尔辛堡①。Ecocity 项目主要从尽量减少土地、能源和材料的使用；尽量减少自然环境的损害；最大化人类福祉（生活质量）；最小化运输需求四个方面切入。Ecocity 项目共拥有三个阶段：第一，收集和整理可持续发展相关的概念、方针，以及可能涉及的监测城市可持续发展的标准及指标等，并在这些工作的基础上，确定一个评价框架；第二，针对四个切入的方面，在与城市充分合作的前提下，进一步阐述城市可持续发展的模式；第三，编制指标体系，并将其用于城市的发展过程中的评估环节。Ecocity 的指标框架包括城市结构、交通、能源与物质流动和社会经济问题（如表 2-2），每个领域拥有一个或多个定性或定量指标。

---

① COMMISSION OF THE EUROPEAN COMMUNITIES. Urban Development Towards Appropriate Structures for Sustainable Transport Publishable Final Report [EB/OL]. (2002-03-24) [2018-10-08]. http：//www. rma. at/sites/new. rma. at/files/ECOCITY%20%20_ %20Final%20Report. pdf.

表 2-2 城市发展的部门和方面

城市结构	交通	能源与物质流动	社会经济
土地需求/密度 土地使用（混合使用） 公共空间 景观/绿色空间和水 城市舒适度、建筑	大众出行 慢速交通模式/公共运输 个人出行 旅行 货物运输	能源 水（供应，治理） 废弃物 建筑材料	社会问题 经济 成本/消耗

3. CASBEE Urban Development（CASBEE UD）（第三方式）

建筑物综合环境性能评价体系（CASBEE）的研究和开发由日本绿色建筑委员会（JaGBC）和日本可持续建筑联合会（JSBC）负责。2008 年，CASBEE UD 作为较早的第三方城市可持续发展指标体系开始出现，并旨在一个较大的范围内，介绍、实施和评估包括碳排放在内的可持续发展指标，以改善城市的综合环境绩效①。CASBEE UD 取代了传统的评估方法和框架的概念，因此，需要为被评价的区域开发项目设置虚拟边界，并且从虚拟边界环境质量（Q_{UD}）和边界外部环境负载（L_{UD}）两个方面评估该项目。

在城市发展环境质量方面，CASBEE UD 选择了基于三支柱方法的理念，使用了环境、社会和经济的分类作为评价的主要项目（一级指标）（见表 2-3），设置约 30 个三级指标。

表 2-3 Q_{UD} 评价指标

一级指标	二级指标
1. 环境	1.1. 资源
	1.2. 自然（绿化与生物多样性）
	1.3. 人工制品（建筑）

---

① JSBC. CASBEE Technical Manual［EB/OL］. （2014-06-01）［2018-10-09］. https：//www.ibec.or.jp/CASBEE/english/downloadE.htm.

一级指标	二级指标
2. 社会	2.1. 公平/公正
	2.2. 安全/保障
	2.3. 便利设施
3. 经济	3.1. 交通/城市结构
	3.2. 增长潜力
	3.3. 效率/合理性

4. BREEAM Communities（第三方式）

1990 年，英国建筑研究所（Building Research Establishment，BRE）发布的一套绿色建筑评价体系，并获得了成功，在 77 个经济体的各类项目中，共完成了对超过 56 万座建筑的认证工作。2008 年，BEEAM Communities 作为 BREEAM 评价系统一个新的子系统出现，目前，在全球范围内拥有的在建和已经完成评估的项目约为 50 个①。BREEAM Communities 基于已建立的 BREEAM 方法（三支柱方法），使用 40 个指标，进行第三方的评估和认证工作。其认证分为建立发展的原则、确定开发的布局和设计细节三个步骤。首先，评估与可持续发展有关的限制和机遇，再考察和设计包括生物多样性、行人与交通、选址、住房、基础设施等多项内容。最后，会关注在施工与完成项目时对设计的落实。BREEAM Communities 标准拥有六个评价指标分类，分别是管理、社会与经济福祉、资源与能源、土地利用与生态、运输与移动和创新。

5. LEED Neighborhood Development（LEED ND）（第三方式）

LEED ND 是 LEED（Leadership in Energy and Environmental Design）评价体系的一部分，其由美国绿色建筑委员会（USGBC）、新城市主义协会

---

① BRE. BREEAM Communities Integrating Sustainable Design into Masterplanning ［EB/OL］. （2018-12-31）［2019-10-09］. https：//bre. ac/course/breeam-communities/？ cn-reloaded＝1.

（CNU）和美国自然资源保护委员会（NRDC）共同研发，并由绿色商业认证公司（GBCI）执行评价与认证工作。与其他 LEED 评价体系不同，LEED ND 将评价指标类别定为四个，分别是精明选址与连接、社区形态与设计、绿色基础设施与建筑和创新，共56个指标，并加入了地域优先得分点，用以平衡全球范围内的差异。LEED ND 完全基于业主自愿参与和申报，分为规划类型（LEED ND：Plan）认证和建成类型（LEED ND：Built Project）认证。其目前在全球范围内共有约500个注册完成的 LEED ND 项目，其中近200个获得了 LEED ND 各个版本标准的不同级别认证①。

在各类机构开发的指标体系之外，由相关研究者编制的指标体系也是第三方式指标体系的另一个重要组成部分。Reyes Nieto 等提出了基于三支柱评价方法，增加管理作为第四"支柱"，构建了现有城市综合可持续评价指标体系（UISA fEn）②，用以研究管理在协调环境、社会和经济之间关系中的重要功能。Ameen 等则尝试构建由环境、社会、经济和文化四个"支柱"形成的可持续城市设计的指标体系③。张桂林等以 ISO 37120 为基础，面向京沪穗深4城构建了指标体系④。邵超峰等基于 SDGs 构建中国城市可持续发展指标体系。在 GB/T 36749-2018 实施后，中国学者又积极探索对这一指标体系的实践⑤。张鹏则从其中挑选了经济、教育、环境等六个方面分析襄阳市的可持续发展状态⑥。与研究机构编制的指标体系相比，由学者开展的工作更加具有前期探索的性质，并对推动城市可持续发展指

①　USGBC. LEED ND Project Directory［EB/OL］.（2021-12-28）［2022-02-25］. ht-tps：//www. usgbc. org/projects.

②　J E REYES NIETO. Urban Integrated Sustainable Assessment Methodology for Existing Neighborhoods（UISA fEN），a New Approach for Promoting Sustainable Development［J］. Sustainable Development，2018，26（06）：564-587.

③　AMEEN R F M. A Critical Review of Environmental Assessment Tools for Sustainable Urban Design［J］. Environmental Impact Assessment Review，2015，55：110-125.

④　张桂林，等. 基于 ISO 37120 分析城市可持续发展水平——以 4 个一线城市为例［J］. 工程管理学报，2018，32（01）：65-69.

⑤　邵超峰，等. 基于 SDGs 的中国可持续发展评价指标体系设计［J］. 中国人口·资源与环境，2021，31（04）：1-12.

⑥　张鹏. 襄阳市可持续发展研究——基于 GB/T 36749-2018 的分析［J］. 中国标准化，2019（13）：129-134.

标体系的研究和对"自上而下"的指标体系的本土化、本地化应用工作起到了重要作用。

此外，不管是"自上而下"的还是"自下而上"的指标体系，都或多或少地对评价对象类型做出规定，以有针对性地调整指标体系的组成和权重，只是方法有所区别。除由各个经济体颁布的，各自内部适用的指标体系天然具备一定的类型限制外，ISO 37120《城市可持续发展 城市服务和生活品质的指标体系》在面向具体城市实施时，需要有针对性地调整或舍弃部分指标，以适应城市的具体情况①；在"自下而上"的国际指标中，有些则要求根据气候或降水差异形成的类型，对指标进行取舍或权重调整，如 BREAAM 使用的柯本-盖革气候分类（Köppen-Geiger climate classi-fication）和 BREEAM 降水区（BREEAM precipitation zones）②，但并不更多地考虑其他社会和经济因素；而由相关研究者编制的指标体系，则往往通过直接选定评价城市的方式，限定被评价的城市类型。尽管 APEC 城市具有多样性、复杂性、发展不平衡且数量众多等特点，但受到地理气候、发展水平、社会文化等因素的影响，必然存在共性的因素，因此，APEC 城市开展指标体系构建时，更应确定城市的类型，使指标体系在对城市可持续发展进行因地制宜的引导时，也能与具有共同特征的城市进行发展的比较，并获得有益的发展经验。

通过对现实世界的简化和抽象，城市可持续发展评价方法、评价框架和指标体系试图强调通过妥协的方式来将环境、社会和经济统合在一起，并解决其中的矛盾。然而，由于现实世界的复杂性，给予了三个独立的部门站在不同立场强调本部门优先性的机会（如图 2-6）。这一方面，给了更多利益

---

① 杨锋. ISO 37120：2014 城市可持续发展城市服务和生活品质的指标实施指南［M］.北京：中国标准出版社，2017：20-21.
② BRE. BREEAM Communities Technical Manual［EB/OL］.（2020-03-31）［2020-05-05］. https：//bregroup. com/products/breeam/breeam - technical - standards/breeam - communties/.

相关方表达诉求的机会①；另一方面，也由于需要向其他部门妥协②，给了功利主义成长的空间，并造成了一些问题，如弱可持续性（weak sustainability）、漂绿（greenwash）。因而，这种对现实世界的简化抽象是存在相当风险的。

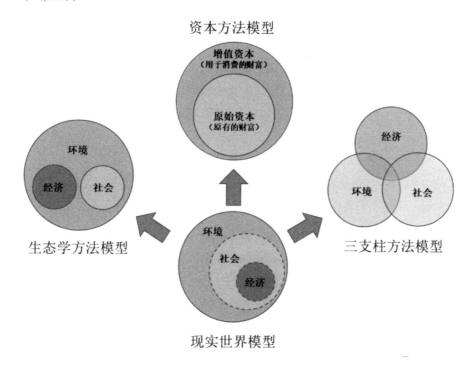

图 2-6　城市可持续发展评价方法对现实世界模型的抽象与扭曲

通过对城市可持续发展评价方法和评价框架的梳理可以发现，到目前为止还没有一种能够被所有人一致接受的发展评价方法和评价框架，也尚不存在唯一的科学选择方法或标准。这一结果表明，首先，因为当前城市

---

① ZHU L. Developing an Indicator System to Monitor City&rsquo；s Sustainability Integrated Local Governance：A Case Study in Zhangjiakou［J］．Sustainability，2022，14（09）：5047.

② NEUMAYER E. Weak Versus Strong Sustainability：Exploring the Limits of Two Opposing Paradigms［M］．Cheltenham：Edward Elgar Publishing，2003：120-121.

可持续发展和与之相关的概念仍在不断发展，新的知识不断出现，使得城市可持续发展指标体系的研究仍然受到相关概念的不确定性、指标组织方式的不确定性和指标之间联系的不确定性等问题的困扰。第二，能够产生不同的评价方法和框架可以归因于不同地区、组织或拥有不同目的实体，对城市可持续发展概念和评价方式产生的差异化的响应或认同。因此，在选择或制定评价方法、框架和指标体系时，应当从普遍性与特殊性、增加地方参与、重视目标导向等几个方面出发，尝试寻找能够照顾到更多方面和利益相关方的解决方案。而这也正是面向 APEC 城市这样拥有突出多样性、差异性、发展不均衡且数量众多的评价目标所应重视的。

第三章

APEC 城市可持续发展评价方法与框架

第一节　复杂系统理论与城市可持续发展研究

　　非常复杂的研究对象可以被称为系统①，即由相互作用和相互依赖的若干组成部分结合而成，具有特定功能的有机整体，而且这个有机整体本身又是它们从属的更大系统的组成部分。基于对系统特征的描述，城市是一个典型的开放的复杂系统②。通过对城市可持续发展理论的回顾，可以发现在这一领域相当多的研究和新理论的提出，是以系统科学的学科基础及相关理论为出发点，如图 3-1 所示。因此，系统科学能够形成对城市可持续发展研究和实践手段研究的支持。要想对复杂多元且数量众多的APEC 城市进行科学的可持续发展评价，以复杂系统为基础，将城市视为一个系统来开展研究，是十分具有合理性的。张晓东等的研究也指出城市是一个复杂的系统，城市内的各子系统相互耦合和协同③。因而，借助复杂系统理论将能够实现对城市这一"黑箱"系统的探索和理解，并构建合理的 APEC 城市可持续发展评价方法、框架和指标体系。

　　① 钱学森. 论系统工程：新世纪版 [M]. 上海：上海交通大学出版社，2007：1-5.
　　② 苗东升. 系统科学精要 [M]. 北京：中国人民大学出版社，2016：205-207.
　　③ 张晓东，等. 基于复杂系统理论的平行城市模型架构与计算方法 [J]. 指挥与控制学报，2021，7（01）：28-37.

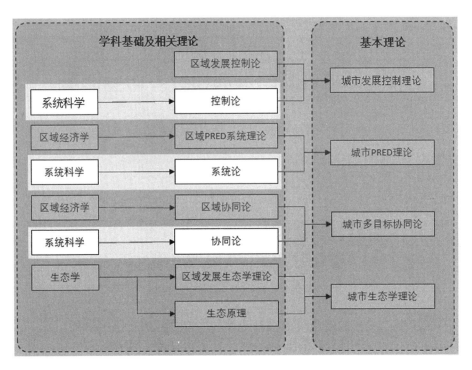

图 3-1　复杂系统理论对城市发展理论的支持

一、复杂系统理论

系统科学的发展经历了数个阶段。从 20 世纪 30 年代开始的十年间，以贝塔朗菲提出的一般系统论为代表，形成了系统科学的一般概念。20 世纪 60 年代形成控制论、信息论、博弈论等。从 20 世纪 70 年代开始，系统自组织理论体系逐步建立，包括了耗散结构理论、协同学理论，以及其他理论，如突变论、混沌与分形等。20 世纪 80 年代后，系统演化、复杂适应性系统受到关注，并使得研究开始由多种理论交叉的复杂系统转向探索系统科学的基本原理与方法论。

（一）系统理论的老三论

系统理论的老三论由系统论、控制论和信息论组成。系统论是由贝塔朗菲提出的，其将系统定义为若干要素的复合体。系统由相互作用和影响的要素组成，具有整体性并受到环境的影响①。1950 年，维纳出版了《控制论和社会》，提出了控制论，并以信息、反馈和控制的观点研究系统行为。信息论则是为通信系统中信号的传输提出的。老三论又被称为第一代系统论。

（二）系统理论的新三论

系统理论的新三论是指耗散结构理论、协同理论和突变理论。耗散结构理论由比利时物理化学家普利高津于 1969 年提出。耗散结构理论认为，一个远离平衡态的非线性的开放系统，可通过不断与外界交换物质和能量，使系统内部的构件之间协同动作，从而让有序的结构出现。耗散结构理论认为存在三种系统：孤立系统、封闭系统和开放系统。孤立系统与外界没有能量和物质的交换，封闭系统只与外界交换能量，而开放系统则与外界交换能量和物质。因而，孤立系统不能产生新的有序结构，封闭系统在特定条件下，如温度足够低时，可以形成稳定有序的平衡结构，而开放系统在远离平衡态并不断地与外界交换能量和物质时，由于系统有序性的增加大于无序性的增长，则能形成稳定有序的耗散结构。这种耗散结构是一种稳定的自组织结构，在与外界不断交换物质和能量的同时，能够使系统内部各要素协调发展，使系统从杂乱无章变为井然有序。耗散结构理论认为，耗散结构的有序化离不开环境的支持②。协同理论则由德国科学家哈肯于 1977 出版的《协同学导论》一书中提出。协同理论认为，在整个环境中，各个系统之间既存在相互竞争，又存在相互合作的关系。系统的自组织、有序化等现象是根植于系统内部各子系统之间的有效协同。协同学被认为是对耗散结构理论的发展，它进一步指出系统自组织现象的关键在于系统内部，在于系统内部各子系统在一定条件下耦合而形成的协同。突变理论由法国数学家托姆于 1967 年发表的《形态发生动力学》中初步阐述。其以拓扑学为工具，提出判别新的突变的原则，即在严格控制条件下，如果质变中经历的中间过渡态是稳定的，那么它就是一个渐变过程，

① 侯英英. 试论贝塔朗菲的一般系统论 [J]. 长江丛刊, 2018 (21): 107.
② 高继华, 狄增如. 系统理论及应用 [M]. 北京：科学出版社, 2018: 72-103.

否则就是突变过程。耗散结构理论、协同理论和突变理论，与该阶段出现的超循环理论、分形理论等形成了以非线性科学为代表的第二代系统理论，也为复杂性研究提供了理论基础。

二、复杂系统理论对城市可持续发展研究的支持

城市作为一个非常庞大复杂的系统，确切地说，是一个复杂开放的耗散机构系统，包括多个子系统。城市的开放性、非线性以及内部要素的涨落等特征恰恰是复杂系统科学中所强调和研究的。复杂系统理论为城市可持续发展提供了理论支撑，多种城市可持续发展理论依托复杂系统理论建立。

20 世纪 70 年代末期，艾伦运用自组织理论和耗散结构理论进行城市研究，开辟了运用复杂性理论研究城市发展的先河。经过艾伦的研究，其提出了 A-S 自组织城市模型，并以人口增长为线索，对城市经济增长与城市承载力评价问题进行了研究①。1990 年之后，随着可持续发展理念的不断传播与影响，复杂系统理论也被用于城市土地利用、交通与环境、居民消费等与城市发展息息相关领域的研究与评价中②。Landis 和 Zhang 将生态系统数据引入城市系统模型，构建了美国加州的第二代都市自组织发展理论模型，并模拟了政策和规划方案是如何通过影响人口增长和城市发展而影响环境的③。1996 年，Chen（1996）提出了城市生长的非线性模型，并将居民、市场需求、城市微观经济基础、城市人口和产业集聚效应和城市土地价格等因素加入其中，分析和评价城市的可持续发展问题④。

20 世纪 90 年代末，复杂系统理论开始用于城市可持续发展测量的问

---

① ALLEN P M. The Importance of Complexity for the Research Agenda in the Built Environment [J]. Architectural Engineering and Design Management, 2008, 4 (01): 5-14.

② 吴旭晓，许正中. 基于复杂系统视角的城市科学发展评价研究——以天津为例 [J]. 科技进步与对策, 2011, 28 (15): 119-125.

③ LANDIS J, ZHANG M. The Second Generation of the California Urban Futures Model. Part 2: Specification and Calibration Results of the Land-Use Change Submodel [J]. Environment and Planning B: Planning and Design, 1998, 25 (06): 795-824.

④ H-P CHEN. The Simulation of a Proposed Nonlinear Dynamic Urban Growth Model [J]. The Annals of Regional Science, 1996, 30 (03): 305-319.

题，并受到关注和进一步研究①。而 2001 年以后，随着联合国不再使用
PSR 框架开发可持续评价方面的指标体系。基于城市系统的指标体系的研
究，变得相对多起来。Allen 在其出版的专著《城市和区域作为自组织系
统》② 中，运用复杂系统理论对城市规划、能源、交通领域的可持续发展
评价做了研究，并认为基于复杂系统理论的评价方法、框架和指标体系，
对于引导创造一个更好的城市是有必要的。国际标准化组织在 2019 年发布
了《可持续城市和社区：城市和社区的描述性框架》（ISO 37105），将城
市解构为环境、水、物质、能量、交通等系统，并构建了面向城市的可持
续发展研究和指标体系的描述性框架。

中国学者对于城市复杂系统理论的认识和研究开始于 20 世纪 90 年代
初。钱学森等也认识到了城市是一个开放的复杂巨系统，需要借助复杂系
统理论与方法进行研究③。其后周干峙将城区及其周边区域纳入城市开放
的复杂巨系统研究范围内④。郑锋认为通过自组织理论的方法，能够为探
索城市复杂巨系统提供方法论依据⑤。徐琺燕等对城市系统要素进行了梳
理，将城市系统划分为自然、经济、社会、基础设施四大子系统⑥。吴旭
晓和许正中从复杂系统视角出发，为天津制定了科学发展指标体系。该体
系由 4 个子系统（环境、社会、经济和科技）和 33 个指标组成，并在获

①　ALBERTI M. Measuring Urban Sustainability ［J］. Environmental Impact Assessment Re-
　　view, 1996, 16 (4-6)：381-424.

②　ALLEN P M. Cities and Regions as Self-Organizing Systems：Models of Complexity ［M］.
　　London：Routledge, 2012：27-36.

③　QIAN X. A New Discipline of Science—The Study of Open Complex Giant System and Its
　　Methodology ［J］. Journal of Systems Engineering and Electronics, 1993, 4 (02)：2-
　　12.

④　周干峙. 城市及其区域——一个典型的开放的复杂巨系统 ［J］. 城市发展研究,
　　2002, 9 (01)：4.

⑤　郑锋. 自组织理论方法对城市地理学发展的启示 ［J］. 经济地理, 2002 (06)：651
　　-654.

⑥　徐琺燕，等. 论城市：一个自组织演化系统 ［J］. 东南大学学报（哲学社会科学
　　版），2006 (S1)：168-170.

得评价结果后，提出了政策建议①。刘春成和侯汉坡指出城市复杂系统理论有机地将城市解构为不同的子系统，使之成为理论与实践的合适接口②，并且在该理论的指导下，可以实现对中国城市化的运行分析，探索适合我国的城市发展道路。张文晖等从协同理论出发构建城市生态文明评价方法，对我国 21 个地级市 2008 年到 2012 年的生态文明综合水平、子系统之间的协调程度进行了评价和研究，发现协同理论能够更好地规避传统评价方法带来的结果误差，能够更好地反映城市可持续发展的能力③。张静和任志远基于复杂系统理论，开发了针对陕西省城市的城市可持续发展指标体系，设置了人口、环境、资源、社会和经济五个子系统④。颜姜慧和刘金平利用复杂系统理论开发了智慧城市评价体系问题，并提出了一个由基础设施、城市治理、公共管理、经济、环境等方面组成的评价体系⑤。

　　近三四十年来，国内外学者围绕着城市复杂系统进行了理论与实证研究，已经能够表明复杂系统理论思想能够对城市发展、建设、管理，以及城市可持续发展评价产生积极和重要的影响。更为重要的是这一系列研究为基于复杂系统理论思想构建城市可持续发展评价方法和指标体系的研究奠定了基础并提供了研究方向。但是，目前的研究主要以构建面向少量城市或特定类型城市编制"自下而上"的指标体系，对于复杂多样的研究对象如 APEC 城市，尚缺少研究。

①　吴旭晓，许正中. 基于复杂系统视角的城市科学发展评价研究——以天津为例 [J]. 科技进步与对策，2011，28（15）：119-125.

②　刘春成，侯汉坡. 城市的崛起 城市系统学与中国城市化 [M]. 北京：中央文献出版社，2012：20-43.

③　张文晖，等. 基于协同发展理论的城市生态文明水平评价 [J]. 西北师范大学学报（自然科学版），2015，51（04）：92-97.

④　张静，任志远. 陕西省城市可持续发展系统协调性评价 [J]. 地域研究与开发，2016，35（04）：79-84.

⑤　颜姜慧，刘金平. 基于自组织系统的智慧城市评价体系框架构建 [J]. 宏观经济研究，2018（01）：121-128.

第二节　APEC 城市可持续发展评价方法与框架

一、APEC 城市可持续发展评价方法

三支柱方法是一种被广泛使用的城市可持续发展评价方法，其对很多研究产生了影响，也是对城市现实模型的一种被广泛认可的应用。相当多的研究工作建立在城市是由"自然—社会—经济"组成的复杂系统的基础之上①，在很多研究中，则直接利用这一框架开展工作。通过对 ISO/TR 37121：2017 中收录的约 120 种指标体系进行回顾，有大约一半的指标体系受到这一观点的影响。但是，随着研究的深入与不断丰富和差异化的需求，城市可持续发展问题变得越来越复杂，单纯利用三支柱方法，即从自然、社会、经济三个维度构建城市可持续发展评价框架的方式，已经不能很好地适应当前的需要和解决复杂的问题了②。于是，研究者开始尝试在环境、社会和经济之外，加入其他维度或子系统，例如将发展战略系统列为子系统，加入城市系统中③；Reyes Nieto 等在 UISA fEn（既有社区城市综合可持续评价工具）指标体系中加入管理维度，并指出管理在协调环境、社会和经济关系方面的重要作用④。

因此，结合城市具备的复杂巨系统的特点，本书以三支柱方法为参考，通过将城市治理作为新的"支柱"加入其中，构成新的面向 APEC 城市的评价方法。由于城市是一个典型的开放的复杂系统，因此其具有了自

① 颜姜慧，刘金平．基于自组织系统的智慧城市评价体系框架构建［J］．宏观经济研究，2018（01）：121-128.

② AMEEN R F M. A Critical Review of Environmental Assessment Tools for Sustainable Urban Design［J］. Environmental Impact Assessment Review, 2015, 55：110-125.

③ 张振刚，张小娟．生态城市的系统框架构建研究——以广州市为例［J］．科技管理研究，2015, 35（21）：5.

④ J E REYES NIETO. Urban Integrated Sustainable Assessment Methodology for Existing Neighborhoods（UISA fEN）, a New Approach for Promoting Sustainable Development ［J］. Sustainable Development, 2018, 26（06）：564-587.

组织演化的特点。然而，城市通过自组织进行的演化也并非完美的①，需要强调他组织的正向引导作用。他组织泛指来自外部的影响。这种影响能够在系统的内部发挥组织力的作用②。从更加宏观的视角看，现实世界不存在没有任何他组织因素的系统，也不存在没有任何自组织因素的系统，所以一切系统都是自组织与他组织的某种辩证的统一体③④。城市中一直存在着他组织的影响，如规划调控和政策引导等通过法律、政策、经济、技术规划决策及实施等，使城市空间结构演化尽可能符合人类发展的愿望和要求。而城市中他组织的主体或他组织的力的来源主要表现为城市政府，或其他具有决策权力的机构和特殊个人。因此，通过将他组织的主体纳入城市可持续发展评价方法的构建中，能够更好地调动城市发展的责任主体参与到可持续发展的进程中。

同时，对城市治理的引入，也是适应 APEC 城市的现实情况的。2015年的 APEC 领导峰会上，APEC 组织确认 APEC 区域经济体，尤其是发展中的经济体正在并将长期经历快速的城市化进程⑤。这是 APEC 城市与非 APEC 城市在发展阶段和任务上存在的重要差异。而在全球可持续发展挑战日益严峻的当下，叠加疫情、农业人口的快速转移，使城市可持续发展面临着空前的压力。只有通过将城市发展责任的主体充分调动起来，提供更加适用的政策、开展更加有效的行动，提供综合集成的手段，才能有效应对复杂多样且快速发展的 APEC 城市遇到的可持续发展挑战。

二、APEC 城市可持续发展评价框架

APEC 城市可持续发展评价框架的构建，直接基于 APEC 城市可持续

① 何跃，高策. 城市演化的非他律性探索 [J]. 山西大学学报（哲学社会科学版），2011，34（02）：7-12.
② 苗东升. 复杂性科学研究 [M]. 北京：中国书籍出版社，2013：21-36.
③ 宋爱忠. "自组织"与"他组织"概念的商榷辨析 [J]. 江汉论坛，2015（12）：42-48.
④ 苗东升. 系统科学精要 [M]. 北京：中国人民大学出版社，2016：86-101.
⑤ APEC. 2015 Leaders' Declaration [EB/OL]. （2015-11-19）[2018-09-09]. https://www.apec.org/meeting-papers/leaders-declarations/2015/2015_aelm.

发展评价方法和城市与复杂系统理论，基于城市是一个典型的开放的复杂系统的结论。通过前文对复杂系统理论的介绍，可以认为城市是一个远离平衡态的复杂的开放系统，是一个拥有耗散系统特征的系统，并具有自组织性和他组织性。这使得城市在外界输入的物质、能量和信息的影响下，系统内部可以通过自组织和他组织的机制①，使城市产生非平衡相变，从原来的状态转变为新的状态，最终形成新的时间、空间、组成和功能上的有序状态。由于城市的复杂系统特征，也使得对城市可持续发展评价的方式研究有了重要的方向和基础。E. Innes 和 Booher 指出城市是由分工不同、彼此联系的子系统组成的，且由于城市的复杂性，构成城市的子系统具有一定的模糊性②。

　　因此，本书以环境子系统、社会子系统、经济子系统和城市治理子系统组成 APEC 城市可持续发展评价框架（如图 3-2）。该框架以 APEC 城市可持续发展评价方法和复杂系统理论为基础，结合城市内部各个要素自组织和他组织的辩证关系，选择从环境、社会、经济和城市治理的角度出发形成 APEC 城市可持续发展评价框架。而这样的框架本身也是对 APEC 城市内部构成的一种抽象映射。

　　如前文所述，评价方法和评价框架存在着对城市现实世界模型的扭曲，这种扭曲来源于对现实世界模型的简化与重新构建。而现实世界模型强调的是经济、社会和环境逐级嵌套且相互联系、相互依赖而形成的复杂性和模糊性。简单地将现实世界通过构建相对独立的支柱且对其重要性和交叠关系进行更改，这样构成的城市可持续发展评价框架是存在风险的。所以 APEC 城市可持续发展评价框架由四个子系统构成城市的模型，使城市在一套有序的组织规则下，由城市内部的行为及相互作用联结，并共同映射正常运转的城市，使 APEC 城市可持续发展评价框架形成对城市现实世界模型合理有序的还原。

---

①　王放. 中国城市化与可持续发展 [M]. 北京：科学出版社，2000：27-32.

②　INNES J E, BOOHER D E. Indicators for Sustainable Communities: A Strategy Building on Complexity Theory and Distributed Intelligence [J]. Planning Theory & Practice, 2000, 1 (02): 173-186.

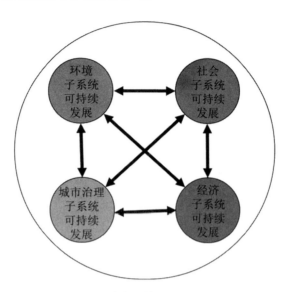

图 3-2　APEC 城市可持续发展评价框架组成

　　APEC 城市可持续发展评价框架充分利用了城市系统自组织性并不排斥他组织的性质，且城市系统的演化兼有自组织和他组织的双重特性。他组织与自组织对于促进城市向积极方向发展具有重要的影响。他组织作为人类控制和改造能力的表现，以一种来自城市系统外部的力量作用于城市的形成与发展，也是城市朝着既定目标健康发展不可或缺的一种力量①。城市中的他组织主体，如城市政府。通过城市治理的行动，依据各项发展规划对城市中各个要素的动态变化进行引导和管理，在其能够施加影响的特定发展阶段以及特定时空范围之内，城市会在这种指令的引导之下发展演化。因此，可以肯定地说，他组织对于城市发展是不可或缺的。2015 年 APEC 领导人宣言中即表明支持促进良好治理的愿望。随着研究的深入，城市治理在城市可持续发展中起到的作用开始被发现和认可。Marsal-Llacuna 通过对 *The European Charter for the Safeguarding of Human Rights in the City* 的分析认为，好的城市治理对于实现城市可持续发展并协调各个利益团体

---

　　① 何跃，高策．城市演化的非他律性探索［J］．山西大学学报（哲学社会科学版），2011，34（02）：7-12.

有着重要作用①。APEC Policy Support Unit（2017）在对如何构建 APEC 城市可持续发展框架的研究中，加入了治理环境的支柱，并论证了其对自然环境、物理环境、社会环境和经济环境的影响②。Salmoral 等在分析 APEC 经济体秘鲁的阿雷基帕市发展问题时发现，治理的缺失使得该市在土地和水资源方面暴露出严重的脆弱性，并且严重影响城市的总体发展③。城市治理在中国城市可持续发展过程中，也扮演重要的角色。Chung 和 Xu 在针对贵阳市的研究中承认，城市治理对于中国城市平衡其经济发展和环境保护有着重要作用④。Wu 等和 Deng 等通过对中国城市可持续发展最新实践的研究指出，良好的城市治理能够有效动员参与城市发展进程的各种利益相关者并调动经济和社会资源参与可持续发展⑤。

因此，本书构建的 APEC 城市可持续发展评价框架，通过将对城市发展具有重要影响的城市治理，引入到评价框架中，将能够很好地适应 APEC 城市正在经历的快速城市化阶段，并更好地应对全球可持续发展面临的诸多挑战，有效实现对指标体系构建的支撑。

三、APEC 城市可持续发展评价框架的系统分析
系统分析是美国兰德公司（RAND Corporation）确立的一种用于研究

① M－L MARSAL－LLACUNA. City Indicators on Social Sustainability as Standardization Technologies for Smarter（Citizen－Centered）Governance of Cities［J］. Social Indicators Research，2016，128（03）：1193－1216.
② APEC POLICY SUPPORT UNIT. Partnerships for the Sustainable Development of Cities in the APEC Region［EB/OL］.（2017－06－01）［2020－08－06］. https：//www. apec. org/publications/2017/06/partnerships－for－the－sustainable－development－of－cities－in－the－apec－region.
③ SALMORAL G. Water－Related Challenges in Nexus Governance for Sustainable Development：Insights from the City of Arequipa，Peru［J］. Science of The Total Environment，2020，747：141114.
④ CHUNG C K L，XU J. Scalar Politics of Urban Sustainability：Governing the Chinese City in the Era of Ecological Civilisation［J］. Transactions of the Institute of British Geographers，2021，46（03）：689－703.
⑤ PENG T，DENG H. Research on the Sustainable Development Process of Low－Carbon Pilot Cities：the Case Study of Guiyang，a Low－Carbon Pilot City in South－West China［J］. Environment，Development and Sustainability，2021，23（02）：2382－2403.

大规模复杂系统问题的方法。系统分析可以被用于解决复杂的经济问题和社会问题，并且是一种服务于管理决策的方法。系统分析采用系统方法对所研究的问题提出各种可行方案和策略，然后进行分析、评价，可以帮助决策者改善对目标问题的认识，并协助决策者选择方案①。系统分析的切入方式是从系统整体出发，通过系统构成的子系统的相互关系和变化过程，建立协调的系统，并以此为基础对目标事物的变化作出评价和反应。通过对城市子系统的分析，进一步研究和理解 APEC 城市可持续发展评价框架，探索构建城市指标体系。

（一）环境子系统

城市环境是市民生存和发展等各种活动的载体，是城市可持续发展的基础条件之一。随着 APEC 城市化的快速推进，人们对生活环境和工作环境提出了更高的要求，而这一区域经济的蓬勃发展，使相关经济体的人民更容易倾向于对环境的保护和改善。2015 年的《APEC 领导人宣言》中强调要加强建设城市基础设施，建设绿色城市、智慧城市，鼓励城市更新和改造，使得环境子系统成为 APEC 城市可持续发展评价框架的主要支撑子系统之一。APEC 组织的相关研究结论也指出，可持续城市的建设应该将城区和与之有紧密社会经济联系的区域共同考虑进来，而不是仅仅考虑城市核心区，否则没有一个城市是可持续的②。因此，对环境子系统提出了具体的要求。环境子系统的范围涉及建成区和非建成区，主要由两大类环境组成，即自然环境（包括水、土、气候、生物）和人工环境（包括各类基础设施、道路等）。

然而，城市的环境承载力和修复能力是相对有限的。由于包括中国在内的 APEC 经济体进行的快速城市化进程和城市产业向工业化方向的转变，伴随着逐渐失控的人类活动，自然资源遭到过度利用，环境受到严重污

---

① 曾珍香，顾培亮. 可持续发展的系统分析与评价［M］. 北京：科学出版社，2000：121-125.

② APEC POLICY SUPPORT UNIT. Partnerships for the Sustainable Development of Cities in the APEC Region［EB/OL］.（2017-06-01）［2020-08-06］. https：//www. apec. org/publications/2017/06/partnerships-for-the-sustainable-development-of-cities-in-the-apec-region.

染。APEC政策支持小组指出APEC经济体是全球固体废物的一大来源，2016年，全球固体废物的43%来自APEC经济体；而到2050年，APEC经济体人均每日固体垃圾产量预计还将增加46%①。并且全球前十大碳排放国（中国、印度、韩国、日本、俄罗斯、德国、英国、加拿大、美国和伊朗）中有六个属于APEC经济体②，全球因气候变化导致的自然灾害中约70%发生在亚太地区③。而在中国，40%左右的极端天气也与气候变化相关。快速发展带来的环境压力已经使得APEC城市需要面对并不乐观的可持续发展局面。而环境变化带来的破坏及其后果不仅仅是削弱生产力，而是会增加城市发展显性成本和隐性成本，进而降低经济发展效率，影响城市的可持续发展能力。由于环境问题造成的损失，因为程度不同而具有一定的隐性特征，往往在短期内难以表现和测量出来，所以对资源的利用、产业的发展，乃至对废物的处理都应维持在环境允许的容量之内。

（二）社会子系统

APEC城市可持续发展社会子系统旨在反映城市人口发展、教育医疗、社会保障、城乡协调发展等方面，并通过社会子系统的指标，引导城市管理者和居民提升各项能力，如认知能力、行动能力等以适应城市向可持续城市理想目标的转型。城市居民的素质和能力是社会子系统中最具影响力的因素，并对系统发展的协调性起调节作用。APEC中小企业工作组（APEC SMEWG）指出，卫生是生产力增长的先决条件，也是保证居民行动能力的基础④，教育的成功在很大程度上也有赖于健康的体魄。同时，教育是提升生活质量、保障社会稳定和经济发展的关键。如果居民的数量

① APEC POLICY SUPPORT UNIT. Circular Economy: Don't let Waste go to Waste [R]. APEC Policy Support Unit, 2020.
② QIAO Z G. Forecasting Carbon Dioxide Emissions in APEC Member Countries by a New Cumulative Grey Model [J]. Ecological Indicators, 2021 (125): 107593.
③ APEC. How is Climate Change Relevant to APEC? [EB/OL]. (2021-12-01) [2021-12-31]. https://www.apec.org/About-Us/About-APEC/Fact-Sheets/Climate-Change.
④ APEC SMEWG. Status Report on Consensus Frameworks in the APEC Region [R]. APEC Small and Medium Enterprises Working Group (SMEWG), 2020.

过多，但平均受教育程度不高，整体素质偏低，则可能会增加环境子系统可持续发展的障碍，成为阻碍可持续发展的瓶颈。研究表明，社会系统中，教育发展水平与国家和城市经济发展、创新能力，以及居民收入水平之间存在正相关关系①。

因此，社会子系统的质量是整个系统实现协同发展的关键，合理的居民收入差距、高素质的居民、稳定的社会环境和高质量的生活水平以及完善的社会保障体系、优质的医疗服务系统是实现 APEC 城市可持续发展的基础。

（三）经济子系统

经济子系统是具有特定功能的有机整体，其由相互联系和相互作用的经济元素结合而成。广义的经济系统指物质生产系统和非物质生产系统中相互联系、相互作用的若干经济元素组成的有机整体②。城市经济系统包括：第一产业、第二产业、第三产业，是劳动者利用各种资源进行产品（包括物质的或精神的产品）生产、分配、交换和消费活动的系统。经济子系统是城市可持续发展中起重要作用的系统。环境和社会子系统通过为经济子系统提供环境条件和人力与智力支持影响经济子系统，而经济子系统则通过促进城市的发展对环境和社会子系统施加影响。经济子系统以其物质生产能力为其他子系统的发展提供物力和财力的支持。

APEC 经济体的城市复杂多样，且数量众多。各城市的人口、面积相差悬殊，地理环境各异，政治、经济、文化发展水平很不平衡，基础设施状况不一。这些差异性决定了 APEC 城市面临着不同的建设任务，但在总体上，快速发展的城市化进程仍构成了 APEC 城市的相同之处，从而使其有别于其他地区的城市。传统上，根据诺瑟姆曲线和环境库兹涅茨曲线，只有经济发展到一定程度，可持续的发展理念才会被重视③。而面对日益

---

① APEC HUMAN RESOURCES DEVELOPMENT WORKING GROUP. APEC Cross-Border Human Capacity Building for Globalised Scientific Literacy for Future Citizenship ［R］. APEC Human Resources Development Working Group, 2021.

② 刘起运. 宏观经济系统的投入产出分析 ［M］. 北京：中国人民大学出版社，2006：21-27.

③ 刘亚臣，周健. 基于"诺瑟姆曲线"的我国城市化进程分析 ［J］. 沈阳建筑大学学报（社会科学版），2009，11（01）：37-40.

严峻的全球可持续发展挑战，APEC 城市的理想状态是在发展的过程中就开展可持续的转型工作。这一过程要求更多的资金被允许投入技术改造、技术创新和环境治理中去，进一步发展教育卫生、社会保障等公共事业，提升人口素质、提高生活水平、改善居民生活条件。经济可持续的繁荣发展将对城市转向可持续发展的方向起到积极的作用，各个有关的利益群体才能更加容易倾向于为可持续发展作出努力。APEC 城市的经济发展既要重视数量和规模的扩张，也要重视质量的提升。高污染、高能耗、高投入、低产出的数量型、规模型、粗放型发展模式是不可持续的发展模式，必须以科技进步为支撑，优化经济结构，提高经济发展效益、降低社会环境成本，才能实现协调可持续发展。

（四）城市治理子系统

在城市中，气候变化、污染、贫困、收入差距和不平等问题逐渐变得明显，而且有可能变得更加严重。如果不重视城市治理，则社会发展的水平和经济发展的方式就不会有积极的改变。APEC 经济委员会指出，城市治理将对该地区的城市环境、社会和经济的发展产生非常重要的影响①。特别是气候变化问题，如果不改变地方资源配置和消费模式，气候变化问题将无法得到解决。可持续城市是一个综合性的城市发展目标，在保证社会和经济发展的同时，不能以牺牲后代的发展能力为前提②。随着全球对包括应对气候变化问题在内的可持续发展问题讨论的深入，尽管正在经历快速城市化，但是在 APEC 区域，对城市系统和居民需求方面的资源供给限制日益明显③。而针对中国城市治理作用的研究，也证明了良好的城市治理对于城市走向可持续发展的潜在重要影响。因此，APEC 城市可持续

① APEC ECONOMIC COMMITTEE. APEC Economic Policy Report 2020［R］. APEC Economic Committee，2020.
② APEC POLICY SUPPORT UNIT. Partnerships for the Sustainable Development of Cities in the APEC Region［EB/OL］.（2017-06-01）［2020-08-06］. https：//www. apec. org/publications/2017/06/partnerships-for-the-sustainable-development-of-cities-in-the-apec-region.
③ DAY J W. America's Most Sustainable Cities and Regions：Surviving the 21st Century Megatrends［M］. New York：Springer，2016：167-216.

发展目标是在优化生产和产出的前提下，促进社会和经济子系统的发展，包括社会公平、正义、财富分配、持久繁荣等方面①，即高质量的城市发展。如何平衡城市可持续发展的多个子系统，为人们现在和未来创造更好的生活、工作和享受的地方，是 APEC 城市可持续发展的目标，而能够切实影响这些子系统，并提供集成手段的是城市治理子系统。

（五）子系统关系分析

APEC 城市可持续发展评价框架通过由环境、社会、经济和城市治理四个相互联系、相互依存的子系统构成，用以测量城市这一复杂系统的可持续发展情况。每一个子系统又是多因素构成的，都包含复杂的互动耦合关系，各构成要素按一定方式相互制约和依存，共同决定着整个复杂系统的运行过程和演进方向。

APEC 城市可持续发展的目标是实现高质量的城市发展，也包括为人们现在和未来创造更好的生活、工作和享受的环境。这一目标的实现需要综合考虑经济增长的环境友好程度、经济增长与居民享有的社会福利水平的协调程度，以及社会发展与环境友好之间的协调情况。经济增长是城市可持续发展的动力，但只是关注经济增长很容易扭曲城市发展的本来面目。经济子系统和环境子系统为城市的发展提供物质基础。经济增长在重视数量的同时，更要关注增长的质量，即关注增长的内外部效益状况，关注经济增长的环境成本，关注经济增长到底消耗了多少资源，关注经济增长向环境排放了多少污染等。

环境、社会、经济与城市治理子系统之间是协调发展的关系。一方面，经济快速发展，污染物大量排放，促使环境压力日益增大。环境的恶化会深刻地和长期地影响人民的生活质量和生活水平，阻碍社会子系统的发展与进步。为了防止和治理环境污染，保护和恢复生态环境，建立宜居城市，需要投入大量的金钱，这会在一定程度上抑制经济系统的发展。不当的发展方式，使自然资源的再生能力遭到毁灭性的破坏，而不同的资源

---

① APEC ECONOMIC COMMITTEE. APEC Economic Policy Report 2010 [R]. APEC Economic Committee, 2010.

短缺会在不同程度上影响经济系统的可持续发展；另一方面，环境保护方面的需求和措施也会拉动与之相关的产业发展，为环保科技的发展提供市场驱动的动力因素，促进环保产业的发展，形成产业链，在一定程度上促进经济子系统的发展。同时，经济快速增长，财政能力的提升，也会为治理和改善环境子系统提供财政基础。

经济子系统的发展会向社会分享发展和改革的成果，是社会子系统和谐运转的重要前提。APEC组织的研究表明，贫富分化悬殊、分配不均等因素容易引起社会政治的不稳定①，从而导致各种投资减少，最终对经济可持续发展产生负面影响，导致较低的经济增长率甚至是经济倒退；相反，民生的持续改善，则有利于促进社会和谐稳定，确保经济平稳健康快速发展②。一般来说，经济子系统的发展会提升劳动就业水平，增加人民的收入，促进了社会系统和谐发展。而社会子系统的和谐发展，会促使人民增加对教育的投入，进而促进教育水平的提高，提升人群中高素质人口的比例，最终为经济结构的优化、经济效益的提升提供智力支持。社会子系统发展不协调，则人民生活缺乏保障，高素质的人口会流失和减少，影响城市经济发展的动力和科技创新的活力，从而阻碍经济子系统的优化。同时，过低的经济增长速度也会影响社会进步，反过来又会制约经济子系统的发展，从而形成恶性循环。

城市治理是协调各个子系统的关键。APEC城市可持续发展目标的实现是各个子系统之间互相支持、互相匹配、协同发展的结果（如图3-3）。城市系统的演化兼有自组织和他组织的双重特性，且他组织与自组织对于促进城市向积极方向的发展具有重要的影响，也是城市朝着既定目标健康发展不可或缺的一种力量。城市中的他组织主体——城市政府，是通过城市治理行动对城市的发展进行有效的引导，所以能够贯穿这些子系统并提

---

① APEC POLICY SUPPORT UNIT. Partnerships for the Sustainable Development of Cities in the APEC Region [EB/OL]. (2017-06-01) [2020-08-06]. https://www.apec.org/publications/2017/06/partnerships-for-the-sustainable-development-of-cities-in-the-apec-region

② 中国社会科学院经济学部. 中国经济研究报告 [M]. 北京：经济管理出版社，2012：23-57.

供集成手段的，便是城市治理子系统。而改变中国城市目前面临的经济、社会、环境发展的不协调问题，也是中国国务院关于提高中国城市化质量的要求。良好的城市治理的支撑，将会增加相关要素的投入，改善资源配置和促进产业升级，从而降低单位产出的能耗，减少污染物的排放，实现对经济子系统和环境子系统表现的优化，促使城市走向可持续发展。经济子系统和环境子系统的良好表现，将使得更多资源可以用于社会子系统的发展，提升人民幸福感和获得感。

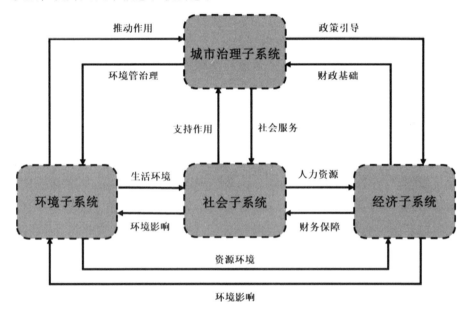

图 3-3　APEC 城市可持续发展复杂系统内部关系图

　　总之，在 APEC 区域正在经历的快速城市化、城市发展智慧化和城市发展市场化的时代背景下，影响城市可持续发展水平的因素很多，但仍然主要取决于环境、社会、经济和城市治理之间非线性的协调发展状况。其中，环境友好是城市可持续发展的基础，经济发展是城市可持续发展的支撑和动力，社会和谐是城市可持续发展的现实要求，而城市治理使得城市政府作为他组织的代表，与城市可持续发展的方向形成了双向的促进和引导关系，既是保障城市可持续发展的力量，又需要时刻审视自身是否阻碍了城市的可持续发展。在 APEC 城市可持续发展评价框架的语境下，城市的可持续发展包含着质与量两个方面。在量的方面，表现为城市综合发展水平的不断提升；在质的方面，则表现为城市内部子系统发展协调程度的提升，两者相辅相成，共同构成了城市可持续发展模式的重要内容，缺一不可。

四、APEC 城市可持续发展评价框架所映射的城市系统特征

（一）开放性

城市是一个典型的开放的复杂系统。基于复杂系统理论，所有系统的运行需要具备一定的外界环境条件。系统与外部环境之间会形成相互影响。一个相对理想的系统是在接受外界输入，并进行有效的处理之后，达到系统所期望的目标或完成预先确定的要求，并且不会对环境造成不利的影响①。其在完成自身可持续运行的同时，也会通过交换，会对系统外部的其他系统或区域的可持续性产生冲击和影响。因此，APEC 城市可持续发展评价框架所映射的城市（如图 3-4）是由环境、社会、经济、城市治理四个子系统构成，且与外部环境之间存在着形式多样的互动关系，并不断地进行物质、能量和信息的交换、处理和传递，并促进城市发展以适应变化。

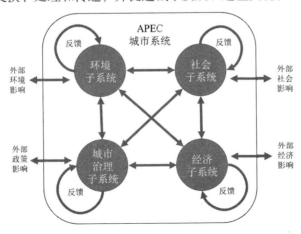

图 3-4　APEC 城市系统的复杂开放系统示意图

---

①　苗东升．系统科学精要［M］．北京：中国人民大学出版社，2016：197-205.

（二）自组织性与他组织性

城市系统同时具备的自组织性与他组织性，使得系统能够进行有机地调节和完善。经过系统内部的机制，系统的自组织性与他组织性经过从简单到复杂、从静态到动态的发展过程，不断实现对自身复杂性、精细度和适应性的提升，并不断降低系统的熵含量。自组织性影响系统的过程是通过系统的各子系统相互耦合与互动，而他组织性则通过影响其他子系统的发展，引导其形成一种合力，促使系统向积极的方向不断发展变化。APEC 城市可持续发展评价框架所映射的城市是由环境、社会、经济、城市治理四个子系统组成的，系统内各子系统间的相互作用深刻影响系统的整体发展。当各个子系统之间的相互耦合程度低时，或单一子系统的影响处于主导地位时，城市系统便处于"不稳定"的发展状态，系统难以形成稳定结构。这会使得系统发展失衡，不能达成城市可持续发展的目标；而当各个子系统间的相互耦合程度高时，各个子系统的独立性较小，系统的整体发展趋于平衡和稳定。系统是有序的，城市发展才是可持续的。因此，子系统之间的耦合程度是城市系统能够实现可持续发展的根源。城市系统是一类介于自然系统和人工系统之间的系统，并且是一类考虑人类活动的代内影响和代际影响的系统。人在系统中起十分关键的作用，并通过对城市发展的组织、协调、规划和控制影响城市的可持续发展。当系统受到干扰（内部的或者外部的、可以预测或者不可预测的）时，系统应能够通过自组织性，协调各个子系统，保持系统的正常运行，并保证最终目标的实现。

（三）具有不确定性的循环系统

APEC 城市可持续发展评价框架所映射的城市是一个介于自然系统与人工系统之间的相互复合的系统，是一个由多个子系统组合而成的有机整体。根据耗散结构理论，城市是开放的，与外部环境相互交换物质、能量与信息。在目前大多数的城市中，城市作为一个开放的和自组织的巨系统，内部各子系统、要素之间的发展是不平衡的，这使得城市需要不断地从周边城市及地区获取资源，包括：人力、资金、自然资源、能源和信息等，才能维持现有的发展状态，所以城市系统拥有明显的耗散结构特点。

同时，城市发展系统内部各子系统之间的有机联系，各子系统之间的协调发展，是保证整个城市系统平稳有序发展的必要条件。子系统与其他子系统之间的协调性被破坏，必然会影响整个城市系统的可持续健康发展。城市系统内部的各子系统、要素在发展过程中，通过非线性地耦合、协同发展，提升了城市的集聚和扩散功能，使城市系统内部形成良性的循环。这个循环的模式过程是：通过城市治理系统对政策工具的使用和资源的调配，促进城市经济系统的发展，进而使得城市治理系统获得更多资源，将经济发展的成果改善社会系统，提升社会系统的服务能力和水平，提升劳动人口素质，获得更多智力资源。经济和社会系统的繁荣发展，将使得城市改善和保护环境系统的工作和努力获得资金、技术和公众参与的支持。最终，通过城市治理系统与环境、社会、经济子系统的不断接触和互动，推动城市不断向可持续的发展方向前进，形成一个良性的循环。

在系统研究中，由于认识水平的局限和内外干扰因素的客观存在，使得获取和掌握系统信息方面存在一定程度的不确定性。城市系统包含环境、社会、经济和城市治理子系统，没有确定的物理模型，很难找到所有因素之间的映射关系。本书是在总结前人研究成果的基础上，运用抽象的逻辑思维方式对系统的结构进行分析，从而建立起一定的关系。所以 APEC 城市可持续发展评价框架所映射的城市是一个具有不确定性的循环系统。

第四章

APEC 城市可持续发展指标体系构建

第一节 指标体系构建原则与着眼点

一、指标体系构建原则

在构建指标体系时，需要遵循一些基本的构建指标体系的原则。不同的理论资料对于指标体系的构建原则表述不甚一致，但就其本质来看，主要应包含全面性、简洁性和易操作性。

1. 全面性是一个相对概念，旨在相对全面地反映 APEC 城市的整体发展水平；

2. 简洁性则在全面性要求的基础上，减少指标内容间的重叠，确保指标可以从不同方面反映系统的情况；

3. 可操作性是在保证系统评价指标能够客观反映系统的本质特征和整体性能的前提下，要求指标体系的指标能够易于被测量与计算。

二、指标体系构建的着眼点

APEC 城市可持续发展指标体系一方面要面向多样性、复杂性、发展不平衡和数量众多等特点交织的 APEC 城市，测量开展城市的发展表现，使得指标体系需要重视解决由复杂多样的城市带来的问题。另一方面，指标体系还需要从综合发展水平与发展协调程度两个维度，反映 APEC 城市可持续发展的表现。综合发展水平代表着子系统在发展过程中不同时间段内的变化。发展协调程度则反映子系统之间发展的协调程度，即是否实现均衡且高质量的发展。

因此，针对 APEC 城市所具有的复杂多样的特点和指标体系所要完成的任务，APEC 城市可持续发展指标体系的构建，需要着眼于以下几个方面：

1. 普遍性与特殊性。随着全球化的进程，各国的专家学者在研究同一问题时采用统一的标准"尺度"描述和衡量发展的状况是大势所趋。但是由于 APEC 城市发展涉及诸多因素，尤其是评价过程中不可避免要涉及主观因素，所以建立一套有效又有权威的指标体系是比较困难的。不同经济体城市的发展阶段和具体人口分布情况是不一样的，而且由于不同的评价者，其教育背景的差异、研究问题的视角不同、价值观的多样化，都会构建出不同的指标体系。APEC 城市可持续发展指标体系也需要考虑面向不同城市进行评价时指标的适用性问题。所以在建立城市发展指标体系时，要从具体情况出发，参考和比对相关指标体系，注重普遍性和特殊性的统一，建立适应 APEC 城市发展普遍情况并考虑特殊因素的指标体系。

2. 科学性和实用性。具体指标的选取应建立在充分认识、系统研究的科学基础上，指标体系应能比较全面地反映 APEC 城市发展目标。经济发展、社会进步、环境保护和治理水平等主要构成要素都应在指标体系中得到体现。同时，指标的设置要考虑数据取得的难易程度和可靠性，利用现有的城市统计年鉴、国家统计年鉴等统计资料，同时尽可能选择那些具有代表性的综合指标和核心指标，并广泛征询国内外专家学者的意见。

3. 系统性与层次性。APEC 城市可持续发展系统是一个复杂的系统，包括环境、社会、经济和城市治理等子系统，而且这些系统既相互联系，又相对独立。各子系统又由不同目标和指标组成，层次性明显。指标体系既要尽量避免指标之间的重叠性，又要客观地反映整个系统发展的状态。

4. 国际性与地方性。APEC 城市可持续发展指标体系的开发与应用，并不只针对中国，而是旨在通过这一指标体系的制定，探索针对 APEC 城市可持续发展的指标选择。因此，在这一过程中，对国际性和地方性智力资源的引入是十分必要的。通过这些意见的输入，能够有效识别本地区城市可持续发展关注的领域，有效降低开发过程中，因知识局限性和主观性带来的负面影响，能够进一步凝聚共识。

目前，在对同样目标的综合指标体系构建中，不同的研究者往往会构建出不同的指标体系，每一个研究者都会从自身理解和知识结果上对指标体系的优良性做出论述，使得形成一个比较公认的科学的指标体系变得十分困难，这也是这一领域的难题之一。通常对于指标体系的构建，如果只是从定性的角度进行考察研究，那么研究结果必然带有很强的主观性，结论的可信度必然大打折扣。因此，合理科学的评价指标筛选离不开定量的研究方法。通过运用定量评价的方法来确定指标体系，能够构建出相对科学系统的指标体系，并达到易于测量与计算的目的。

第二节　指标体系组成与指标筛选方式

一、指标体系的基本层级

APEC 城市可持续发展指标体系是反映不同属性的指标，按隶属关系、层次关系等原则组成的有序集合，并依照城市数据，测量和综合判断城市环境、社会、经济和城市治理子系统是否合理协调发展的指标体系。根据上文提出的指标体系构建原则和着眼点，以及对环境、社会、经济和城市治理四个子系统的认识与研究，对城市可持续发展的主要因素加以分析和合理综合，构建系统的综合指标体系。APEC 城市可持续发展指标体系的基本层级包括：子系统层、目标层、指标层。由这三个层级构成的具有阶梯递进的层次结构，如图 4-1 所示。

二、指标体系的组成与核心指标

指标体系的构建涉及方法和技巧，同一个系统在不同时期、不同环境或者不同评价主体的情况下，指标体系的设置往往也存在差异。概括地说，城市可持续发展体系之间的相似之处在于，它们通常由一份可选的指标清单构成，而如何构成这份清单，却需要考虑诸多因素。

具体地说，在指标清单中，评价指标并不一定具有同样的地位（即权重差异）。例如：在 ISO37120 中所采用的是一种灵活处理不同城市可持续发展评价问题的方式。ISO37120 的 100 个指标中，设定了 46 个核心指标

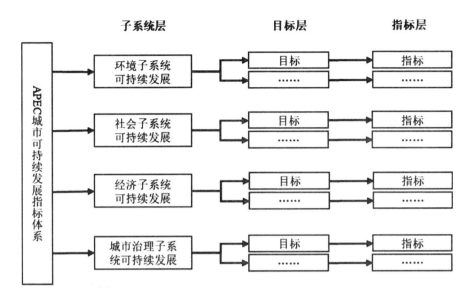

图 4-1　APEC 城市可持续发展指标体系框架示意图

和 54 个辅助指标，用以适应不同的城市。BREEAM Communities 在实施过程中，也会根据项目情况调整指标体系的组成和指标权重①。这为指标体系通过定制化的方式实现本地化提供了恰当处理方式的例证，同时，也为指标体系适应不同城市的发展实际，并为面向具体城市，成功进行指标体系编制工作提供了参考②。因此，为了更好地解决多样复杂的 APEC 城市的可持续发展评价问题，有效回应普遍性与特殊性、科学性和实用性、系统性与层次性、国际性与地方性的着眼点，在总结前人研究成果的基础上，本书提出了 APEC 城市可持续发展指标体系构建方式，即以评价框架为依托，以核心指标为重点，以促进 APEC 城市实现综合发展和协调发展为目的，增加支持指标和城市指标（如图 4-2）。从而既能较好地完成对

① BRE. BREEAM Communities Technical Manual［EB/OL］. （2020-03-31）［2020-05-05］. https://bregroup.com/products/breeam/breeam-technical-standards/breeam-communties/.

② M-J MARQUEZ-BALLESTEROS. Measuring Urban Energy Sustainability and Its Application to Two Spanish Cities：Malaga and Barcelona［J］. Sustainable Cities and Society，2019，45：335-347.

多数城市的发展评价和横向比较，实现对普遍性、科学性、系统性和国际性的回应，完成对城市可持续发展基本情况的测量、评价以及城市间的横向比较。同时，又能在面向具体城市编制指标体系时，通过对支持指标的筛选和城市指标的选择，在构建面向城市的可持续发展指标体系时，形成灵活开展本地化并适应具体城市情况的抓手，使城市指标体系有效体现当地情况，兼顾不同地区和不同发展阶段的城市的实际，回应其具体发展目标和现实情况，实现对特殊性、实用性、层次性和地方性着眼点的体现。

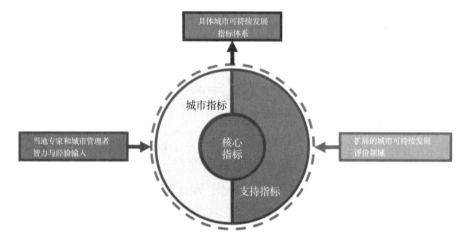

图 4-2　APEC 城市可持续发展指标体系的构成

三、指标筛选方式

通过文献调研，收集整理既有的重要指标体系，再综合权衡选取指标构成指标体系的方式，在国内外指标开发中，被广泛使用。作为重要的"自下而上"的指标体系，Ecocity 项目的指标体系构建，即是从收集和整理城市可持续发展监测相关标准及指标开始，在此基础上完成指标体系编制和城市发展评估。Shen 等在对六种由联合国、联合国人居署、世界银行、欧洲基金会开发的可持续城镇化指标体系进行研究后，提出了一个由115 个指标组成的可持续城镇化指标清单[1]；周景阳等通过收集与整理八

---

[1]　L-Y SHEN. The Application of Urban Sustainability Indicators – A Comparison Between Various Practices [J]. Habitat International, 2011, 35 (01): 17-29.

个由中国有关部门和研究机构，如环境保护部、中国科学院、中国城市发展研究院等建立的城市可持续发展指标体系中的指标，基于研究与咨询的结果，再重新定义、修改、剔除一些指标后，开发了一个由 105 个指标组成的指标体系①。

通过文献和资料整理，结合专家咨询，获得指标清单的方式是被广泛使用的，其实施方式是根据指标在不同评价体系中出现的频率，结合实际情况，决定是否选择某一指标。作为第三方指标体系的 CASBEE for Cities（Pilot Version for Worldwide Use）的评价指标，也是参考联合国可持续发展目标指标体系（SDG Indicators）和精心挑选 ISO 37120 等国际组织的研究成果后，结合专家意见而形成的②。因此，本书采用类似的方式，通过对既有的城市可持续发展指标体系采用的指标进行总结和分析，并结合专家调研和咨询的方式，逐步确定评价指标。

在确定了指标的筛选方式后，基于指标体系的构建原则和组成，本书拟定了一个通过迭代、筛选对指标进行分类的指标筛选方式（如图 4-3），即以既有的 118 种指标体系为基础资料，以频数分析法确定在全球相关的指标体系中出现的高频指标，并形成高频指标库。通过进行适用性分析，形成初选指标库。在经过专家咨询后，获得由初选核心指标库和初选支持指标库构成的分类评价指标。在经过国际专家问卷调研后，确定由核心指标和支持指标构成的 APEC 城市可持续发展指标体系（城市指标留待制定具体城市可持续发展指标体系时确定），并总结和确定目标层指标。这一过程中，通过专家咨询和专家调研问卷，引入了百余位国内外相关专家学者的意见、建议和判断，筛选指标，并借助统计方法，分析专家调研的结果，剔除不必要的指标，筛选出核心指标，形成一个可以面向尽可能多 APEC 城市的且相对简化的指标体系。这体现了本书构建指标体系所遵循的全面性、简洁性和易操作性原则。

在指标体系本地化的过程中，通过支持指标的筛选和城市指标的提

---

① 周景阳，等. 中国城市可持续发展评价指标体系比较研究［J］. 建设管理国际学报，2013，1（01）：19.

② JSBC，IBEC. CASBEE Family and Tools［EB/OL］.（2018-12-15）［2019-12-01］. https：//www.ibec.or.jp/CASBEE/english/toolsE_city.htm.

出，有针对性地回应特殊性、实用性和地方性的要求。支持指标的选择，
是建立在对现有指标体系的分析研究、专家咨询和专家调研的基础上的。
城市指标则是面向具体城市开展本地化过程中，分析当地情况与发展需
求，并与管理者进行沟通、现场调研和与相关专家进行沟通与咨询之后确
定的。此举一方面能够利用核心指标，保持 APEC 城市可持续发展指标体
系对重要问题的关注。另一方面，又能够通过支持指标的选择和定制化城
市指标的加入，将本地发展问题同样纳入关注的领域当中，综合吸收了本
地专家和管理者的智力资源与经验输入，因地制宜地解决城市面临的具体
的可持续发展问题，引导并坚定城市管理者发挥地方优势，更好地为实现
城市的可持续发展创造良好的基础。

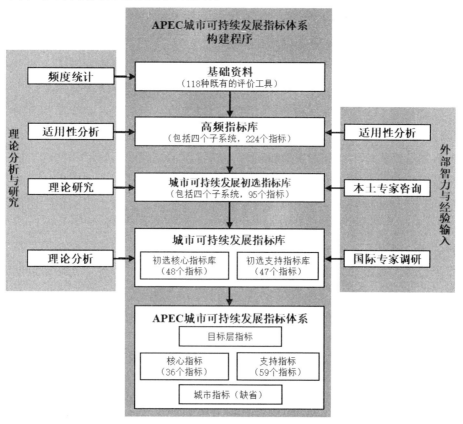

图 4-3　APEC 城市可持续发展指标体系构建流程图

第三节 指标体系的构建与核心指标

一、指标的收集与初步筛选

指标体系的迭代编制过程始于建立高频指标库。高频指标库是建立在对基础资料的整理和回顾基础上的。这些基础资料共有 118 种，由国际组织、研究机构和个人开发或提出的指标体系、倡议、战略计划和研究报告组成，本文重点参考了其中的 13 种，如表 4-1 所示。2017 年之前的指标体系主要基于 ISO/TR37121：2017《社区的可持续发展——关于城市可持续发展和韧性的现有指导方针和方法的清单》进行收集，2017 年后的相关资料，如 ISO37120：2018《可持续城市和社区——城市服务和生活质量指标》、LEED for Cities and Communities、2030 年可持续发展议程全球指标框架等，则通过相关文献、研究报告获悉，并在相关机构官网下载相关资料。在对收集的资料进行整理后，根据指标的出现频率（不低于 10 次），对指标进行筛选，获得了一个高频指标库。

表 4-1 重点参考的城市可持续发展指标体系

序号	工具名称	开发者	年份	选择理由
1	BREEAM Communities BREEAM 社区	BRE Group 英国建筑研究院集团	2012	相对早期的可持续社区指标体系，其诞生和使用，对于多数第三方可持续社区及城市指标体系的开发有重要的影响
2	中国低碳生态城市指标体系	中国城市科学研究会	2012	该指标体系以低碳生态城市发展目标为基础，提出了一个可考核、测评、诊断城市低碳发展水平的指标体系，包含了资源、环境、经济和社会四大领域的要素。

序号	工具名称	开发者	年份	选择理由
3	LEED for Neighbour-hood Development LEED 社区开发	U. S. Green Building Council 美国绿色建筑委员会	2014	全球范围内应用最为广泛的可持续社区开发指导和指标体系，为项目提供基于实践的有益输入
4	Comprehensive Assessment System for Built Environment Efficiency（CASBEE）for Cities CASBEE 城市	Japan Sustainable Building Consortium 日本可持续建筑协会	2015	基于城市环境影响与环境承载力的，并且面向世界范围的可持续城市评价标准，对于形成结合地方特色形成自身的可持续城市指标体系具有一定的参考意义
5	Sustainability Tools for Assessing and Rating（STAR）Community Rating System STAR 社区评价系统	International Council for Local Environmental Initiatives（ICLEI）— Local governments for sustainability ICLEI-倡导地方政府可持续发展国际理事会	2016	由世界银行推荐的社区可持续评价系统，并对 LEED Cities & Communities 有着巨大的影响，并且能够为指标的落地实施提供具有可实施性的方法和建议
6	APEC Low – Carbon Model Town（LCMT） 亚太经合组织低碳示范城镇	Asia Pacific Energy Research Centre（APERC） 亚太能源研究中心	2016	由亚太能源研究中心开发的，在 APEC 框架下重要的倡导低碳减排的示范性城镇指导标准
7	Deutsche Gesellschaft fürNachhaltiges Bauen（DGNB） DGNB 社区	German Sustainable Building Council 德国可持续建筑委员会	2016	德国可持续建筑委员会开发的，在社会发展方面具有前瞻性的可持续评价系统
8	Green Star Communities：Guide for Local Government Green Star 社区	Green Building Council of Australia 澳大利亚绿色建筑委员会	2016	一种由嵌入式可持续社区指标体系演变而来的第三方指标体系，其在社区经济可持续发展质量方面能够提供有益的参考

续表

序号	工具名称	开发者	年份	选择理由
9	Living Community Challenge 1.2 Living 社区挑战 1.2	International Living Future Institute 国际未来生活研究所	2017	一种重视社区社会公正、文化丰富和生态恢复的指导性指标体系，涵盖了所有规模的社区和总体规划，是一种具有变革性的工具
10	绿色生态城区评价标准（GB/T51255－2017）	中国城市科学研究会	2017	结合近年来绿色生态城区建设的实践制定的评价标准，不仅结合了硬性指标，而且丰富了绿色人文、产业经济等内涵要素。
11	ISO 37120－2018: Sustainable cities and communities-Indicators for city services and quality of life ISO 37120－2018: 可持续城市和社区－城市服务和生活质量指标	International Organization for Standardization 国际标准化组织	2018	由国际标准化组织开发，并响应联合国可持续发展目标建立的城市可持续指标体系
12	LEED for Cities & Communities LEED 城市与社区	U. S. Green Building Council 美国绿色建筑委员会	2018	美国绿色建筑委员会结合 STAR 工具的实践，并且结合未来可持续城市的建设方向，建立的用于可持续城市评价的工具
13	城市可持续发展：城市服务和生活品质的指标（GB/36749－2018）	国家市场监督管理总局 中国国家标准化管理委员会	2018	该标准参考 ISO37120，主要从城市服务和城市居民生活品质两个方面提出了衡量城市可持续发展的指标体系，在经济、社会领域很有参考价值。

　　在获得高频指标库后，由笔者和一个专业咨询团队对指标进行筛选。此外，这一团队的成员还为指标的赋值工作提供了专业的意见。这一团队的成员由来自驻华国际组织、大学、相关企业和行业协会的十名专业人士组成，涵盖环境科学、社会研究、经济、公共管理、规划与建筑等多个领

域。本轮筛选指标剔除的基本原则是：

1. 无法获得或定义不清的指标；

2. 评价范围明显大范围重叠的指标；

3. 不能适用于城市层级的指标（例如针对国家水平的就业指标、基尼系数等）；

4. 适用于特定气候区域或地理属性的指标（例如涉及沿海城市指标）；

5. 明显要求特定技术的指标。

在这一轮筛选之后，获得了一个由 95 个指标组成的城市可持续发展初选指标库（详见表 4-2）。需要说明的是，除一般的统计指标外，结合专家意见，本书还引入了由中国社会科学院开发的中国城乡发展一体化指数指标体系中的部分指标，如城乡教育一体化实现度、城乡卫生一体化实现度。通过本轮筛选可以降低核心指标确定的难度，在保证全面性、科学性与适用性的同时，尽量实现指标体系对普遍性的回应。本轮针对指标的筛选，减少了指标库中指标的总数。同时，倾向于选择能够反映强度、效率、结构和人均数量的指标。这一方面是监测发展质量的需要。另一方面也是为了尽量减少由于城市间的规模差异而导致的总量指标对横向比较造成的负面影响，为城市之间的发展水平比较创造良好的基础。

表 4-2 城市可持续发展初选指标库

序号	子系统层	评价指标
1	环境子系统可持续发展（28）	城市环境噪声达标区覆盖率
2		城乡建筑节能改造面积
3		单位 GDP 能耗降低率
4		断面水质优良率
5		地下水开采量
6		耕地保有量
7		公共交通出行分担率
8		可吸入细颗粒物年平均浓度
9		城市路网密度
10		年人均电力中断时长

续表

序号	子系统层	评价指标
11	环境子系统 可持续发展 （28）	年人均一次能源使用量
12		农村清洁采暖普及率
13		绿色建筑占新建竣工建筑的比例
14		人均二氧化碳排放量
15		人均可再生能源发电量
16		人均生活用电量
17		人均生活用水量
18		森林覆盖率
19		生活垃圾无害化处理率
20		万人拥有公共汽（电）车营运车辆数
21		万元GDP电耗
22		万元GDP二氧化碳排放量降低
23		万元GDP水耗
24		污水处理厂集中处理率
25		一般工业固体废物综合利用率
26		优良天数比率
27		政府办公建筑及大型公共建筑能耗监测占比
28		装配式建筑占新建建筑面积比例
29	社会子系统 可持续发展 （26）	65岁以上人口比例
30		城区人口比例
31		城乡教育一体化实现度
32		城乡社会保障一体化实现度
33		城乡收入消费一体化实现度
34		城乡卫生一体化实现度
35		城乡文化一体化实现度
36		城镇职工基本养老保险参保人数

序号	子系统层	评价指标
37	社会子系统可持续发展（26）	互联网宽带接入用户数
38		基础教育阶段师生比
39		劳动年龄人口平均受教育年限
40		每千人口医疗卫生机构床位数
41		每万人获得大专及以上学历人数
42		每万人拥有公共图书馆藏书
43		每万人拥有公共文化设施面积
44		农村常规卫生服务人口比例
45		农村人均收入提高率
46		人均零售消费品消费
47		人均绿地面积
48		人均社会保障财政支出
49		人均预期寿命
50		人口变化率
51		万人高校在校生人数
52		新生儿、婴儿和 5 岁以下儿童死亡率
53		远程医疗普及率
54		孕产妇死亡率及比率
55	经济子系统可持续发展（23）	城镇新增就业人数
56		单位面积生产总值
57		地方特色产业与新兴产业就业人口占比
58		第一产业从业人员比重
59		第一产业占 GDP 的比重
60		第二产业从业人员比重
61		第二产业占 GDP 的比重
62		第三产业从业人员比重

续表

序号	子系统层	评价指标
63	经济子系统可持续发展（23）	第三产业占 GDP 的比重
64		高新技术企业人均营业收入
65		规模以上工业增加值
66		经济增长率
67		每万人授权专利数
68		年技术交易总额
69		年引进外资总额
70		全社会研发投入增长率
71		全市生产总值
72		全员劳动生产率
73		人均财政收入
74		人均地区生产总值
75		人均对外货物贸易额
76		研发内部经费占 GDP 比重
77		城镇每十万人口企业数量
78	城市治理子系统可持续发展（18）	城市管理人员与城市总人口数之比
79		城市教育支出占比
80		城市科技支出占比
81		城乡服务事务网上办理率
82		城乡视频监控系统覆盖率
83		公众参与社会志愿者服务数量
84		建成区人均排水管道长度
85		紧急事务处理预案完备率
86		网格化管理覆盖率（%）
87		人均道路面积
88		人均公用设施建设投资

序号	子系统层	评价指标
89	城市治理子系统可持续发展（18）	人均公园绿地面积
90		人均应急避难场所面积
91		行政执法全过程记录实施比例
92		行政执法投诉处理率
93		政府办公信息公开程度
94		政务办事标准化率
95		智慧民生综合服务平台覆盖率

二、核心指标的筛选

核心指标的筛选，以理论分析、专家咨询和问卷调研的形式展开。专家咨询邀请中国相关专业的大学教授、相关机构的研究人员、企业和可能涉及部门的政府官员参加。专家咨询采用德尔菲法，并结合现场调研和访谈进行。由被咨询专家或专业人士，对上一轮获得的 95 个评价指标提出意见。受访专家需要对指标于 APEC 城市可持续发展评价是否重要做出判断，结果以简单多数原则确定。再结合当前国内外对可持续发展热点问题的关注，如应对气候变化、低碳发展、清洁能源生产和利用等方面的信息和研究，对结果进行整理和修正。经过本轮筛选，有 48 个评价指标进入初选核心指标库（如表 4-3），剩余的 47 个指标则被编入初选支持指标库（如表 4-4）。

表 4-3　初选核心指标库

子系统层	指标编号	指标层
环境子系统可持续发展	En1	人均生活用水量
	En2	人均生活用电量
	En3	万元 GDP 水耗
	En4	万元 GDP 电耗
	En5	污水处理厂集中处理率

续表

子系统层	指标编号	指标层
环境子系统可持续发展	En6	生活垃圾无害化处理率
	En7	一般工业固体废物综合利用率
	En8	可吸入细颗粒物年平均浓度
	En9	万人拥有公共汽（电）车营运车辆数
	En10	人均可再生能源发电量
	En11	人均二氧化碳排放量
社会子系统可持续发展	So1	城区人口比例
	So2	人口自然增长率
	So3	万人高校在校生人数
	So4	人均零售消费品消费
	So5	基础教育阶段师生比
	So6	每千人口医疗卫生机构床位数
	So7	每万人拥有公共图书馆藏书
	So8	互联网宽带接入用户数
	So9	城镇职工基本养老保险参保人数
	So10	人均绿地面积
	So11	城乡教育一体化实现度
	So12	城乡卫生一体化实现度
	So13	城乡文化一体化实现度
	So14	城乡社会保障一体化实现度
	So15	城乡收入消费一体化实现度
经济子系统可持续发展	Ec1	经济增长率
	Ec2	人均地区生产总值
	Ec3	人均财政收入
	Ec4	单位面积生产总值
	Ec5	人均对外货物贸易额

子系统层	指标编号	指标层
经济子系统 可持续发展	Ec6	第二产业占 GDP 的比重
	Ec7	第二产业从业人员比重
	Ec8	第三产业占 GDP 的比重
	Ec9	第三产业从业人员比重
	Ec10	研发内部经费占 GDP 比重
	Ec11	高新技术企业人均营业收入
	Ec12	每万人授权专利数
城市治理子系统 可持续发展	Cg1	行政执法投诉处理率
	Cg2	政务办事标准化率
	Cg3	城市管理人员与城市总人口数之比
	Cg4	城市教育支出占比
	Cg5	城市科技支出占比
	Cg6	人均公用设施建设投资
	Cg7	建成区人均排水管道长度
	Cg8	人均道路面积
	Cg9	人均公园绿地面积
	Cg10	绿色建筑占新建竣工建筑的比例

表 4-4　初选支持指标库

子系统层	编号	指标层
环境子系统 可持续发展	1	城市环境噪声达标区覆盖率
	2	城乡建筑节能改造面积
	3	单位 GDP 能耗降低率
	4	断面水质优良率
	5	地下水开采量
	6	耕地保有量

续表

子系统层	编号	指标层
环境子系统可持续发展	7	公共交通出行分担率
	8	城市路网密度
	9	年人均电力中断时长
	10	年人均一次能源使用量
	11	农村清洁采暖普及率
	12	森林覆盖率
	13	万元 GDP 二氧化碳排放量降低
	14	优良天数比率
	15	政府办公建筑及大型公共建筑能耗监测占比
	16	装配式建筑占新建建筑面积比例
社会子系统可持续发展	17	65 岁以上人口比例
	18	劳动年龄人口平均受教育年限
	19	每万人获得大专及以上学历人数
	20	每万人拥有公共文化设施面积
	21	农村常规卫生服务人口比例
	22	农村人均收入提高率
	23	人均社会保障财政支出
	24	人均预期寿命
	25	新生儿、婴儿和 5 岁以下儿童死亡率
	26	远程医疗普及率
	27	孕产妇死亡率及比率
经济子系统可持续发展	28	城镇新增就业人数
	29	地方特色产业与新兴产业就业人口占比
	30	第一产业从业人员比重
	31	第一产业占 GDP 的比重
	32	规模以上工业增加值

续表

子系统层	编号	指标层
经济子系统可持续发展	33	年技术交易总额
	34	年引进外资总额
	35	全社会研发投入增长率
	36	全市生产总值
	37	全员劳动生产率
	38	城镇每十万人口企业数量
城市治理子系统可持续发展	39	城乡服务事务网上办理率
	40	城乡视频监控系统覆盖率
	41	公众参与社会志愿者服务数量
	42	紧急事务处理预案完备率
	43	网格化管理覆盖率（%）
	44	人均应急避难场所面积
	45	行政执法全过程记录实施比例
	46	政府办公信息公开程度
	47	智慧民生综合服务平台覆盖率

鉴于 APEC 城市可持续发展指标体系需要有效回应国际性着眼点的要求，在专家咨询结果的基础上，由 APEC 可持续能源中心（APSEC）提供帮助，通过问卷调研，对 48 个核心指标进行新一轮筛选，并通过该轮问卷调研结果对指标间的联系进行分析，指导目标层的确定。APSEC 在 APEC 框架内接受 APEC 能源工作组（EWG）指导，是中国政府主导的第一个且是唯一一个国际能源合作机构，肩负促进区域国际合作和提供国家可持续发展智力支持的双重任务。参与问卷调研的专家为 APSEC 专家委员会成员。该委员会成员由 APEC 各经济体政、商、学、研领袖人员组成，由各经济体政府部门或 APSEC 推荐，经 EWG 或 APSEC 指导委员会审核任命成为 APSEC 专家委员会成员。因此，APSEC 专家委员会成员能够切实反映

APEC 区域内，专家学者对可持续发展指标的意见，并提供有效建议。

调查问卷依托问卷星网站进行，分为中英文两个版本。问卷共设有 51 个问题，除针对专业领域、增加指标建议和对指标体系的总体建议的三个问题外，其余 48 个问题，采用李克特量表（Likert scale）的方式，每个问题有五个选项，为"非常重要""重要""一般""不重要"和"非常不重要"，对应得分为 5 分到 1 分，要求填写问卷的专家对每一个指标在 APEC 城市可持续发展评价中的重要程度作出判断。本次问卷调研向该专家库发放调查问卷共 110 份，实际回收 91 份，问卷回收率为 82.73%。

对本轮问卷调查的结果，采用 SPSS 26 软件的经典分析方法，参照王立民[1]、刘泽奇等[2]和 George 和 Mallery[3] 的分析步骤，使用可靠性分析、KMO（Kaiser-Meyer-Olkin）检验和巴特利特（Bartlett）检验、主成分分析、成分旋转技术，得到基于主成分的因子分类和基于特征向量的重要因子。结合专家的打分结果，以及全球、APEC 区域面临的可持续发展问题，对结果进行处理，形成 APEC 城市可持续发展指标体系核心指标的遴选结果。

第一，对所有问卷结果，使用克朗巴哈系数（Cronbach Alpha 或 Cronbach α）分析度量的内部信度，构建效度中的单维性检验，验证指标的收敛效度，分析结果如表 4-5 所示。克朗巴哈系数值为 0.959。根据表 4-6 中的克朗巴哈系数参考值，说明本次问卷调查的数据信度质量很高，可用于进一步分析。

表 4-5　调查问卷结果可靠性分析

克朗巴哈系数	项数
0.959	48

① 王立民．我国交易所行业国际化发展指标调查研究［J］．当代金融研究，2021（04）：47-57.
② 刘泽奇，等．基于主成分分析法的地铁运营关键绩效指标体系研究［J］．价值工程，2021，40（20）：41-43.
③ GEORGE D, MALLERY P. IBM SPSS Statistics 26 Step By Step：A Simple Guide and Reference［M］．London：Routledge，2019：224-236.

表 4-6 克朗巴哈系数参考值

克朗巴哈系数	内部一致性水平
$\alpha \geqslant 0.9$	优秀
$0.9 > \alpha \geqslant 0.8$	良好
$0.8 > \alpha \geqslant 0.7$	可接受
$0.7 > \alpha \geqslant 0.6$	有问题
$0.6 > \alpha \geqslant 0.5$	较差
$0.5 > \alpha$	不可接受

第二，通过各个指标的得分情况，计算调研数据的平均值，结果详见表 4-7。参照张成昱等[①]的方法，确定得分平均值 3.6 及以上的指标定为相对重要指标。由表 4-7 可以得知，有 31 个指标的得分在 3.6 及以上，可被认为是相对重要指标。并且问卷调研结果显示，没有指标获得 3.1 以下的得分，即没有指标被认为重要性低或非常低。

表 4-7 评价指标调研数据平均值和标准差

编号	平均值	编号	平均值	编号	平均值
En4	4.1	So6	3.8	So5	3.5
En2	4.0	Ec2	3.8	Ec6	3.5
So9	4.0	Ec10	3.8	En9	3.5
En11	4.0	Ec11	3.8	Ec4	3.5
En8	4.0	En5	3.7	Ec7	3.4
En6	3.9	So1	3.7	Cg8	3.4
Ec1	3.9	Cg10	3.7	So3	3.4
So8	3.9	So14	3.7	So4	3.3

---

① 张成昱，等. 既有公共建筑改造综合性能评价指标体系研究 [J]. 建筑节能，2019，47（10）：4.

编号	平均值	编号	平均值	编号	平均值
En3	3.9	Ec3	3.7	Cg7	3.3
Cg1	3.8	Ec8	3.7	So2	3.3
Cg4	3.8	Cg2	3.7	So15	3.3
Cg9	3.8	Ec9	3.7	So13	3.2
En1	3.8	So11	3.6	Ec12	3.2
Cg6	3.8	En7	3.6	Cg3	3.2
So10	3.8	So12	3.6	So7	3.1
Cg5	3.8	En10	3.5	Ec5	3.1

注：指标编号对应表4-3中相应内容。

第三，进行 KMO 和巴特利特检验，本次调研结果的 KMO 值为 0.811，结果如表4-8 所示。根据表4-9 所示的参考值①，本次问卷的结果很适合进行因子分析，且巴特利特球形度检验的 p 值为 0，适合进行因子分析。

表4-8 KMO 和巴特利特检验结果

KMO 值		0.811
巴特利特球形度检验	近似卡方	3443.597
	自由度（Df）	1128
	显著性（p 值）	0.000

---

① 陈希镇. 现代统计分析方法的理论和应用［M］. 北京：国防工业出版社，2016：126-127.

表 4-9　KMO 和巴特利特检验结果参考值

检测类别	参考值范围	因子分析适合情况
KMO 值	>0.9	非常适合
	0.8~0.9	很适合
	0.7~0.8	适合
	0.6~0.7	勉强适合
	0.5~0.6	不太适合
	<0.5	不适合
Bartlett p 值	≤0.01	适合

表格来源：《现代统计分析方法的理论和应用》（陈希镇，2016）

　　第四，运用 SPSS 软件，将每个完成人的选择结果组成列向量，再将这些向量依次排列组成评价矩阵，评价矩阵的维度为 48×91，利用主成分分析得到如表 4-10 所示的总方差解释表。本书共提取到了 11 个原始特征值大于 1 的主成分，其贡献率较高，为 74.304%（如表 4-10 所示）。通过比照左卫兵和毋红军[1]、袁志发和宋世德[2]和何晓群[3]的研究过程和判断标准，这一结果是合理的。

表 4-10　总方差解释

成分	初始特征值			提取载荷平方和			旋转载荷平方和		
	总计	方差百分比	累积 %	总计	方差百分比	累积 %	总计	方差百分比	累积 %
1	17.441	36.335	36.335	17.441	36.335	36.335	7.303	15.214	15.214
2	2.971	6.190	42.526	2.971	6.190	42.526	6.221	12.961	28.176
3	2.589	5.394	47.920	2.589	5.394	47.920	4.192	8.733	36.909
4	2.390	4.978	52.899	2.390	4.978	52.899	3.609	7.518	44.427

[1]　左卫兵，毋红军. 半相依回归系统的广义岭型主成分改进估计 [J]. 河南师范大学学报：自然科学版，2009，37（04）：19-21.

[2]　袁志发，宋世德. 多元统计分析 [M]. 北京：科学出版社，2009：121-132.

[3]　何晓群. 应用多元统计分析 [M]. 北京：中国统计出版社，2015：220-238.

续表

成分	初始特征值			提取载荷平方和			旋转载荷平方和		
	总计	方差百分比	累积 %	总计	方差百分比	累积 %	总计	方差百分比	累积 %
5	1.932	4.025	56.923	1.932	4.025	56.923	2.929	6.102	50.529
6	1.842	3.837	60.760	1.842	3.837	60.760	2.654	5.529	56.058
7	1.619	3.373	64.133	1.619	3.373	64.133	2.280	4.750	60.808
8	1.418	2.953	67.086	1.418	2.953	67.086	1.714	3.571	64.379
9	1.210	2.521	69.607	1.210	2.521	69.607	1.671	3.482	67.861
10	1.183	2.465	72.072	1.183	2.465	72.072	1.655	3.448	71.308
11	1.071	2.232	74.304	1.071	2.232	74.304	1.438	2.996	74.304
12	0.963	2.006	76.311						
13	0.928	1.934	78.245						
14	0.876	1.826	80.070						

注：提取方法为主成分分析法

　　为了深入挖掘每个因子的重要程度占比以及与其他因子的关系，深入挖掘因子的实际意义，用 R 型因子分析对提取成分进行分析。通过对变量的相关阵或协方差阵内部结构的研究，找出控制所有变量的几个公共因子，对变量进行分类。R 型分析的成分转换矩阵（见表 4-11），在旋转后的 48 个因子形成的成分矩阵中，成分系数越大，表示变量与该因子的相关性越大，每个变量归类于与其相关性最大的因子。从主成分分析结果可知，既存在与单一主成分强相关的指标，又存在与多个主成分相关的指标，且存在有些指标的各主成分相关性相近的情况。这一方面是由于专家观点的影响，另一方面，也是重要的一方面，城市可持续发展的指标间存在相互关联的情况，正如子系统间存在紧密的联系一样，并非所有指标都能做到与其他指标不相关①。最终，48 个被调查指标，被依据主成分分析结果分为 11 个小类，如图 4-4 所示。

---

① GIMENEZ C. Sustainable Operations：Their Impact on the Triple Bottom Line ［J］. International journal of production economics，2012，140（01）：149-159.

表 4-11　旋转后的成分矩阵

编号	成分										
	1	2	3	4	5	6	7	8	9	10	11
En1			0.787								
En2			0.738								
En3					0.841						
En4					0.876						
En5	0.407		0.545								
En6	0.326	0.457	0.595								
En7	0.321	0.397	0.676								
En8					0.327		0.724				
En9				0.394							0.675
En10			0.504		0.343						
En11					0.673		0.357				
So1						0.602			0.35		
So2	0.408	0.369								-0.455	
So3	0.424								0.423		0.393
So4						0.567	-0.429				
So5	0.520	0.36						-0.302			
So6	0.539			0.362			0.497				
So7	0.508									0.368	
So8									0.849		
So9							0.490		0.419	0.338	
So10	0.364		0.431	0.437							
So11	0.757		0.304								
So12	0.771										
So13	0.754										
So14	0.833										
So15	0.746										

编号	成分										
	1	2	3	4	5	6	7	8	9	10	11
Ec1	0.319	0.32		0.33				0.545			
Ec2	0.306	0.374						0.678			
Ec3		0.562	0.3								
Ec4	0.469	0.535									
Ec5		0.724									
Ec6						0.823					
Ec7						0.846					
Ec8		0.806									
Ec9		0.823									
Ec10	0.307	0.671	0.335	0.304							
Ec11	0.451	0.457									
Ec12		0.647		0.32							
Cg1	0.546	0.444					0.319				
Cg2		0.387		0.353			0.442				
Cg3									0.777		
Cg4	0.519	0.362							0.370		
Cg5	0.548	0.456		0.357							
Cg6	0.398	0.358	0.302	0.529							
Cg7				0.801							
Cg8				0.803							
Cg9	0.384		0.404	0.509							
Cg10	0.344	0.401	0.440	0.364							

　　除了李克特量表方式的题目外，问卷里还有专家提出的文件意见和建议。其中，较为重要的专家意见与回复如下：

　　1. 有专家建议增加人均运动场地方面的指标。通过对统计资料的搜集和研判，目前的城市统计资料并不能很好地提供这方面的信息。多数城市只能提供运动场馆的数量信息，而不能提供包括室外活动场地在内的多数活动场地的面积信息。另一方面，根据中国社会科学院关于城乡发展一体化的研

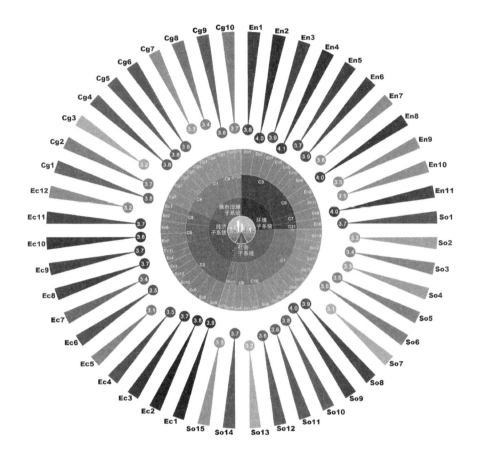

图 4-4　被调研评价指标得分平均值与主成分分析结果

注：指标编号对应表 4-3 中相应内容。"C"表示主成分因子。

究，城市运动场地也并不是重要的考察指标。因此，暂不考虑增加该指标。

2. 有专家建议增加城市清洁能源占比的指标。根据全球向碳中和发展的宏观方向，全球多数经济体已经或正在考虑确定碳减排的目标，如中国政府确定的"3060"目标，在全球中长期发展目标中，是以达成碳中和为目标的。由于清洁能源包含非可再生的化石能源品类，因此，清洁能源占比并不是很好地监测和推动这一目标实现的指标选项。而指标体系通过设置"人均可再生能源发电量"指标来监测和引导城市的可持续发展，既能促进碳中和目标的实现，又能从能源利用的角度，促进城市整体的电气化水平提升，该选择更为理想。

3. 有专家建议增加人均纯电动小汽车和充电桩配置相关指标的建议。基于新能源汽车的定义，以及我国在新能源汽车领域的优势，参考工信部公布的对2025年乘用车平均燃料消耗量设定的目标，即在2025年下降至4升/100千米左右。本书认为，直接使用纯电动小汽车的指标，对于整个APEC区域尚属超前。因此，暂不直接采纳这一指标。但我们认为，在一些生产和使用条件都相对适宜的城市的可持续发展指标体系中，可以加入这一指标。

4. 有专家建议增加有关人口的动态指标。考虑到我国及其他APEC经济体在人口方面的现状，以及人口在经济和社会发展中的重要作用，在社会子系统中，使用人口变化率替换原有的人口指标，用以反映城市人口的增减。

5. 专家建议明确指标的指向，例如对于可吸入颗粒物的定义应该明确并选择PM2.5（或称细颗粒物）。本书决定接受专家的意见，将指标改为"PM2.5年平均浓度"。

6. 有专家对指标的分类提出疑问，例如：有专家认为关于促进绿色建筑发展的指标应归入环境子系统可持续发展类别，而不应归入城市治理子系统可持续发展类别。这一问题也是本次专家问卷调研的目的之一，根据SPSS主成分分析的结果和国家的相关政策文件，将促进绿色建筑发展的指标归入了环境子系统可持续发展类别下。

三、APEC城市可持续发展指标体系核心指标

（一）核心指标的确定

根据专家意见，以及专家打分的主成分分析的结果，并考虑了APEC城市应对全球可持续发展挑战的需要，对指标体系进行了调整，结果如表4-12所示。通过对专家调研结果的整理与分析，除了帮助确定了目标层外，还去除了重要性得分平均值小于3.6分的指标，如人均零售消费品消费、人均对外货物贸易额、城市管理人员与城市总人口数之比等。但根据当前相关可持续发展领域学者的研究，并在咨询了一些专家的意见后，保留了对可持续发展评价相对重要，但得分为3.5分的几个指标，例如人均

可再生能源发电量。可再生能源是全球积极应对气候变化的重要抓手，也是 APEC 经济体重点发展的新领域①，且城市电气化作为城市低碳发展的重要路径②。因此，通过考察人均可再生能源发电量，将有助于引导和促进 APEC 城市对可再生能源的开发和利用，并最终促成碳中和理想目标的实现。

经过多轮筛选迭代和专家意见征集，在充分考虑现有研究成果、国内外专家学者意见的基础上，结合数理统计分析，确定了目标层指标和核心指标。最终，调整后的核心指标由 4 个子系统层指标、11 个目标指标和 34 个评价指标组成，其余得分相对较低的指标则回到支持指标库中。

表 4-12　APEC 城市可持续发展指标体系核心指标

子系统层	目标层	编号	指标层
环境子系统可持续发展	资源利用	EN1	人均生活用水量
		EN2	人均生活用电量
		EN3	万元 GDP 水耗
		EN4	万元 GDP 电耗
	环境治理	EN5	污水处理厂集中处理率
		EN6	生活垃圾无害化处理率
		EN7	一般工业固体废物综合利用率
		EN8	PM2.5 年平均浓度
		EN9	绿色建筑占新建竣工建筑的比例
	低碳发展	EN10	人均可再生能源发电量
		EN11	人均二氧化碳排放量

---

① VINE E. Building a Sustainable Organizational Energy Evaluation System in the Asia Pacific [J]. Global Energy Interconnection, 2019, 2 (05): 378-385.

② 龙惟定. 碳中和城市建筑能源系统（1）：能源篇 [J]. 暖通空调, 2022, 52 (03): 2-17.

子系统层	目标层	编号	指标层
社会子系统可持续发展	人口发展	SO1	城区人口比例
		SO2	人口变化率
	生活质量	SO3	基础教育阶段师生比
		SO4	每千人口医疗卫生机构床位数
		SO5	互联网宽带接入用户数
		SO6	城镇职工基本养老保险参保人数
	协调发展	SO7	城乡教育一体化实现度
		SO8	城乡卫生一体化实现度
		SO9	城乡社会保障一体化实现度
经济子系统可持续发展	经济基础	EC1	经济增长率
		EC2	人均地区生产总值
		EC3	人均财政收入
	经济构成	EC4	第二产业占 GDP 的比重
		EC5	第三产业占 GDP 的比重
		EC6	第三产业从业人员比重
	科技创新	EC7	研发内部经费占 GDP 比重
		EC8	高新技术企业人均营业收入
城市治理子系统可持续发展	发展服务	CG1	政务办事标准化率
		CG2	行政执法投诉处理率
		CG3	城市教育支出占比
		CG4	城市科技支出占比
	城市建设	CG5	人均公用设施建设投资
		CG6	人均公园绿地面积

（二）核心指标解释和国际对标

1. 环境子系统可持续发展

（1）人均生活用水量（立方米）

指使用市政供水设施或能够被统计到的使用自建供水系统供水的，城市居民家庭平均每人日常生活使用的自来水量。

（2）人均生活用电量（千瓦时）

指城市中居民家庭平均每人每年消耗的电量。该指标不仅能够反映城市居民用电情况，也能够反映家庭电气化程度，进而提示生活质量。

（3）万元 GDP 水耗（立方米）

指每生产一万元的地区生产总值的用水量。该指标是反映水资源消费水平和节水降耗状况的主要指标，也能提示城市经济活动中对水资源的利用程度。

（4）万元 GDP 电耗（千瓦时）

指一年内一座城市每生产一万元的地区生产总值所消耗的电量。

（5）污水处理厂集中处理率（%）

指城市经过城市集中污水处理厂二级或二级以上处理且达到排放标准的生活污水量与城市生活污水排放总量的百分比。该指标能够反映 一个城市污水集中收集处理设施的配套程度。

（6）生活垃圾无害化处理率（%）

指报告期内，城市生活垃圾无害化处理量与生活垃圾产生量的比率。

（7）一般工业固体废物综合利用率（%）

指城市工业固体废物综合利用量占工业固体废物产生量的百分率。

（8）PM2.5 年平均浓度（微克/立方米）

指一年内，空气动力学当量直径小于 $2.5\mu m$ 的细颗粒物在大气中的质量—体积浓度的平均值。

（9）绿色建筑占新建竣工建筑的比例（%）

指新建建筑获得所在经济体或国际通用的绿色建筑认证的比例，如有强制的绿色建筑竣工审验标准，也可计算在内。

（10）人均可再生能源发电量（千瓦时）

指城市范围内，水力发电、风力发电、太阳能发电等可再生能源发电量的人均值。

（11）人均二氧化碳排放量（吨）

指一座城市中，平均每人每年的二氧化碳排放量。

2. 社会子系统可持续发展

（1）城区人口比例（%）

指一年内，一座城市中的城区常住人口在全市（包括下辖县市）人口中的比例。

（2）人口变化率（%）

一年内，由于人口自然变动和迁移变化而引起的人口总量变化的百分比。

（3）基础教育阶段师生比（-）

指义务教育阶段，全市范围内学校教师人数与在校学生人数的比例。

（4）每千人口医疗卫生机构床位数（张）

指全市范围内，每千名常住人口拥有的各类医疗卫生机构的床位数。医疗卫生机构包括医院、基层医疗卫生机构、专业公共卫生机构和其他医疗卫生机构。

（5）互联网宽带接入用户数（户）

指报告期末（一般为一年）在电信运营商登记注册，通过宽带接入和普通专线方式接入公众互联网的用户。

（6）城镇职工基本养老保险参保人数（万人）

指报告期末（一般为一年），城市城镇职工基本养老保险人数。

（7）城乡教育一体化实现度（%）

该指标引用自中国社会科学院编制的《中国城乡发展一体化指数指标体系》。该指标由农村教育人力资源水平与城乡差异和农村人力资源水平与城市差异两个部分的指标组成。具体指标为农村义务教育教师平均受教育年限（年）、城乡义务教育教师平均受教育年限比（农村/城市）、农村人口平均受教育年限（年）和城乡人口平均受教育年限比（农村/城市）。根据2020年全面建成小康社会设定目标值，并计算实现度。文本引用其发布的研究报告中的相应数据。

（8）城乡卫生一体化实现度（%）

该指标引用自中国社会科学院编制的《中国城乡发展一体化指数指标

体系》。该指标由农村妇女健康和保健水平、农村医疗卫生人力资源水平与城乡差异两个部分的指标组成。具体指标为农村孕产妇死亡率（县级孕产妇死亡率）（1/10 万）、农村每千人口卫生技术人员（人）、城乡每千人口卫生技术人员比例（城市/农村）。根据 2020 年全面建成小康社会设定目标值，并计算实现度。文本引用其发布的研究报告中的相应数据。

（9）城乡社会保障一体化实现度（%）

该指标引用自中国社会科学院编制的《中国城乡发展一体化指数指标体系》。该指标由城乡基本医疗保障差异和城乡最低生活保障差异两个部分的指标组成。具体指标为城乡居民基本医疗保障水平比（城市/农村）和城乡居民最低生活保障标准比（城市/农村）。根据 2020 年全面建成小康社会设定目标值，并计算实现度。文本引用其发布的研究报告中的相应数据。

通过三个一体化指标的引入，呼应了本书对 APEC 区域可持续城市范围的设定，即不仅仅指城区，而且包括与城区有紧密社会经济联系的区域，如广大的乡村区域。

3. 经济子系统可持续发展

（1）经济增长率（%）

指报告期内，末期地区生产总值与基期地区生产总值的比较，并计算增长率。

（2）人均地区生产总值（元）

指将一座城市在核算期内（通常是一年）实现的地区生产总值与这座城市的常住人口（或户籍人口）相比进行计算，得到人均地区生产总值，是衡量城市居民生活水平的一个标准。

（3）人均财政收入（元）

指城市财政总收入与年末常住人口相比进行计算得出的结果。

（4）第二产业占 GDP 的比重（%）

指由第二产业所创造的 GDP，占其所在城市当年 GDP 的比重。

（5）第三产业占 GDP 的比重（%）

指由第三产业所创造的 GDP，占其所在城市当年 GDP 的比重。

（6）第三产业从业人员比重（%）

指由从事第二产业的人员，占其所在城市全部劳动就业人口的比重。

（7）研发内部经费占 GDP 比重（%）

指报告期内，城市内部实际用于基础研究、应用研究和试验发展的经费，占其 GDP 的比重。

（8）高新技术企业人均营业收入（万元）

指提供高新技术产品或服务的企业的人均营业收入。

4. 城市治理子系统可持续发展

（1）政务办事标准化率（%）

指城市政府各行政部门，通过对服务标准的制定和实施，其规范化、程序化服务事项站全部服务事项的百分比。应制定符合当地情况的标准或采用所在经济体的标准，如《政务服务中心标准化工作指南》（GB/T 32170.2-2015）。

（2）行政执法投诉处理率（%）

指对违法或者不当的行政执法行为投诉的处理百分比。该指标对于加强行政执法监督，促进依法行政，保护公民、法人和其他组织的合法权益有重要意义。

（3）城市教育支出占比（%）

指每年城市为其所管辖的教育机构提供财务支持的金额，占其全年财政支出的比重。

（32）城市科技支出占比（%）

指每年城市为其所管辖区域内从事科技研发的组织或个人，提供财务支持的金额，占其全年财政支出的比重。

（4）人均公用设施建设投资（元）

指城市每年按规划方案进行各项城市公用设施建设，所需投入资金的人均值。

（5）人均公园绿地面积（平方米）

指城镇公园绿地面积的人均占有量。

APEC 城市可持续发展指标体系考虑了复杂多样的 APEC 城市现实情况，并通过 APEC 专家学者的智力输入，最终形成了一套面向 APEC 城市的指标体系。SDG-Tracker 更多地服务于国家层面的问题，而 ISO37120 则更多关注于城市的服务质量，所以由于制定目的和服务对象的差异，三套指标体系的指标选择会有差异。通过与联合国 SDG-Tracker 和 ISO31207-2018 指标体系的指标对标，APEC 城市可持续发展指标体系核心指标能够有效对标 SDG-Tracker，适用于城市的指标；而对于 ISO31207-2018，APEC 城市可持续发展指标体系的核心指标也能有效对标其中的核心指标，以及一些适用于 APEC 区域的支持指标（详见表 4-13），并且与 ISO31207-2018 中引用的概要指标也有交集。APEC 城市可持续发展指标体系核心指标，不仅表现出与全球可持续发展关注问题的同步性，还能从经济发展和城市治理的角度，补充由其他国际指标体系形成的空白。从而，APEC 城市可持续发展指标体系核心指标做到了既能够反映全球关注的关键和热点问题，又能切实考虑 APEC 区域发展实际，体现了指标体系构建的着眼点，实现普遍性与特殊性、科学性和实用性、系统性与层次性和国际性与地方性的统一。

表 4-13　APEC 城市可持续发展指标体系与国际指标体系的对标

子系统层	目标层	编号	指标层	SDG-Tracker	ISO37120
				UNSD 指标代码	指标编号
环境子系统可持续发展	资源利用	EN1	人均生活用水量	C060401	23.3（C）
		EN2	人均生活用电量	—	7.1（C）
		EN3	万元 GDP 水耗	C060501	23.5（S）
		EN4	万元 GDP 电耗	—	—
	环境治理	EN5	污水处理厂集中处理率	C060303	22.2（C）
		EN6	生活垃圾无害化处理率	C110603	16.1（C）
		EN7	一般工业固体废物综合利用率	C110603	16.3（C）
		EN8	PM2.5 年平均浓度	C110602	8.1、8.2（C）
		EN9	绿色建筑占新建竣工建筑的比例	—	—
	低碳发展	EN10	人均可再生能源发电量	C200208	7.2（C）
		EN11	人均二氧化碳排放量	C090401	8.3（C）

子系统层	目标层	编号	指标层	SDG-Tracker	ISO37120
				UNSD 指标代码	指标编号
社会子系统可持续发展	人口发展	SO1	城区人口比例	C110301	12.5.1、13.4.5（P）
		SO2	人口变化率	C110301	13.4.1（P）
	生活质量	SO3	基础教育阶段师生比	C040101	6.4（C）
		SO4	每千人口医疗卫生机构床位数	C030801	11.2（C）
		SO5	互联网宽带接入用户数	C170602	18.1（S）
		SO6	城镇职工基本养老保险参保人数	—	—
	协调发展	SO7	城乡教育一体化实现度	C040501 C040a01	6.2、6.3（C）
		SO8	城乡卫生一体化实现度	C030101 C030102	
		SO9	城乡社会保障一体化实现度		
经济子系统可持续发展	经济基础	EC1	经济增长率		
		EC2	人均地区生产总值	C080101	5.9.3（P）
		EC3	人均财政收入		
	经济构成	EC4	第二产业占 GDP 的比重	C090202	5.2（S）
		EC5	第三产业占 GDP 的比重	—	—
		EC6	第三产业从业人员比重		
	科技创新	EC7	研发内部经费占 GDP 比重	C090501	
		EC8	高新技术企业人均营业收入	C090b01	
城市治理子系统可持续发展	发展服务	CG1	政务办事标准化率	C160602	
		CG2	行政执法投诉处理率	—	
		CG3	城市教育支出占比	C010a02	17.2（S）
		CG4	城市科技支出占比	C010a02	
	城市建设	CG5	人均公用设施建设投资	C090a01	—
		CG6	人均公园绿地面积	C110701	14.2（S）

　　注：UNSD 指标编码由联合国统计司（UNSD）编制，用于数据传输，跟踪和其他统计目的。ISO37120 指标编号中的 C 为核心指标、S 为支持指标。P 为概要指标，由 ISO37120-2018 引用自 ISO371221 和 ISO371232，用以反映提供基本统计数据和背景信息。

第五章

APEC 城市特征辨析与类型识别研究

第一节　APEC 城市特征辨析与类型识别的意义

一、APEC 城市的特征辨析

APEC 组织包括 21 个经济体,其所覆盖的区域是世界上人口、财富和城市最集中的地区。其中囊括了全球最发达、人口最多、国土面积最大的几个经济体。APEC 经济体创造了接近全球 60% 的 GDP①,且城市地区对 GDP 的贡献超过 75%,城市已经成为 APEC 地区乃至全球经济增长的支撑②。如前文所述,APEC 区域内不同规模的城市的数量已经超过了 4400 座③,而其中人口超过 30 万的城市数量就达到了 825 座。其中,囊括了世

---

① WORLD BANK. World Bank Open Data Population, total [EB/OL] . (2021-10-10)[2022-01-12] . https：//data. worldbank. org/indicator/SP. POP. TOTL.

② APEC COMMITTEE ON TRADE AND INVESTMENT. Promoting Quality Infrastructure Investment in Rapidly Urbanizing APEC Region [EB/OL] . (2019-06-01) [2020-05-14] . https：//www. apec. org/docs/default – source/publications/2019/6/promoting – quality– infrastructure – investment – in – rapidly – urbanizing – apec – region/219 _ cti _ promoting–quality –infrastructure –investment –in –rapidly –urbanizing –apec – region. pdf? sfvrsn＝8ad8fb9f_ 1.

③ IQAIR. Air Quality and Pollution City Ranking [EB/OL] . (2020-01-03) [2020-10-07] . https：//www. iqair. cn/cn-en/world-air-quality-ranking.

界上一半的超级大城市，22 座特大城市（约占全球的 55%），185 座大城市（约占全球的 41%），284 座中等城市（约占全球的 48%）①。在城市已经取得长足的发展和为经济做出重要贡献的基础上，APEC 区域的城市仍将快速发展（APEC，2015）。而这样的快速发展使得 APEC 地区城市呈现出环境、社会经济和城市治理发展的特征。

（一）APEC 城市自然环境特征

在城市化和工业化不断推进下，APEC 城市居民的生活水平逐渐提高，但随之而来的环境质量不断下降，这开始逐渐对居民构成困扰。在相当长的一个时期内，经济发展优先的政策导致二氧化碳排放增加，空气和水的污染严重。世界经济论坛发布的研究显示，全球 100 座排放较多的城市，即能贡献全球 18% 的碳排放。而前 20 名的城市中，APEC 城市就占据了 12 席。按人均计算，中国香港地区位居榜首，中国的另外四个城市以及美国的新奥尔良和底特律跻身人均碳排放最大的前十位城市。香港是唯一一个在绝对值和人均水平上都进入前十的城市。值得注意的是，报告显示，在遏制排放的行动中，站在前线的是市长和市民，而不是国家政府。这些碳足迹较高的城市，基本都是人口密集、高收入的城市。一方面，这会使控制绝对水平变得相对容易实现，因为权力掌握在相对多数的地方市长和城市政府手中，城市行动可以有效地减少碳排放。另一方面，也表明 APEC 城市，尤其是超级大城市、特大城市，与中小城市间所面临的环境问题差异较大。

空气质量也是困扰 APEC 城市的一个问题。而这一问题与城市所处的地理环境和发展情况有着密切的联系。在能够统计到的 231 座 APEC 城市中，空气质量指数（AQI）年均值最差的十座城市的平均结果是最好的城市的近 11 倍。而 AQI 作为一个能够反映城市人类活动对环境影响的重要指标，同样提示了城市的活动对于城市本身，甚至是周边地区的影响。更提示了 APEC 城市在应对可持续发展问题时，需要考虑的差异化处理方式。

---

① UNITED NATIONS. World Urbanization Prospects the 2018 Revision Methodology［EB/OL］.（2019-03-27）［2020-05-17］. https：//population. un. org/wup/Publications/Files/WUP2018-Methodology. pdf.

此外，作为固有的属性，城市的气候、降水和气温也是需要考虑的。根据柯本—盖革气候分类（Köppen-Geiger climate classification），APEC 城市所处的气候类型区域超过了 20 个。因而，城市自然环境的多样，也是 APEC 城市的环境特征之一。

（二）APEC 城市社会经济特征

对于城市，发展和吸引更多外部投资以促进发展，必须重视提供更好的社会经济发展基础条件。所以城市有必要制定相关政策，提高劳动生产率，使得贸易、土地、劳动力和资本表现得更具效率。

人均 GDP 是衡量城市劳动生产率的重要指标。由于经济发展能够很大程度上影响，甚至是决定 APEC 城市的可持续发展状况①，所以对人均 GDP 的测量和比较显得更加重要。根据《亚太城市绿色发展报告》给出的数据②，APEC 城市的增长指数（反映城市经济增长情况的指数）前十名的城市多为发达经济体城市，其结果完全碾压处于发展中经济体的城市。如果结合城市人口密度观察，如图 5-1 所示，在 APEC 人口密度较大的城市中，人均 GDP 的差异十分明显，发达经济体城市的劳动生产率和劳动附加值更高，创造了更多的价值，这也会进一步促使城市对人才的吸引，从而形成良性的反馈，使得城市在发展方向、产业结构方面的选择变得更加灵活，为可持续发展提供更多的空间。而发展中经济体城市，即使拥有高密度的人口，也很难发挥人口带来的优势，形成良好的经济发展环境。所以 APEC 城市还具有多样且原因复杂的社会经济特征。

除此之外，APEC 城市面临的其他社会经济问题也存在巨大差异。在 APEC 发达经济体中，许多城市已经完成了从制造业向先进服务业经济的转型。然而，城市中心的衰落、失业、不充分就业和收入差距等问题仍然突出。在发展中经济体城市中，经济和就业迅速增长。但是，由于新市民的大量涌入，使得公共和私营部门基础设施和服务仍然严重短缺，他们缺乏有效就业和住房保障，形成了弱势群体和贫困人口，造成社会不稳定因

---

① 北京师范大学亚太城市绿色发展研究课题组，等. 亚太城市绿色发展研究报告［J］. 中国发展观察，2017（Z1）：60-64.

② 赵峥. 亚太城市绿色发展报告［M］. 北京：中国社会科学出版社，2016：57-68.

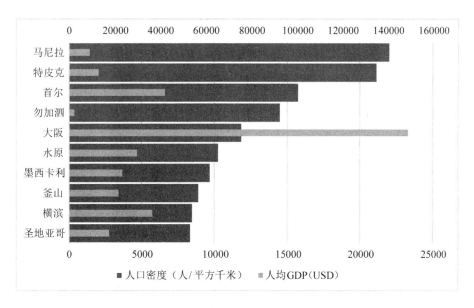

图 5-1　人口密度相对较大的 APEC 城市人均 GDP 对比

素（Roberts 等，2014）。

　　综上所述，由于地理位置、发展阶段、发展方式、社会文化等，APEC 城市形成了在自然环境和社会经济方面多样性、复杂性、发展不平衡和数量众多等特征交织的情况，因此，通过 APEC 城市类型识别研究，将更有利于指标体系发挥测量发展水平和质量，促进发展经验的交流。

二、城市类型识别对指标体系的意义

　　对类型的识别是研究事物个性与共性的一种常用的科学方法。任何一种类型都是根据对象的相似性和差异性特点，把它们归并成若干组群，使每个组群内部保持相似性，组群之间保持差异性。而城市可持续发展指标体系构建的成功需要通过具体的、定制的指标体系来实现①。这意味着成功的指标体系需要根据具体的某一类，甚至是某一座城市的情况、发展战

---

① HADDAD A. Framework for Assessing Urban Energy Sustainability［J］. Sustainability, 2021, 13（16）：9306.

略和需求来确定。因此，对 APEC 经济城市进行类型的识别是成功实现 APEC 城市可持续发展指标体系评价与应用研究的关键步骤。

首先，城市类型识别是为了寻找复杂多样的 APEC 城市间共同点，为更好构建全人类命运"共同体"创造有利条件。APEC 城市在 APEC 组织和国际社会的共同努力下，具有相同的可持续发展方向和目标。APEC 城市共享一片蓝天，共同处在一个世界，是相互依赖，休戚与共的。通过城市类型识别，能够更好地树立共同的意识，求同存异，充分利用当前的技术手段与发展经验，实现可持续发展的目标，体现可持续发展共赢属性和责任属性。最终在共同发展中寻求各方利益的最大公约数，形成合作共赢的命运共同体。

其次，通过城市类型识别，强调 APEC 城市之间的"和而不同"。"和而不同"是面向多样性、复杂性、发展不平衡和数量众多等特点交织的 APEC 城市，实现可持续发展的方式和途径，APEC 城市构建可持续发展"共同体"并不意味着完全统一的发展方式，这既不具有现实意义上的可操作性，也不符合城市可持续发展的规律和要求。而城市类型识别研究，将在推动 APEC 城市可持续发展的过程中，促进对不同城市和不同发展情况城市的尊重。通过对核心指标权重的调整，支持不同类型城市进行符合自身实际的可持续发展探索和评价。在类型识别的基础上，还能通过同一类型，不同城市间发展经验的交流，进一步促进在面向具体城市构建指标体系时，支持指标和城市指标的筛选和确定，帮助 APEC 城市在构建可持续发展"共同体"的基础上，实现"和而不同"、因地制宜的发展方式，体现了可持续发展的多元属性和包容属性，也很好地回应了指标体系的构建着眼点，促进实现 APEC 区域乃至全球可持续发展的目标。

最后，目前在 APEC 框架内，面向全体成员经济城市的类型识别尚处于空白状态。现有的成果是基于相关项目，通过对最佳实践方案的归类，进行分类引导。其中最为重要的是能源智慧社区倡议（ESCI）。ESCI 项目鼓励城市在智能交通（ST）、智能建筑（SB）、智能电网（SG）以及智能工作（SJ）方面做出积极改变并奖励在以上某一方面实现最佳实践的城市，并形成了不同类型的城市案例①。这些工作虽然促进了城市某一方面的可持续性提升，但是既没有从总体上改善对 APEC 城市的了解，也没有建立 APEC 城市类型识别的标准。APEC 框架下的另一个重要的可持续发展促进项目——低碳模范城镇（LCMT），则是单纯面向城镇低碳发展的项目，也没有开展全面系统的城市类型识别工作，而是以一般描述法对最佳实践案例做了归类。ESCI 与 LCMT 项目最佳实践案例的归类仅能方便示范案例的传播。而通过 APEC 城市类型识别，不仅能够传播示范案例和最佳实践，而且能推动类似研究向更有必要的方向推进，更能通过 APEC 可持续城市指标体系，将城市可持续发展方式和评价方法，更加准确地推广和应用到更多 APEC 城市中，实现相互借鉴和促进。

第二节　城市类型识别方法与应用

一、城市类型识别方法

城市类型识别的主要方法有一般描述法、单一因素法、统计描述法、统计分析法和多变量分析法。一般描述法是城市类型识别研究中最早运用的方法。它是由研究者先确定一个城市类别的体系，以描述性的名称加以命名，然后根据研究者自己对每个城市的了解，分别把城市归入各个类别中的方法。这种方法至今仍有使用，但是该方法存在类别间分配不平衡、相互重叠的问题。主要用于城市数量较少或对类型识别要求不高的工作。

单一因素法是以单一或少数因素为依据，识别城市的类型，这类因素可以包括城市的二维形态、城市所在地形地貌、行政等级（详见表5-1）等。这种方法建立在一定的客观条件或统计资料的基础之上，相比于一般描述法，提高了准确性和客观性。但是，由于城市的复杂性，以单一因素对城市进行类型识别，往往并不一定能准确反映城市的发展情况、发展阶

---

① 朱丽，严哲星. 走向可持续城市——APEC 案例与中国实践［M］. 北京：中国建筑工业出版社，2019：81-97.

段或特征。与一般描述法相似，当城市数量相对较少，或在特定研究目的的研究中，这类方法可以满足城市类型识别的需要。但在面对城市可持续发展评价这样的复杂问题时，则很难保证准确性和客观性。

表 5-1　单一因素法城市类型识别举例

类型识别标准	类型举例
以城市二维形态	集中型（块状、带状、星状）、群组型（双层、带状群组、块状群组）
以城市所在地形地貌	滨海城市、三角洲平原城市、山前洪积—冲积平原城市、平原与低山丘陵城市、低山丘陵的河谷城市、平原中腹的城市、高平原上的城市、高原山间盆地和各地的城市、中山谷地城市、高山谷地城市
以城市发生学	某帝国主义国家独占的城市、某几个帝国主义国家共同侵略下的城市、发生局部变化的封建传统城市、因近代工商业发展与交通枢纽的建设而兴起的城市、衰落中的传统手工业、商业和旧的交通要道上的城市、仍以封建农业经济为主的广大内地城镇
以城市人口规模	超级大城市、特大城市、大城市、中等城市、小城市、小城镇
以行政等级	直辖市、地级市、县级市、建制镇

表格来源：作者根据《中国地学通鉴·城市卷》《城市分类研究进展综述》整理

随着统计资料的不断增加和完善，产生了统计描述法和统计分析法。统计描述法通过预先确定类型，并给每一类设定一个统计上的数量标准来对城市进行类型识别。该方法引入了定量的指标，但是定量指标是没有统一标准的，这也导致了制定者依然要根据主观的意志做出决定。20 世纪中期以后，城市类型识别研究开始探索用一些比较客观的统计参数对城市进行分类判定，从而产生了统计分析法。统计分析法对数据进行处理时，采用了多项指标进行综合分析，如城市专业化指数、城市优势职能等。统计分析法通过利用更多的指标和统计方法，实现了对城市特征的更理想的认知。然而，统计分析法在类别的阈值设定方面依然具有主观性，而减少类别阈值的设置带来的主观因素影响则需要用到多变量分析的方法。

20 世纪末期以来，计算机技术的进步为实现运用大量复杂变量进行更加客观的城市类型识别提供了可能。而越来越多的城市问题，也在客观上使得寻找城市发展问题的要求变得强烈了，多变量分析法正是在这样的背景下发展起来的。常用的分析技术有主因素分析、聚类分析和神经网络分析。多变量分析法可以根据研究内容和目标建立指标体系，利用特定的算法，如 k-means 聚类、模糊聚类（FCM）或神经网络（SOM）等算法将城市划分为不同类型。这种算法通过计算机，寻找复杂数据之间的联系与差异，从而实现对城市的类型识别。近年来，在 SOM 算法的基础上，又衍生出了自组织特征映射网络（Self-Organizing Feature Maps，SOFM）算法。这种算法与传统的聚类算法相比，去掉了监督学习的部分，进一步消除了主观因素对类型识别结果的影响。这种算法能够实现对输入数据的自组织学习，在非监督（unsupervised）的情况下，根据其学习规则对输入数据进行自动识别，最大可能消除了城市类型识别的主观性。

二、城市类型识别指标

城市类型识别指标的作用在于运用框架性的指标，描述城市的基本情况，并形成对城市类型识别工作的依据。ISO 37105：2019 认为可以用环境、基础设施、建筑、经济、功能、文化、信息、市民和政府九大领域构建城市的一般描述框架，并指导评价相关工作中的指标选择[1]。中国国家标准《城市和社区可持续发展 城市描述性框架》中指出，描述城市的基本指标为人口、住房、经济、政府、地理与气候五大领域。国内学者曾

---

[1]　ISO. ISO 37105：2019：Sustainable Cities and Communities — Descriptive Framework for Cities and Communities [EB/OL]. (2019-11-11) [2020-12-25]. https：//www. iso. org/standard/62064. html.

卓①、秦梦迪等②、向雪琴等③则分别对城市分类或类型识别的指标进行了
研究和总结。根据国际国内文献中的内容，可以用于城市类型识别的指标
如表 5-2 所示。

表 5-2 可用于城市类型识别的指标

系统	主要指标
社会经济	城市总人口数、城市非农人口数、人口密度、全部就业人口数、某一产业从业人员比重、人均住房面积、人均科学事业费支出、每万人医院床位数、城市 GDP、人均 GDP、人均工业总产值、单位土地产值、地方财政预算内收入、人均铺装道路面积、职工平均工资、三次产业产值构成等
资源环境	空气质量指数、建成区绿化覆盖率、人均二氧化碳排放量、年平均温度、年均降雨量等

表格来源：作者根据《中德城镇群城镇等级与发展资源差异比较研究》《中国地
级及以上级别城市发展水平及分类标准初探》《城市分类研究进展综述》整理

城市类型识别指标的选择和数量并没有明确结论。但城市类型识别指
标应尽量从能够代表城市人口、社会、经济、资源和环境的指标中进行选
择，且要求尽量简洁④。联合国《2018 年世界城市化前景》报告指出，在
收录的 233 个国家和地区中，主要用于城市类型识别的指标为行政级别、

---

① 曾卓. 中国地级及以上级别城市发展水平及分类标准初探 [J]. 市场与人口分析，
  2000（06）：15-22.
② 秦梦迪，等. 中德城镇群城镇等级与发展资源差异比较研究 [J]. 规划师，2017，
  33（10）：107-114.
③ 向雪琴，等. 城市分类研究进展综述 [J]. 标准科学，2018（04）：9.
④ APEC EWG. Research on Forms of Low-Carbon Energy System and Best Practices for
  APEC Sustainable Cities [EB/OL]. (2020-07-01) [2020-08-19]. https：//www.
  apec. org/docs/default-source/publications/2020/9/research-on-forms-of-low-carbon-
  energy-system-and-best-practices/220_ ewg_ research-on-forms-of-low-carbon-
  energy-system-and-best-practices. pdf? sfvrsn=8d75be3c_ 1.

人口规模/密度和城市特征（包括自然、经济的特征）①。其中，根据不同目的和发展水平，有 104 个国家仅仅使用单一指标、66 个国家使用两个指标，28 个国家选择三个指标，35 个国家选择四个指标。

三、城市类型识别方法的应用

城市类型识别的目的是更好地了解和研究城市，从而对城市进行研究或做出有利于城市的决定。通过对文献的回顾，城市类型识别方法的选择往往与相关的研究目的和政策实施有着紧密的联系。2017 年，联合国使用统计描述法，选择人口密度作为指标，划分了地方、城市与乡村的类别，用以支持在全球范围内，对各国城市的城市化水平进行评估②。拉夫堡大学地理系创制的 GaWC 城市类型识别体系，基于多变量分析法，利用城市会计、广告、银行与金融和法律四个行业的数据，将全球 707 个主要城市分为三个大类和十个小类，用以评价城市的商业服务联系与规模③。

在面向 APEC 区域经济体时，研究中使用的城市类型识别方法则更加多样。世界银行 2009 年运用统计描述法，根据城市的常住人口数将 287 座中国城市分为了五类，用以评价中国的城市转型与空间包容情况④；APEC 能源工作组在一项研究中，运用单一因素法，使用城市所在地形地貌因素，将城市识别为三类，即海岛型、半岛型和内陆型，用以分析城市低碳

---

①　UNITED NATIONS. World Urbanization Prospects the 2018 Revision Methodology［EB/OL］.（2019-03-27）［2020-05-17］. https：//population. un. org/wup/Publicatio-ns/Files/WUP2018-Methodology. pdf.

②　UNITED NATIONS. The Sustainable Development Goal Report 2017［R］. United Nations Statistics Division Development Data and Outreach Branch，2017.

③　GAWC. The World According to GaWC［EB/OL］.（2020-10-24）［2021-12-04］. https：//www. lboro. ac. uk/gawc/gawcworlds. html.

④　WORLD BANK. An Eye on East Asia and Pacific［EB/OL］.（2009-6-30）［2021-12-11］. https：//documents1. worldbank. org/curated/en/911841468027856267/pdf/6788-40BRI00PUB067903B0EYE0on0EA0no6. pdf.

能源系统的选择①；为了更好地为相关城市提供参考，在针对 ESCI 项目最佳实践案例的归类中，研究者使用了一般描述法，将案例分为了商务型、旅游型、居住型、环境治理型、区域开发型和严寒地区型等②，用以描述项目特色，但没有解决城市类型识别的问题。

在各个国家内部的研究和城市管理中，一方面，统计描述法被广泛选择，Coulthart 等在针对越南城市发展转型战略的研究中，选择使用了城市人口作为类型识别指标，将越南城市分为六个类别③；中国政府则依据城区人口规模，将中国城市划分为七个类别，并根据类型发布了《国家新型城镇化规划（2014—2020 年）》和《关于进一步推进户籍制度改革的意见》，用以优化城镇人口管理和促进新型城镇化。另一方面，由于统计数据获得的难度大幅降低，更多城市类型识别的方法得以应用，在早期，Maxwell 在对城市统计数据进行处理时，采用了统计分析法进行综合分析，对加拿大城市进行了类型识别，使得城市规模对城市内部结构的影响纳入城市类型的考察范围④。周一星等人先后以工业职能为主线，对中国城市进行了两次类型识别研究，运用统计分析法对全国 295 个城市进行类型识别，共给出三个大类、19 个亚类和 54 个职能组，为制定相关的产业政策提供了依据⑤。进入 21 世纪，多变量分析法在城市类型研究中得到了更加

① APEC EWG. Research on Forms of Low-Carbon Energy System and Best Practices for APEC Sustainable Cities ［EB/OL］. （2020-07-01）［2020-08-19］. https：//www. apec. org/docs/default-source/publications/2020/9/research-on-forms-of-low-carbon-energy-system-and-best-practices/220_ ewg_ research-on-forms-of-low-carbon-energy-system-and-best-practices. pdf? sfvrsn=8d75be3c_ 1.

② APEC EWG. APEC Low-Carbon Town Indicator (LCT-I) System Guideline ［EB/OL］. （2016-12-01）［2019-10-05］. https：//aperc. or. jp/publications/reports/lcmt/LCT-I_ System_ Guideline. pdf.

③ COULTHART A. Vietnam's Infrastructure Challenge-Urban Development Strategy ：Meeting the Challenges of Rapid Urbanization and the Transition to a Market Oriented Economy ［C］. Washington DC, 2006.

④ MAXWELL J W. The Functional Structure of Canadian cities：A Classification of Cities ［J］. Geographical Bulletin, 1965, 7 （02）：79-104.

⑤ 周一星. 城市地理学 ［M］. 北京：商务印书馆, 1995：298-338.

广泛的应用。陈忠暖和杨士弘运用因子分析和多变量聚类方法的组合①，使得城市群体的特征和对类型的解释命名上更为清晰和客观。中国学者则通过对定量和定性指标的组合聚类，识别了不同类型的资源型城市，很好地支撑了由中国国务院发布的《全国资源型城市可持续发展规划（2013—2020 年）》对资源型城市的范围与类别的划定，并成为规划分类引导政策制定的基础②。相翔则使用 SOM 方法，基于 19 个行业的就业人数指标，对山东省的 17 座城市进行了职能类型识别，用以指导相关产业规划的制定③。SOM 方法能够处理比传统定量分析工具更复杂的系统和情况并确定城市的特征类型④，提高类型识别的客观性。而 SOFM 方法作为 SOM 方法的重要衍生类型，因其非监督学习的属性，使得识别过程的客观性又有了大幅提升。赵闯等 采用人均 GDP、工业总产值、货运总量等五个指标⑤，对全国的物流中心城市进行了类型识别，验证了 SOFM 方法的有效性；窦攀烽等则利用 SOFM 方法，将中国 288 座城市识别为 26 种类型，并以此基础构建了适用于全国不同类型城市的绿色城市指标体系⑥，为城市指标体系的构建提供了一种可靠的思路和方法。

在回顾了前人使用的城市类型识别方法后，本书认为简单地使用人口指标，以统计描述法对城市类型识别，主要用于对城市进行纵向的类型识别，与直接利用行政级别进行识别的方式类似，但忽视了各个国家之间的差异。以一般描述法、单一因素法、统计分析法可以实现对城市进行横向

① 陈忠暖，杨士弘. 广东省城市职能分类探讨 [J]. 华南师范大学学报（自然科学版），2001（03）：26-32.

② 余建辉，等. 中国资源型城市识别与综合类型划分 [J]. 地理学报，2018，73（4）：11.

③ 相翔. 基于 SOM 网络的城市分类探讨及实证分析 [J]. 中国集体经济，2011（18）：76-77.

④ KROPP J. A Neural Network Approach to the Analysis of City Systems [J]. Applied Geography，1998，18（01）：83-96.

⑤ 赵闯，等. SOFM 神经网络在物流中心城市分类评价中的应用 [J]. 中国公路学报，2004，17（04）：4.

⑥ 窦攀烽，等. 基于城市分类的绿色城市指标体系构建 [J]. 生态学杂志，2019，38（06）：1937-1948.

类型划分，但是在类型阈值确定方面存在极大的主观性，影响识别结果的客观性和准确性，并不能很好地反映城市的发展情况。APEC 区域的城市来自 21 个经济体，对如此多样的目标进行类型识别，识别难度很大。根据文献资料和对现有城市类型识别方法的整理和总结，利用相对单一因素法或统计分析法进行城市类型识别，受认识的不全面和主观因素的影响，难以达成对城市进行客观准确的类型识别的目的。因此，本书选择应用 SOFM 方法开展 APEC 城市类型识别工作。与传统的聚类方法相比，SOFM 方法能够实现对输入信号的自组织学习，在非监督的情况下，根据其学习规则对输入信息进行自动类型识别，可以尽最大可能消除城市类型识别的主观性。

四、基于 SOFM 方法的 APEC 城市类型识别方法

SOFM 方法基于的 SOFM 网络，属于神经网络的一种。虽然神经网络的起源与生物神经有着密切的关联，但是，构建神经网络过程的实质是对生物的神经网络进行的抽象和简化。神经网络根据学习方式的不同，分为有监督（supervised）学习网络和无监督（unsupervised）学习网络。其中 BP 网络、径向基函数网络、Hopfield 网络都是有监督学习网络，需要人为给出参数，例如：给出已知的类型样本进行学习和训练。而大部分的自组织网络属于无监督学习网络，将需要求解的样本输入网络就可以获得求解的结果。本书应用的 SOFM 网络就属于无监督学习网络这一类。

SOFM 网络最早是由芬兰赫尔辛基理工大学的神经网络专家科荷伦于 1981 年提出的。SOFM 网络本身是一种竞争神经网络，同时引入了自组织特性。SOFM 网络的生物学基础在于，自组织特性是源于人类大脑细胞的自组织性。大脑中的不同区域有着不同的功能，不同的感官输入（运动、视觉、听觉等）以有序的方式映射到大脑皮层的相应区域，由不同位置的大脑细胞进行处理。这种映射被称为拓扑映射。其具有两个特性：第一，在表示或处理的每个阶段，每一条传入的信息都保存在适当的语境中（相邻节点中）；第二，处理密切相关的信息的神经元之间保持密切联系，它们可以通过神经的短突触连接进行信息交互。研究显示，这种自组织特性

不完全来自遗传，更加依赖后天学习和训练带来的影响。

　　在 SOFM 网络中，单个神经元对识别起不到决定性的影响，而是需要靠多个神经元的协同作用才能完成。而在网络的结构上，SOFM 网络同样包含输入层、输出层两部分网络（如图 5-2 所示）。但是，输入层引入了网络的拓扑结构，以更好地模拟生物学中的侧抑制现象。

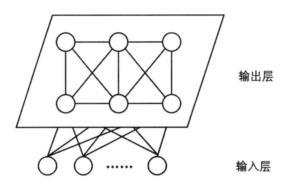

输出层

输入层

图 5-2　自组织特征映射网络结构示意图

　　在 SOFM 网络中，输入神经元与输出神经元通过权值相连，同时，相邻的和邻近的输出神经元之间也通过权值相连。输出神经元被放置在一维、二维或多维的网络中，其中最为常见的是二维拓扑关系。输出神经元的传递函数通常为线性函数，因此网络的输出是输入值的线性加权和。例如输入神经元个数为 m，输出神经元个数为 n，权值为 ω_{ij}，则输出神经元 Y_j 的输出值为：

$$Y_j = f\left(\sum_i x_i\,\omega_{ij}\right) \tag{5-1}$$

　　n 个输出神经元以一维、二维或多维的拓扑关系，最终使连接权值的统计分布与输入模式逐渐趋于一致。当输入新样本时，系统就以拓扑结构的形式输出类型识别结果。

　　（一）SOFM 方法的数据处理

　　由于不同的统计指标使用了不同单位，造成指标之间存在量纲的不一致。而不统一的量纲在类型识别的运算中，可能会造成对识别结果影响过大或过小，从而导致对结果的不利影响，掩盖本质的属性。为了避免这一问题的出现，需要对数据进行预先的标准化处理，将数据按照比例进行缩放，使之落入一个特定的区域，消除指标之间的量纲影响，便于进行综合分析。本书原始数据的标准化处理使用的是 Z-score 标准化处理，Z-score 通过转换公式将数据转化为无单位的 Z-score 分值，使得数据标准统一化，提高了数据可比性，削弱了数据解释性。本书中的 Z-score 标准化的处理过程是通过 SPSS 26.0 软件实现。

标准差公式：

$$\sigma = \sqrt{\frac{1}{n} \sum_{i=1}^{n} (x_i - \mu)^2} \tag{5-2}$$

Z-score 标准化转换公式：

$$z = \frac{x - \mu}{\sigma} \tag{5-3}$$

μ 为总体数据的均值，σ 为总体数据的标准差，x 为个体的观测值。

(二) 构建 SOFM 网络

本书通过 MATLAB R2020a 构建 SOFM 网络。由于在新版本的 MARLAB 中，原有的 SOFM 网络函数 newsome 被 selforgmap 函数代替，本书即调用了这一新的 SOFM 函数。该函数利用数据本身的相似性和拓扑结构对数据进行聚类。其调用的格式为：

net = selforgmap (dimensions, coverSteps, initNeighbor, topologyFcn, distanceFcn)

其中 dimensions 表示拓扑结构的行向量，coverSteps 为训练次数，initNeighbor 为邻域大小的初始值，topologyFcn 为拓扑函数，distanceFcn 为距离函数。

对 231 座城市的类型识别分为两步。第一步，分别依据自然环境指标和城市发展水平指标的数据进行类型识别。第二步，将两部分识别结果进行顺序组合，从而获得兼顾城市环境背景和发展水平的 APEC 城市类型识别结果。经过对数据的多次分析，本书在调用 selforgmap 函数时，邻域大小的初始值、拓扑函数、距离函数均设定为 selforgmap 函数的默认值，即邻域大小初始值为 3，拓扑函数为 hextop，距离函数为 linkdist。根据多次运行测试结果和相关文献，训练次数设定为 1000 次，并可以获得稳定的结果输出。

第三节 APEC 城市的类型识别指标与数据

一、APEC 城市的类型识别指标

根据科学性原则、简明性原则和可获得性原则，结合文献中给出的可用于城市类型识别指标的范围，本书选取的类型识别指标由两个领域构成（见表 5-3），即城市自然环境和城市发展水平。考虑到 APEC 城市间在地理位置、发展阶段和城市体量的差异，在识别指标的选择方面，更加倾向于选择人均、结构和效率方向的指标，旨在提示城市的发展质量和特征，而不是考察总量。

表 5-3 APEC 经济体城市类型识别指标

类型识别指标领域	类型识别指标	单位
城市自然环境	日均温度	摄氏度
	年均降雨量	毫米
	年空气质量指数均值	微克/立方米
城市发展水平	人口密度	人/平方千米
	人均 GDP	美元/人
	单位面积 GDP	百万美元/平方千米

本书将用于城市类型识别的指标，与《城市和社区可持续发展 城市描述性框架》（GB/T 41151—2021）、ISO 37120《可持续城市和社区——城市服务和生活质量指标》和向雪琴等（2018）年发表的《城市分类研究进

展综述》① 中的内容进行了对比（见表 5-4），这六个指标是广泛用于城市类型识别的，能够有效完成 APEC 城市类型识别的目标。另外联合国《2018 年世界城市化前景》报告指出，当前使用的城市类型识别指标主要从行政级别、人口规模/密度和城市特征（包括自然、经济的特征）的角度进行②，且不宜使用过多分类指标③。

从城市的自然环境出发，本书选择了三个指标，用以反映目标城市的自然环境特征和当前的环境质量。城市日均温度和城市年均降雨量表征气候环境基础条件，也是城市发展必须考虑的自然因素，并且对城市的基础设施建设、产业结构、市民生活方式等构成重要的影响；年空气质量指数（AQI）均值表征大气状况，反映城市人类活动对城市环境的影响。城市日均温度和城市年均降雨量的数据，是两个普遍会被记录、汇报和使用的数据，也能够反映出城市所在地大致的气候情况。年空气质量指数均值，则是通过六种主要污染物（PM2.5、PM10、一氧化碳、二氧化硫、二氧化氮和臭氧）表征大气状况。需要指出的是，在世界各地，计算空气质量指数的方式各不相同。中国和美国的空气质量指数计算方法是两种使用最为广泛的方法，两者都是通过六种主要污染物评价空气质量，区别在于权重不同。且这两种方法计算的结果的差异出现在 AQI 得分 200 及以下的情况。美国的计算方式在 AQI 低于 200 时给出了更高的分数（分数越低越好）。由于数据获取方面的原因，本书中采用的数据是使用美国计算的方式而产生的。

在城市发展水平方面，本书选择了人口密度、人均 GDP、单位面积 GDP 三个指标，用以反映目标城市的发展水平。人口密度指标反映了目标城市人口的聚集程度，也反映了城市对各种资源投放需求程度，以及对于环境可能造成压力的潜力；人均 GDP 一方面能比较客观地反映城市经济和

---

① 向雪琴，等. 城市分类研究进展综述 [J]. 标准科学，2018，(04)：9.

② UNITED NATIONS. World Urbanization Prospects the 2018 Revision Methodology [EB/OL]. (2019-03-27) [2020-05-17]. https：//population. un. org/wup/Publications/Files/WUP2018-Methodology. pdf.

③ 曹小曙，等. 中国地学通鉴：城市卷 [M]. 西安：陕西师范大学出版社，2018：48-52.

社会的发展水平和发展程度，另一方面，该指标也能比较直接地反映城市在社会经济发展方面投入的潜力；单位面积GDP在反映城市经济发展程度和土地开发强度的同时，能够提示城市产业可能存在的发展质量问题。类型识别指标尤其是城市发展水平指标，对人口和经济因素是着重强调的，这一方面是因为人口和经济是城市发展的基础；另一方面，单一的总量指标，如人口总量和GDP总量会受到城市总规模的影响，不利于在APEC城市这样拥有丰富多样性的类型识别目标群体中，反映城市实际的发展水平。

表5-4　APEC城市类型识别指标与国内外城市类型识别和评价指标的对标

类型识别指标	对标部分		
	GB/T 41151*	ISO37120**	城市分类研究进展综述
日均温度	地理与气候（基本指标）	—	资源环境系统
年均降雨量	地理与气候（基本指标）	—	资源环境系统
年空气质量指数均值	环境（评价指标）	8.2（C）	资源环境系统
人口密度	人口（基本指标）	21.5.1.（P）	人口系统
人均GDP	经济（基本指标）	5.9.3（P）	经济系统
单位面积GDP	经济（基本指标）	—	经济系统

＊注：GB/T41151为中国的《城市和社区可持续发展 城市描述性框架》（GB/T 41151—2021），对国际标准化组织发布的 ISO 37105—2019《社区可持续发展 城市和社区的描述性框架》本土化后发布。

＊＊注：ISO37120指标编号中的C为核心指标，为概要指标，由ISO37120—2018引用自ISO371221和ISO371232，用以反映提供基本统计数据和背景信息。

二、APEC城市数据来源

本书中的APEC城市分类识别数据主要来源于：城市政府、城市统计部门的官方网站和相关出版物，如日本东京都市政府；国家、地区和城市的统计年鉴或统计报告等，如《中国城市统计年鉴2019》；国际权威机构的网站或数据库，如中国国家气象科学数据中心、美国国家海洋和大气管理局、日本国土交通省的国土地理院；国际专门公司的数据库，如 IQAir 网站 2019 年公布的全球统计数据；需要注意的是，在统计人口和 GDP 数据时，由于统计汇报机制和各国统计频率的原因，存在不能直接获得 2019 年的数据的情况。这种情况将会根据之前的数据，结合世界银行的开放数据库公布的其所在国家数据的变化率，对数据进行估算，从而获得 2019 年的数据。

三、被用于类型识别研究的 APEC 城市

本书选定了 APEC 区域的 231 座城市或与之类似的都市区域（metropolitan area）进行类型识别研究。这些城市来自 17 个经济体，由于受到统计数据获取限制的影响，未能包括来自中国台湾地区、文莱、新西兰、巴布亚新几内亚这四个经济体的城市。

本书中选择的"城市"是指由城区和与其具有紧密联系区域，如邻近的市镇、郊区、卫星城等组成的区域。做出这样的选择，是由于在 APEC 地区，城市的概念在各国定义存在巨大差异。资料显示，APEC 组织 21 个经济体的所谓城市（city）总数超过了 4439 座，但是其中包含规模较小、人口较少的城市或城镇。根据 APEC 组织的研究结论，没有一个城市是可持续的，除非能够像中国那样，城市的边界包含了一个城市经济区及其腹地①。因此，也使得 APEC 城市可持续发展成为一个面向全体市民，而非单纯市中心居民的，满足生活、生产需要的区域概念。这样的概念要求选择的"城市"范围和人口规模往往较大。根据 APEC 政策支持小组公布的数字，APEC 区域中，50 万人口以上的城市大约有 506 个。而本书基于科学性、全面性和数据可获取性所选择的城市中，超过 200 个的城市总人口超过了 50 万，所以本书所选择的 231 座城市是具有代表性的（详见表 5-5）。

---

① APEC POLICY SUPPORT UNIT. Partnerships for the Sustainable Development of Cities in the APEC Region［EB/OL］.（2017-06-01）［2020-08-06］. https：//www. apec. org/publications/2017/06/partnerships-for-the-sustainable-development-of-cities-in-the-apec-region.

表 5-5　APEC 城市类型识别研究的城市列表（231 座）

经济体	城市
澳大利亚	阿德莱德、悉尼、墨尔本、堪培拉、霍巴特、布里斯班、珀斯
加拿大	蒙特利尔、里贾纳、萨斯卡通、埃德蒙顿、温尼伯、卡尔加里、维多利亚、温哥华、多伦多、夏洛特敦
智利	蓬塔阿雷纳斯、瓦尔帕莱索、康塞普西翁、圣地亚哥
中国	安顺、赤峰、丹东、贵阳、佳木斯、鸡西、昆明、齐齐哈尔、天水、昭通、鞍山、安阳、保定、包头、北京、本溪、长春、大连、大同、阜新、哈尔滨、邯郸、菏泽、呼和浩特、淮北、焦作、吉林、济南、锦州、开封、廊坊、兰州、辽阳、临汾、临沂、洛阳、牡丹江、南阳、青岛、秦皇岛、商丘、沈阳、石家庄、泰安、太原、唐山、天津、通辽、乌鲁木齐、潍坊、西安、咸阳、西宁、新乡、徐州、烟台、银川、营口、枣庄、张家口、郑州、淄博、蚌埠、常德、长沙、常州、成都、重庆、阜阳、桂林、杭州、合肥、衡阳、淮安、淮南、湖州、乐山、连云港、六安、泸州、绵阳、南昌、南充、南京、南通、宁波、萍乡、上海、绍兴、遂宁、温州、武汉、芜湖、无锡、信阳、盐城、宜宾、宜昌、益阳、永州、镇江、株洲、自贡、佛山、福州、广州、汕头、厦门、湛江、珠海、东莞、深圳、香港
印度尼西亚	勿加泗、泗水、雅加达、坤甸、登巴萨、北干巴鲁
日本	札幌、福冈、广岛、神户、京都、仙台、东京、名古屋、大阪、横滨
马来西亚	山打根、古晋、哥打巴鲁、芙蓉、亚罗士打、瓜拉登嘉楼、新山、怡保、纳闽、关丹、马六甲、莎阿南、吉隆坡
墨西哥	圣卡塔琳娜、伊拉普阿托、塞拉亚、托卢卡、墨西哥城、墨西卡利、特皮克、蒙特雷、瓜达拉哈拉、库埃纳瓦卡
秘鲁	特鲁希略、利马
菲律宾	杜马格特、梅卡瓦延、马尼拉

经济体	城市
韩国	大邱、仁川、光州、大田、清州、忠州、江陵、原州、安东、浦项、东豆川、巨济、昌原、西归浦、南原、全州、顺天、木浦、蔚山、瑞山、天安、首尔、釜山、水原
俄罗斯	萨兰斯克、符拉迪沃斯托克、克拉斯诺亚尔斯克、圣彼得堡、莫斯科
新加坡	新加坡
泰国	清迈、乌隆他尼、清莱、曼谷、素吻他尼、兰邦、那空沙旺
美国	纽约、亚特兰大、波士顿、芝加哥、底特律、小石城、洛杉矶、匹兹堡、圣迭戈、旧金山、西雅图、休斯敦、迈阿密
越南	河内、胡志明、岘港

　　基于这样的选择标准，本书中的中国"城市"是指中国地级及以上城市，即包括了全部行政区域，如城区、辖县、辖市。这种方式将与城市发展和影响城市环境质量的大量未开发的"绿地（green field）"、乡村包含进了"城市"的概念，使得城市的可持续发展问题考虑的范围更加扩大和全面，也将生活在广大乡村区域的居民纳入城市可持续发展战略的考虑范围。相应地，在对 APEC 区域其他经济体城市进行筛选时，也基于同样的标准。例如：在对韩国城市进行选择时，就选择了"市（行政市）"以上的行政单位，但是没有选择道、郡和区这样的行政类型；针对美国城市进行筛选时，美国的"市（city）"的概念往往很小，是在"县（county）"这一级政府下的概念，而且有的县完成了全域城市化，如旧金山、洛杉矶等，形成了城市县（city county）的现象。本书针对这样的境外城市则选择了"都市区域（metropolitan area）"的范围作为"城市"进行类型识别。"都市区域"有别于简单的"市（city）"的概念，以洛杉矶市为例，洛杉矶县作为一个城市县，已经基本完成了全域的城市化，但在洛杉矶市的人员、物资往来与周边的一些县有着紧密的联系，而且在美国的统计区域的确定上也不以洛杉矶县为单一的统计区域。所以参照美国统计区域的

设置，本次统计以一个相对较大的区域概念——洛杉矶都市区域作为识别目标，洛杉矶都市区域可以被视为洛杉矶—长滩—格兰岱尔都市区（Los Angeles-Long Beach-Glendale, CA Metropolitan Division）。其他经济体城市的选择不能一一阐述，但总体上都遵循本书中对"城市"的定义而进行筛选。

第四节　APEC城市类型识别的结果与讨论

本书对231个APEC城市的类型识别的结果为九种类型。参与识别的城市分别根据自然环境指标和城市发展水平指标进行识别。基于城市自然环境指标，被识别分为四类，结果使用A类、B类、C类、D类表示；基于城市发展水平指标的被归为三类，结果使用1类、2类、3类表示。城市类型识别的结果顺序排列最多可以出现12种组合，但由于有的类别下没有城市而成为空集。最终，本书对231座APEC城市的类型识别的结果为九种类型。

一、基于城市自然环境指标的类型

基于城市自然环境指标的城市类型，通过反映城市固有的地理和气候条件与人类活动带来的环境影响的三个指标进行识别。类型识别结果明确地代表了每一个城市所在的环境背景，并提示了在未来面对如何提出城市可持续发展问题解决方案的过程中，需要考虑的客观环境条件。城市自然环境类型识别下的四种类别（A类、B类、C类、D类）（见表5-6）从自然环境和人类活动影响的角度提示城市的特点。

表 5-6 A 至 D 类城市在各个经济体中的分布

城市类型	经济体	城市
A 类	澳大利亚	阿德莱德、悉尼、墨尔本、堪培拉、霍巴特、布里斯班、珀斯
	加拿大	蒙特利尔、里贾纳、萨斯卡通、埃德蒙顿、温尼伯、卡尔加里、维多利亚、温哥华、多伦多、夏洛特敦
	智利	蓬塔阿雷纳斯、瓦尔帕莱索、康塞普西翁、圣地亚哥
	中国	安顺、赤峰、丹东、贵阳、佳木斯、鸡西、昆明、齐齐哈尔、天水、昭通
	日本	札幌、福冈、广岛、神户、京都、仙台、东京、名古屋、大阪、横滨
	墨西哥	圣卡塔琳娜、伊拉普阿托、塞拉亚、托卢卡、墨西哥城、墨西卡利、特皮克
	秘鲁	特鲁希略、利马
	韩国	大邱、仁川、光州、大田、清州、忠州、江陵、原州、安东、浦项、东豆川、巨济、昌原、西归浦、南原、全州、顺天、木浦、蔚山、瑞山、天安、首尔、釜山、水原
	俄罗斯	萨兰斯克、符拉迪沃斯托克、克拉斯诺亚尔斯克、圣彼得堡、莫斯科
	美国	亚特兰大、波士顿、芝加哥、底特律、小石城、洛杉矶、匹兹堡、圣迭戈、旧金山、西雅图、纽约

城市类型	经济体	城市
B类	中国	鞍山、安阳、保定、包头、北京、本溪、长春、大连、大同、阜新、哈尔滨、邯郸、菏泽、呼和浩特、淮北、焦作、吉林、济南、锦州、开封、廊坊、兰州、辽阳、临汾、临沂、洛阳、牡丹江、南阳、青岛、秦皇岛、商丘、沈阳、石家庄、泰安、太原、唐山、天津、通辽、乌鲁木齐、潍坊、西安、咸阳、西宁、新乡、徐州、烟台、银川、营口、枣庄、张家口、郑州、淄博
C类	中国	蚌埠、常德、长沙、常州、成都、重庆、阜阳、桂林、杭州、合肥、衡阳、淮安、淮南、湖州、乐山、连云港、六安、泸州、绵阳、南昌、南充、南京、南通、宁波、萍乡、上海、绍兴、遂宁、温州、武汉、芜湖、无锡、信阳、盐城、宜宾、宜昌、益阳、永州、镇江、株洲、自贡
C类	印度尼西亚	勿加泗
C类	越南	河内
D类	中国	佛山、福州、广州、汕头、厦门、湛江、珠海、东莞、深圳、香港
D类	印度尼西亚	泗水、雅加达、坤甸、登巴萨、北干巴鲁
D类	马来西亚	山打根、古晋、哥打巴鲁、芙蓉、亚罗士打、瓜拉登嘉楼、新山、怡保、纳闽、关丹、马六甲、莎阿南、吉隆坡
D类	墨西哥	蒙特雷、瓜达拉哈拉、库埃纳瓦卡
D类	菲律宾	杜马格特、梅卡瓦延、马尼拉
D类	新加坡	新加坡
D类	泰国	清迈、乌隆他尼、清莱、曼谷、素叻他尼、兰邦、那空沙旺
D类	美国	休斯敦、迈阿密
D类	越南	胡志明、岘港

A 类

A 类城市跨越了热带、亚热带、温带，地理跨度较大，包括了澳大利亚、加拿大、智利、墨西哥、秘鲁、韩国、俄罗斯、日本、美国和中国的 90 座相对发达地区城市。平均温度与 B 类城市差别不大，但因为很多城市受季风气候和海洋性气候影响，降水则较 B 类城市明显偏多，并表现出年空气质量指数均值较低的特征，是四类城市中空气质量最好的一类，这也能印证和提示这些城市所在经济体的发达程度和在环境治理方面已经取得的成绩。

B 类

B 类城市为 52 座，全部位于中国大陆地区，而且基本位于中国秦岭—淮河以北的区域内，即可以描述为中国北方城市，处于温带区域，年平均气温相对最低，降水相对最少，空气质量也相对最差。这提示了中国北方城市的建设发展已经对自身环境造成了较大的压力。

C 类

C 类城市共计 43 座，主要以中国秦岭—淮河以南城市为主，区域包括华中、华东、华西地区，并包括印度尼西亚城市和越南城市各一座。这一区域受到亚热带和热带季风的影响，呈现出日均气温较高、降水丰沛的趋势。而在反映人类活动对环境影响的年空气质量指数方面，其表现与我国北方城市面临着相似问题，即人类活动对城市环境的影响较大，提示环境基础较差。

D 类

D 类城市共计 46 座，中国城市基本位于华南地区和华东南部，境外城市则主要位于东南亚地区，包括了印度尼西亚、马来西亚、菲律宾、泰国、越南，以及美国的部分城市，这些城市大致上处于热带区域或受热带季风的影响，表现为日均气温相对最高，降雨最为丰沛，空气质量相对较好。

四类城市三项类型识别指标平均值的变化趋势如图 5-3 所示，B 类、A 类、C 类和 D 类城市的日均温度平均值和年均降雨量平均值呈现逐类上升的趋势，是对各类城市自然条件的明确提示。而年空气质量指数均值的变化，则明确提示了各类城市受到人类活动影响的平均情况。以 B 类城市为例，其日均温度的均值和年均降雨量均值指标大幅低于总体平均值，而年空气质量指数均值水平则高于总体平均值（见表5-7和如图5-3）。这一结果提示B类城市在城市自然环境方面面临的挑战较大，解决可持续发展问题时的环境基础较差。相反，D类城市的日均温度的均值和年均降雨量均值指标大幅高于总体平均值，年空气质量指数均值水平表现良好，这提示D类城市目前的环境基础相对较好。

表5-7 基于城市自然环境指标识别的各类型城市数据平均值

城市类型	日均温度平均值（摄氏度）	年均降雨量平均值（毫米）	年空气质量指数均值（—）	城市数量
A类	12.64	930	16.26	90
B类	11.24	568	48.42	52
C类	17.19	1230	42.23	43
D类	25.55	1945	23.87	46
总体平均值	16.66	1168	32.7	——

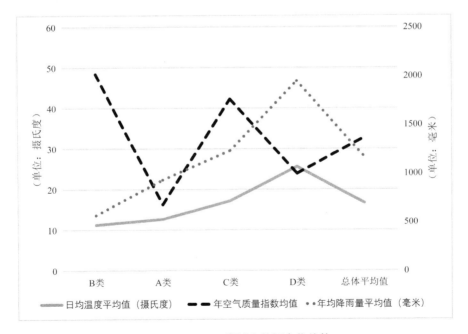

图5-3 A至D类城市数据变化趋势

二、基于城市发展水平指标的类型

利用城市发展水平指标，231 座城市被归为三类（1 类、2 类、3 类）（见表5-8），其结果提示了 APEC 城市的经济发展与人口集聚程度的特征。结果表现为超级大城市的人口高度聚集，土地的产出也更多，但是更多发达经济体城市却呈现出在低人口密度的情况下，维持很高的人均经济发展质量的情况，从社会和经济发展的角度提示各个类型城市的特点。

表5-8　1 至 3 类城市在各个经济体中的分布

城市类型	经济体	城市
1 类	澳大利亚	阿德莱德、悉尼、墨尔本、堪培拉
	加拿大	蒙特利尔
	智利	蓬塔阿雷纳斯、瓦尔帕莱索、康塞普西翁
	中国	鞍山、安顺、安阳、保定、包头、北京、蚌埠、本溪、长春、常德、长沙、常州、成都、赤峰、重庆、大连、丹东、大同、佛山、阜新、阜阳、福州、广州、桂林、贵阳、哈尔滨、邯郸、杭州、合肥、衡阳、菏泽、呼和浩特、淮安、淮北、淮南、湖州、佳木斯、焦作、吉林、济南、锦州、鸡西、开封、昆明、廊坊、兰州、乐山、连云港、辽阳、临汾、临沂、六安、洛阳、泸州、绵阳、牡丹江、南昌、南充、南京、南通、南阳、宁波、萍乡、青岛、秦皇岛、齐齐哈尔、上海、商丘、汕头、绍兴、沈阳、石家庄、遂宁、泰安、太原、唐山、天津、天水、通辽、乌鲁木齐、潍坊、温州、武汉、芜湖、无锡、厦门、西安、咸阳、西宁、新乡、信阳、徐州、盐城、烟台、宜宾、宜昌、银川、营口、益阳、永州、枣庄、张家口、湛江、昭通、郑州、镇江、珠海、株洲、淄博、自贡
	印度尼西亚	泗水、雅加达、坤甸、登巴萨
	日本	札幌

续表

城市类型	经济体	城市
1类	马来西亚	山打根、古晋、哥打巴鲁、芙蓉、亚罗士打、瓜拉登嘉楼、新山、怡保、纳闽、关丹、马六甲、莎阿南
	墨西哥	圣卡塔琳娜、蒙特雷、伊拉普阿托、塞拉亚、托卢卡、瓜达拉哈拉、库埃纳瓦卡、墨西哥城
	秘鲁	特鲁希略、利马
	菲律宾	杜马格特、梅卡瓦延
	韩国	大邱、仁川、光州、大田、清州、忠州、江陵、原州、安东、浦项、东豆川、巨济、昌原、西归浦、南原、全州、顺天、木浦
	俄罗斯	萨兰斯克、符拉迪沃斯托克、克拉斯诺亚尔斯克、圣彼得堡、莫斯科
	泰国	清迈、乌隆他尼、清莱、曼谷、素叻他尼、兰邦、那空沙旺
	越南	胡志明、河内、岘港
2类	澳大利亚	霍巴特、布里斯班、珀斯
	加拿大	里贾纳、萨斯卡通、埃德蒙顿、温尼伯、卡尔加里、维多利亚、温哥华、多伦多、夏洛特敦
	中国	东莞、深圳、香港
	印度尼西亚	北干巴鲁
	日本	福冈、广岛、神户、京都、仙台
	韩国	蔚山、瑞山、天安
	美国	亚特兰大、波士顿、芝加哥、底特律、休斯敦、小石城、洛杉矶、迈阿密、匹兹堡、圣迭戈、旧金山、西雅图

城市类型	经济体	城市
3 类	智利	圣地亚哥
	印度尼西亚	勿加泗
	日本	东京、名古屋、大阪、横滨
	马来西亚	吉隆坡
	墨西哥	墨西卡利、特皮克
	菲律宾	马尼拉
	韩国	首尔、釜山、水原
	新加坡	新加坡
	美国	纽约

1 类

1 类城市在 231 座城市中的占比最大。包括来自澳大利亚、加拿大、智利、印度尼西亚、马来西亚、墨西哥、秘鲁、菲律宾、韩国、俄罗斯、泰国、越南、日本和中国的 180 座城市。其中不乏澳大利亚的悉尼、墨尔本、越南的胡志明、印度尼西亚的雅加达、中国的北京这样的大型和特大型城市。由于本书使用的城市面积为全市面积,而非城区面积,因此,该类城市呈现出了低人口密度的结果;单位面积 GDP 均值较低则提示这类城市的高产值区域相对较小(或城区面积较小)或整体的发展水平不高的情况;人均 GDP 最低,则在一定程度上反映该类城市的市民的平均生活水平可能处于低位。但该类中,发达经济体城市的人均 GDP 则相对较高,如悉尼的人均 GDP 为 24485.13 美元,超过总体平均值。

2 类

2 类城市 36 座,普遍位于发达经济体中,具有与 1 类城市相似的人口密度,但是人均 GDP 和单位面积 GDP 都相对较高,呈现出人口压力较小、经济发展质量很高的特征。其中代表性的城市如澳大利亚的珀斯、加拿大的温哥华、日本的京都、美国的洛杉矶和西雅图等。

3类

3类城市共计15座,其特征是相对明显的,即表现出超级大城市或大城市的特征,该类别包含了新加坡、马来西亚的吉隆坡、菲律宾的马尼拉、韩国的首尔、日本的东京和大阪、美国的纽约等。这类城市已经实现了高度城市化,单位面积GDP很高;且在这类城市中,大多是所在经济体最大城市或第二大城市,有的城市人口能够占到所在经济体总人口的相当比例,例如:首尔人口占韩国总人口的近50%,东京人口也占据了日本人口的约11%。但随着人口的高度集中,经济发展质量却并没有呈现出完全正相关的趋势,反而人均GDP的平均值弱于2类城市。

三类城市三项类型识别指标平均值如表5-9所示,三类城市数据的变化趋势如图5-4所示,1类、2类和3类的城市的人口密度和单位面积GDP平均值呈现逐类上升的趋势,而人均GDP并没有呈现全完正相关的趋势。1类城市人口密度指标低于总体平均水平,但是人均GDP和单位面积GDP均大幅低于另外两类城市和总体平均值;而3类城市则在人口密度、人均GDP和单位面积GDP方面都好于平均水准。

表5-9　基于城市发展水平指标的各类型城市数据平均值

城市类型	人口密度 (人/平方千米)	人均GDP (美元/人)	单位面积GDP (百万美元/平方千米)	城市数量
1类	1018.58	13815.50	15.77	180
2类	935.28	65736.52	61.78	36
3类	11106.13	50618.96	470.84	15
总体平均值	1660.63	24414.78	52.51	——

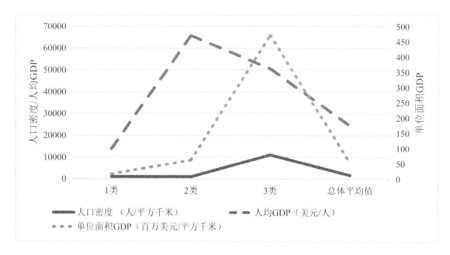

图 5-4   1 至 3 类城市数据变化趋势

三、APEC 城市的类型识别结果

APEC 城市类型识别结果是由两部分识别结果组合而成的。按照步骤一的结果顺序进行排列，可以获得 12 种类型的城市。因存在三个空集，最终 231 座 APEC 城市归为了九种类型。其中，B-1 型城市 52 座，占比最高全部位于中国，其次为 A-1 型，广泛分布于多个经济体中。超过 10% 的类型有 3 个，分别是 C-1 型、A-2 型和 D-1 型（详见表 5-10）。不同类型城市详细的识别结果可参见表 5-11。

表 5-10   APEC 经济体各类型城市占比

城市分类类型	城市数量	占比（%）
A-1 型	49	21.2%
A-2 型	30	13.0%
A-3 型	11	4.8%
B-1 型	52	22.5%
C-1 型	42	18.2%
C-3 型	1	0.4%

续表

城市分类类型	城市数量	占比（%）
D-1型	37	16.0%
D-2型	6	2.6%
D-3型	3	1.3%

表5-11 APEC城市类型识别结果

类型	经济体	城市
A-1	澳大利亚	阿德莱德、悉尼、墨尔本、堪培拉
	加拿大	蒙特利尔
	智利	蓬塔阿雷纳斯、瓦尔帕莱索、康塞普西翁
	中国	安顺、赤峰、丹东、贵阳、佳木斯、鸡西、昆明、齐齐哈尔、天水、昭通
	日本	札幌
	墨西哥	圣卡塔琳娜、伊拉普阿托、塞拉亚、托卢卡、墨西哥城
	秘鲁	特鲁希略、利马
	韩国	大邱、仁川、光州、大田、清州、忠州、江陵、原州、安东、浦项、东豆川、巨济、昌原、西归浦、南原、全州、顺天、木浦
	俄罗斯	萨兰斯克、符拉迪沃斯托克、克拉斯诺亚尔斯克、圣彼得堡、莫斯科
A-2	澳大利亚	霍巴特、布里斯班、珀斯
	加拿大	里贾纳、萨斯卡通、埃德蒙顿、温尼伯、卡尔加里、维多利亚、温哥华、多伦多、夏洛特敦
	日本	福冈、广岛、神户、京都、仙台
	韩国	蔚山、瑞山、天安
	美国	亚特兰大、波士顿、芝加哥、底特律、小石城、洛杉矶、匹兹堡、圣迭戈、旧金山、西雅图

续表

类型	经济体	城市
A-3	智利	圣地亚哥
	日本	东京、名古屋、大阪、横滨
	墨西哥	墨西卡利、特皮克
	韩国	首尔、釜山、水原
	美国	纽约
B-1	中国	鞍山、安阳、保定、包头、北京、本溪、长春、大连、大同、阜新、哈尔滨、邯郸、菏泽、呼和浩特、淮北、焦作、吉林、济南、锦州、开封、廊坊、兰州、辽阳、临汾、临沂、洛阳、牡丹江、南阳、青岛、秦皇岛、商丘、沈阳、石家庄、泰安、太原、唐山、天津、通辽、乌鲁木齐、潍坊、西安、咸阳、西宁、新乡、徐州、烟台、银川、营口、枣庄、张家口、郑州、淄博
C-1	中国	蚌埠、常德、长沙、常州、成都、重庆、阜阳、桂林、杭州、合肥、衡阳、淮安、淮南、湖州、乐山、连云港、六安、泸州、绵阳、南昌、南充、南京、南通、宁波、萍乡、上海、绍兴、遂宁、温州、武汉、芜湖、无锡、信阳、盐城、宜宾、宜昌、益阳、永州、镇江、株洲、自贡
	越南	河内
C-3	印度尼西亚	勿加泗
D-1	印度尼西亚	泗水、雅加达、坤甸、登巴萨
	中国	佛山、福州、广州、汕头、厦门、湛江、珠海
	马来西亚	山打根、古晋、哥打巴鲁、芙蓉、亚罗士打、瓜拉登嘉楼、新山、怡保、纳闽、关丹、马六甲、莎阿南
	墨西哥	蒙特雷、瓜达拉哈拉、库埃纳瓦卡
	菲律宾	杜马格特、梅卡瓦延
	泰国	清迈、乌隆他尼、清莱、曼谷、素叻他尼、兰邦、那空沙旺
	越南	胡志明、岘港

续表

类型	经济体	城市
D-2	中国	东莞、深圳、香港
	印度尼西亚	北干巴鲁
	美国	休斯敦、迈阿密
D-3	马来西亚	吉隆坡
	菲律宾	马尼拉
	新加坡	新加坡

各个类型城市的特征，通过结合两个部分的识别结果特征组合获得。类型特征从城市自然环境和城市发展水平两个方面进行表述，并形成与其他类型的差别。占比最大的 B-1 型城市表现为人类活动已经对环境造成了较大影响，降水偏少，生态环境相对脆弱，且这类城市存在冬季采暖的需求，对能源需求和环境的影响潜力较大。B-1 型城市的经济社会的发展基础现状水平也较差，单位土地面积的产出较少，居民的生活水平相对较低。这个类型的城市需要在改变经济发展方式，提升经济发展水平的同时，提高居民生活质量，并尽量降低城市中人类活动对环境的负面影响。

四、APEC 城市的类型识别结果讨论

城市类型识别是更有针对性地研究和解决城市可持续发展的重要基础。基于 SOFM 的城市类型识别方法，通过城市数据对城市进行自动、有效且客观地识别，从而最大限度地减少由于研究者主观因素带来的对类型识别、类型阈值设定方面的不利影响。

除此之外，本书首先在 APEC 政策支持小组的结论①基础上，通过对被识别"城市"进行定义，将实际支持和受到城市发展影响的区域包含进

---

① APEC POLICY SUPPORT UNIT. Partnerships for the Sustainable Development of Cities in the APEC Region [EB/OL]. (2017-06-01) [2020-08-06]. https://www.apec.org/publications/2017/06/partnerships-for-the-sustainable-development-of-cities-in-the-apec-region.

"城市"中。这可以为因地制宜地制定城市可持续发展方案提供新的视角，并能够考虑更多城市中的利益相关方。此外，类型识别指标选择了人均、效率的指标。这避免了不同体量城市带来的总量差异，可以更加理性地审视城市，切实从发展质量的角度对城市进行识别。

本书类型识别所选择的城市，包含了县城、乡村等与城市中心区域有紧密联系的区域。但是由于不同经济体在数据资料、定义和制度方面的差异，受客观条件的限制，势必会造成一些不准确或错漏的地方。另外，本书选择的类型识别步骤，参考了 Dou 等针对中国的城市识别时的做法①。由于 SOFM 对不同指标数据可能存在一些敏感度差异，对类型识别结果有不利影响，且识别指标较多时负面影响更为明显②。SOFM 在识别粗糙度较低时，迭代次数明显升高，且类型识别结果的稳定性下降③。本书采用的分步识别的方式能够减少 SOFM 对不同指标敏感度差异带来的负面的影响，提高识别结果的稳定性，并实现对城市的有效识别，放大不同类型的差异。

APEC 城市类型识别研究的结果显示，新兴经济体城市发展水平还相对较低，使得探索综合的可持续的经济发展方式变得迫切。与传统的简单基于城市地理位置、人口、经济规模或职能的类型识别方式相比，基于 SOFM 的城市类型识别综合了多种因素，打破了经济体之间地理边界，只考虑城市之间的比较问题。231 座城市的识别结果中，没有 B-2 型、B-3 型、C-2 型城市。B 型和 C 型城市的自然环境指标均值提示这类城市的生态环境脆弱且人类活动对环境的负面影响较为明显。而 2 型和 3 型城市则普遍位于相对发达经济体或本身是超级大城市或大城市。这表明以中国城市为代表的新兴经济体城市的发展方式和发展质量仍然存在问题，且与相

---

① DOU P. Construction of an Index System for Green Cities Based on Urban Classification [J]. Chinese Journal of Ecology, 2019, 38 (06): 1937-1948.

② XIE L. Can Defects classification based on improved SOFM neural network [C]. Taipei, 2012.

③ RICHARDSON F M, THOMAS M S C. Critical periods and catastrophic interference effects in the development of self-organizing feature maps [J]. Developmental Science, 2008, 11 (3): 371-389.

对发达城市之间的发展差距较大。即使是能够获得更多发展资源的新兴经济体的大都市（如河内和上海）仍然没有达到与传统上认知的大都市（如纽约和东京）相同或相近的水平。虽然相对发达的 APEC 城市也存在城市问题，但是发展中经济体城市，如 A-2、B-1、C-1 和 D-1 型城市，所面临的问题更为严重。大量的新市民使得公共和私营部门基础设施、住房和服务严重短缺，以至于形成了弱势群体和贫困人口，并最终有可能成为社会不稳定因素。这使得探索综合的可持续的经济发展方式变得迫切。

此外，发展中经济体城市在类型上呈现出更明显的相似性。例如，作为最大发展中国家的中国，城市主要的类型为 A-1 型、B-1 型、C-1 型和 D-1 型城市，其中，A-1 型、C-1 型和 D-1 型城市的范围都超越了国界，分别形成了跨太平洋和跨东南亚经济的结果。这为包括中国在内的，以发展中经济体为纽带，引进学习发达经济体城市可持续发展经验的国家，提供了明确的提示，也为通过 APEC 城市可持续发展指标体系，促进同类型城市发展经验交流和适宜技术的引进创造了基础条件。因此，有针对性地进行各类型城市的可持续指标体系的研究，变得重要且可行。

基于对城市的定义和城市类型识别的结果，使得本书更加坚定地意识到，这种定制化的探讨不同城市可持续发展指标体系的解决方案，是可行的和有意义的。相对于另一个极端，即已经全域城市化的城市，对处于发展中经济体的城市或尚在成长中的城市，城市可持续发展的矛盾、发展目标和解决方案，显然应该是不同的。城市类型识别研究，打破了国界的限制，为进一步开展应对复杂多样且数量众多的 APEC 城市可持续发展的评价指出了方向，奠定了工作基础。在构建发展命运"共同体"的基础上，实现了城市发展的"和而不同"，最大限度地支持 APEC 城市及其指标体系的多元化和本地化。

第六章

APEC 城市可持续发展评价研究

APEC 城市可持续发展评价从城市综合发展水平与发展协调程度两个方面开展，旨在从两个不同的侧面，对 APEC 城市可持续发展的水平和质量进行测量，以更加客观和深入的眼光，审视 APEC 城市发展的方式和内部结构，也是对指标体系开发的科学性和实用性着眼点的回应。本章承接上文，以 APEC 区域可持续发展问题最为突出的 B-1 型城市为研究对象，利用熵权-TOPSIS 组合模型和耦合协调度模型开展具体的评价工作。

第一节　APEC 城市综合发展水平评价

APEC 城市，尤其是 B-1 型城市，面临城市经济建设和向可持续发展转型双重压力的城市，更应注重可持续发展的理念的引入。通过对 B-1 型城市开展面向可持续发展的综合发展水平评价，不仅能够实现对这一类型城市可持续发展水平的了解和测量，更可以通过城市之间的横向比较，发现城市在发展中面临的问题，合理借鉴其他城市的成功发展经验，实现整个社会的全面协调可持续发展。因此，根据前文所建立的 APEC 城市可持续发展指标体系核心指标，以 2019 年的数据为主要依托，结合部分研究中的数据，对 B-1 型城市，即位于中国北方的 52 座城市，开展面向可持续发展问题的综合发展水平评价。

在基于核心指标对城市可持续发展进行评价的过程中，确定指标的权重是重要步骤，也是相当一部分指标体系开发中的重要部分。指标权重的确定既是指标体系在着眼点方面的要求，也是面向复杂多样的 APEC 城市，合理运用核心指标，面向具体类型城市构建差异化的指标体系的必要步骤。

然而，确定指标权重部分的工作，在目前的研究中还存在一些问题。指标权重的确定仍然是可持续指标体系中最具争议的方面之一。权重指出了不同指标的重要性差异，但决定排名的过程是极其困难的①。而当专家们基于不同机构、组织或自身观点确定指标重要性时，主观性问题便不可避免地产生了。而在一些指标体系中，例如 BREEAM Communities，ASWL（Approved Standards and Weightings List）确定的权重也显得十分不透明。而在 CASBEE UD 中，权重的确定则基于 AHP 方法，由专家问卷结果来确定。而 AHP 方法本身正是主观性问题的根源②。这使得权重的判断严重依赖于经验和直觉的判断。虽然专家意见对于指标权重的判断是有意义的，但是这种依赖一方面导致其面向较多类型的评价对象时，确定权重的难度增大，灵活性也得不到保证。另一方面，指标体系选择采用以专家为导向的权重确定方式，很难考虑各方利益与诉求，难以平衡地考虑问题，并可能导致权重的确定产生严重的模糊性和不透明性③。利用指标体系获得综合评价或评分结果为目的的评价工作，对于指标权重确定仍然是有需求的，所以选择一种相对客观的权重确定方式，对于依托 APEC 城市可持续发展指标体系的核心指标开展对 B-1 型城市，以及未来面向更多类型 APEC 城市的评价研究就显得重要起来。

一、多属性评价

基于指标体系的指标赋权的实质是多属性评价工作，是对多属性决策分析的应用。具体地说，多属性决策分析过程就是在对一个复杂决策问题

① RETZLAFF R C. Green Buildings and Building Assessment Systems: A New Area of Interest for Planners [J]. Journal of Planning Literature, 2009, 24 (01): 3-21.
② SAEN R F. Suppliers Selection in the Presence of Both Cardinal and Ordinal Data [J]. European Journal of Operational Research, 2007, 183 (02): 741-747.
③ SINGH R K. An Overview of Sustainability Assessment Methodologies [J]. Ecological Indicators, 2012, 15 (01): 281-299.

进行详细分析和数据收集的基础上，构建评价指标集，进行建模分析的过程①。粗略地划分，多属性评价可以分为线性评价和非线性评价两个大类（见图 6-1）。全部的线性评价方法和部分非线性评价方法涉及赋权问题，主要涉及的方法有优劣解距离法（TOPSIS）、多准则妥协解排序方法（VIKOR）、灰色关联度分析法（Grey Relational Analysis）等，可称为赋权类非线性评价方法；另一些没有涉及赋权的非线性评价方法，如主成分分析、因子分析等，称为非赋权类非线性评价方法。此外，还有等权重的评价方法。目前多属性评价方法以非线性评价方法为主②。

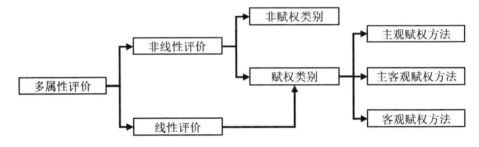

图 6-1　多属性评价与赋权方式关系图

图片来源：作者根据《多属性学术评价方法鲁棒性及产生机制研究》绘制

　　城市可持续发展的评价属于非线性多属性评价问题。除评价方法外，权重的确定方法也是评价的重要组成部分。其方法主要分为三个大类，即主观赋权方法、主客观赋权方法和客观赋权方法。主观赋权方法主要使用专家会议法、层次分析法（AHP）、德尔菲法（Delphi Method，又称专家调查法）等；客观赋权方法包括变异系数法、概率权法、熵权法等，主客观赋权法则是通过将主观赋权方法与客观赋权方法相结合的方式实现赋权。

　　多属性评价的方法多使用组合评价方式进行。一方面，这是由于单一

---

① 李遥，等. 一种多属性主客观对比评价模型及应用［J］. 南京航空航天大学学报，2015，47（01）：104-112.

② 俞立平，等. 赋权类非线性学术评价方法伪权重及权重失灵研究——以 TOPSIS 评价方法为例［J］. 情报杂志，2022，41（05）：190-197.

的评价方式无法完成赋权和评价的工作。例如单一使用 TOPSIS 方法，难以实现赋权的工作①，而权重又是影响评价结果的重要组成部分。另一方面，是受到了研究对象的多样性，多属性评价工作的复杂性，以及对涉及的相关方法、组合的开发程度、优劣势差异的共同影响。目前，组合评价方式被广泛应用于文、理、工、经管等多学科领域，适合多样性、复杂性且数量众多等特点交织的 APEC 城市。

组合评价一般分为评价方法组合、评价过程组合和评价结果组合。评价方法组合是从系统的角度，对原有评价方法进行创新的组合，其目的在于综合不同方法的优势。目前有较为成熟的思想，但是尚未形成明确的技术。评价过程组合是指评价过程中，某一环节结果的组合，如无量纲化组合、算子组合。在组合赋权评价中，有的方法是将主观和客观赋权法进行分类再重组，有的是直接将多个方法进行综合，不区分主客观赋权，例如 AHP-熵权法组合模型、CRITIC-熵权法组合模型②。评价结果组合是对评价对象采用不同的单一评价方法，再将这些评价结果进行组合，例如：熵权-TOPSIS 组合模型、AHP-TOPSIS 组合模型、熵权-灰色关联组合模型等③。

基于指标体系的评价模型赋权主要应用的是评价结果组合的形式。根据相关研究者的研究和本书对 Web of Science 网站近五年文献的关键词检索（见图 6-2），AHP-TOPSIS 组合和熵权-TOPSIS 组合是最广泛应用的评价组合形式。然而，德尔菲法、AHP 法这类主观性方法，虽然能够利用专家的经验，但受专家人为因素的影响很大。且 AHP 法在同一层次的指标较多时，容易出现判断矩阵不一致的问题，因而面向较为复杂的问题时，主观性方法存在较大劣势；此外，由于核心指标在面向不同类型城市进行评价时，随着城市类型的改变，对指标权重的判断的工作对专家个人能力的要求很高。特别是要求给出权重判断的专家，对全部城市或城市类型有深

---

① 黄发明，等. 基于改进 TOPSIS 法的湖泊水质评价 ［J］. 水电能源科学，2020，38（04）：51-54.

② 李芳，李东坪. 基于熵权法的组合评价模型 ［J］. 信息技术与信息化，2021（09）：148-150.

③ 张发明，刘志平. 组合评价方法研究综述 ［J］. 系统工程学报，2017，32（04）：557-569.

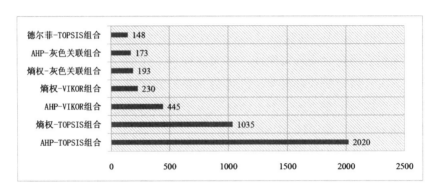

图 6-2　近五年 **Web of Science** 网站评价组合领域发文量（单位：篇）

入的了解，且能够结合发展现实较好地掌握其中的差异。这两点使得主观方法难以面向多种类型的 APEC 城市开展指标体系的应用研究。因此，本书选择基于统计数据和客观算法的熵权-TOPSIS 组合对核心指标进行赋权。

二、熵权-TOPSIS 组合模型

熵的概念是由克劳修斯提出，由香农将熵引入信息论，解决了信息的度量问题，将不确定性信息具体量化，实现定量分析。具体地，熵权法是根据指标变异程度，赋以指标相应权重，以体现其重要性的一种赋权方法[1]。相比于其他赋权方法，如层次分析法，熵权法因在指标赋权过程中排除了决策者的主观因素，可以比较真实、客观地赋权[2]。TOPSIS（Technique for Order Preference by Similarity to an Ideal Solution）方法，译作优劣解距离法、逼近理想解排序法、理想点法或理想解法。该方法于 1981 年提出，是用于解决多属性决策的数学方法[3]。TOPSIS 方法是通过检测评价对象与最理想解（或称最优解）、最不理想解（或称最劣解）的距离来进行

---

① 单媛，等. 基于改进熵权协调分析法的农村道路安全评价决策 [J]. 铁道科学与工程学报，2017，14（12）：2720-2729.
② 朱丽，严哲星. 走向可持续城市——APEC 案例与中国实践 [M]. 北京：中国建筑工业出版社，2019：54-68.
③ HWANG C L，YOON K. Multiple Attribute Decision Making：Methods and Applications [M]. New York：Springer-Verlag，1981：58-89.

排序，若评价对象最靠近最理想解同时又最远离最不理想解，则为最优。其中最理想解的各指标值都达到各评价指标的最优值。运用熵权-TOPSIS组合模型的方法，一般先利用熵权法来确定评价指标的权重，再利用TOPSIS 法对评价对象进行排序。该模型是非线性评价方法的重要代表，是一种在考虑权重的基础上，兼顾评价对象的最理想解与最不理想解的相对距离来进行评价的。除了具有客观地进行赋权和评价的优点外，该评价模型还具有系统性强、数学意义明确、方法简洁的优点①，也是多属性决策问题中常用的方法②。

熵权-TOPSIS组合方法被广泛应用于文、理、工、经管领域，近几年在城市发展领域也有较多的应用。Minaríková 提出了一种综合熵权和TOPSIS 的区域差异评价方法，对波黑的维舍格勒地区城市的社会经济发展程度进行了评价③。Rashtbar 等采用熵权法确定指标的权重，并应用TOPSIS 技术对伊朗大不里士（Tabriz）都市区创建创新型城市的区域进行了评价④。Chen 等从环境、资源、社会和经济四个方面，选择了 17 个指标，构建了城市土地可持续利用评价体系，并应用熵权-TOPSIS 组合对成都 2007 至 2016 年土地可持续利用水平进行动态评价，并提出了相应的建议⑤。毛艳运用熵权-TOPSIS 法从生态、民生、经济等方面分析中国城市群的高质量发展现状和存在的问题⑥。Zhu 等采用熵权-TOPSIS 组合方法对中国城市的能源和碳交易进行了实证分析研究，评价了主要城市的碳交

———————————

①　张爱琴，等 . 科技评价中加权 TOPSIS 的权重可靠吗？——基于分子加权 TOPSIS 法的改进 [J] . 现代情报，2018，38（11）：48-54.

②　李勤，等 . 基于改进 TOPSIS 法的民用建筑再生利用方案决策 [J] . 武汉大学学报（工学版），2022，55（02）：160-167.

③　MINARČÍKOVÁ E. Regional Disparities Evaluation Using Entropy and Topsis Methods [J] . Hradec Economic Days，2015，2012：23.

④　RASHTBAR H. Evaluating Enjoyment of Urban Regions Through Innovative City Indicators with An Emphasis on Social and Cultural Indicators（A Case Study：Tabriz Metropolis）[J] . Journal of Applied Engineering Sciences，2019，9（01）：109-114.

⑤　CHEN M. Evaluation of Sustainable Urban Land Use Based on Weighted TOPSIS Method：A Case Study of Chengdu City [C] . IOP Publishing. 2019.

⑥　毛艳 . 中国城市群经济高质量发展评价 [J] . 统计与决策，2020（03）：87-91.

易效率①。Liu 等以中国八个典型的石油资源型城市为研究对象，运用熵权-TOPSIS 组合方法对其可持续发展水平进行分析评价，并对如何提高石油资源型城市的可持续发展提出战略建议。曾阳艳等提出利用熵权-TOPSIS 方法进行区域道路安全评价，并利用统计数据，与运用灰度关联法、模糊优选法获得的结果进行了对比②。其结论指出熵权-TOPSIS 方法可以客观、准确地完成评价任务，且能够精确评价并支持不同地区的比较，为决策提供支持。

在梳理和回顾了城市评价模型和前人使用的模型后，本书认为基于熵权-TOPSIS 模型的多属性评价方法，是在指标赋权和方案择优的客观性方面具有重要优势的。此外，这一评价模型对于需要考虑面向多种类型城市开展评价研究的 APEC 城市可持续发展指标体系具有很高的友好度和适用性，可以很好地支持当前和未来的研究。此外，这一评价模型还具有系统性强、数学意义明确、方法简洁的优点。因此，本书选择使用基于熵权-TOPSIS 模型的多属性评价方法，利用由 B-1 型城市采集的城市统计数据，对 B-1 型城市进行评价研究。

第二节　APEC 城市可持续发展综合评价模型构建

一、数据来源

本章采用的基础数据来源于《中国统计年鉴（2019）》《中国城市建设统计年鉴（2019）》《中国城乡建设统计年鉴（2019）》《中国城市统计年鉴（2019）》《中国高新技术产业统计年鉴（2019）》《中国城乡发展一体化指数（2017）》《中国能源统计年鉴（2019）》、世界资源研究所发布相关数据，以及涉及的部分城市 2019 年统计年鉴。

---

① ZHU J. Measuring Carbon Market Transaction Efficiency in the Power Industry: An Entropy -Weighted TOPSIS Approach [J]. Entropy, 2020, 22 (09): 973.
② 曾阳艳，等. 基于熵权 TOPSIS 的区域道路安全评价方法 [J]. 电脑知识与技术，2021, 17 (20): 5-8.

二、评价模型

运用熵权–TOPSIS 组合模型的一般步骤是:

(1) 假设对 m 个城市进行评价,有 n 个评价指标,则构建初始决策矩阵 A= (a_{ij}) $m \times n$,其中,a_{ij} 为第 i 个城市的第 j 个指标值 ($i = 1$, 2, …, m;$j = 1$, 2, …, n)。

(2) 由于评价指标中包含正向指标和反向指标,需对初始决策矩阵进行标准化处理,得到标准化矩阵 R= (r_{ij}) $m \times n$,其中

对于正向指标:

$$r_{ij} = \frac{a_{ij} - min\ a_{ij}}{max\ a_{ij} - min\ a_{ij}} \tag{6-1}$$

对于反向指标:

$$r_{ij} = \frac{max\ a_{ij} - a_{ij}}{max\ a_{ij} - min\ a_{ij}} \tag{6-2}$$

(3) 计算各指标的熵值为:

$$H_j = -\frac{1}{\ln m} \sum_{i=1}^{m} f_{ij} \ln f_{ij} \tag{6-3}$$

式中 $f_{ij} = \dfrac{r_{ij}}{\sum\limits_{i=1}^{m} r_{ij}}$, 若 $f_{ij} = 0$, 则 $f_{ij} \ln f_{ij} = 0$。

(4) 根据下式确定各指标的熵权:

$$\omega_j = \frac{1 - H_j}{n - \sum\limits_{j=1}^{n} H_j}, \ 0 \leqslant \omega_j \leqslant 1 \ , \ \sum_{j=1}^{n} \omega_j = 1 \tag{6-4}$$

(5) 由标准化矩阵 R= (r_{ij}) $m \times n$ 和熵权计算出的权重相乘得到加权标准化 Y= (y_{ij}) $m \times n$ 矩阵。

其中

$$y_{ij} = r_{ij} \times \omega_j \tag{6-5}$$

(6) 确定最理想解和最不理想解。在加权标准化矩阵中选取正向指标 j^+ 的最大值与负向指标 j^- 的最小值构成最理想解 Z^+;反之,选取正向指标 j^+ 的最小值与负向指标 j^- 的最大值构成最不理想解 Z^-。

$$Z^+ = (\max_{1 \le i \le m} y_{ij} \mid j \in j^+, \; \min_{1 \le i \le m} y_{ij} \mid j \in j^-) = (Z_1^+, \; Z_2^+, \; \cdots, \; Z_n^+) \quad (6\text{-}6)$$

$$Z^- = (\min_{1 \le i \le m} y_{ij} \mid j \in j^+, \; \max_{1 \le i \le m} y_{ij} \mid j \in j^-) = (Z_1^-, \; Z_2^-, \; \cdots, \; Z_n^-) \quad (6\text{-}7)$$

（7）分别计算各评价对象（城市）的评价结果到最理想解和最不理想解的欧氏距离 D_i^+ 和 D_i^-。

$$D_i^+ = \sqrt{\sum_{j=1}^{n} (y_{ij} - z_j^+)^2} \; (i = 1, \; 2, \; \cdots, \; m) \quad (6\text{-}8)$$

$$D_i^- = \sqrt{\sum_{j=1}^{n} (y_{ij} - z_j^-)^2} \; (i = 1, \; 2, \; \cdots, \; m) \quad (6\text{-}9)$$

（8）D_i^+ 和 D_i^- 分别代表评价对象与最理想解和最不理想解的欧式距离，评价对象与最优或最劣解的距离，研究对象的 D_i^+ 值越大，说明与最理想解距离越远；D_i^- 值越大，说明与最不理想解距离越远。最理想的研究对象是 D_i^+ 值越小同时 D_i^- 值越大。

（9）计算各评价对象（城市）的评价值（到最理想解的相对贴近度）。

$$C_i = \frac{D_i^-}{D_i^+ + D_i^-} \quad (6\text{-}10)$$

C_i 的取值范围为 0 到 1，C_i 的值越接近 1，则说明该城市越接近最理想解，为可持续性表现越好的城市。

第三节 评价结果与分析

本书中，基于熵权-TOPSIS 组合模型的计算使用的是 SPSSPRO 平台。将统计数据输入计算平台后，可以获得基于熵权法确定的各指标权重值和基于 TOPSIS 方法求解的各个 B-1 型城市的可持续发展综合发展水平评价值以及排名。

一、B-1 型城市可持续发展水平总体评价结果

（一）核心指标针对 B-1 型城市的权重结果

基于公式 6-1 和 6-2 对指标数据进行处理后，使用公式 6-3 和 6-4 计算出面向 B-1 型城市各个评价指标的权重值，结果见表 6-1。

表6-1　面向B-1型城市各评价指标权重计算结果

子系统	权重	目标层	权重	指标层	权重
环境	0.284	资源利用	0.020	EN1-人均生活用水	0.0060
				EN2-人均生活用电	0.0050
				EN3-万元GDP水耗	0.0030
				EN4-万元GDP电耗	0.0060
		环境治理	0.082	EN5-污水处理厂集中处理率	0.0060
				EN6-生活垃圾无害化处理率	0.0040
				EN7-一般工业固体废物综合利用率	0.0340
				EN8-PM2.5年平均浓度	0.0220
				EN9-绿色建筑占新建竣工建筑的比例	0.0160
		低碳发展	0.182	EN10-人均可再生能源发电量	0.1790
				EN11-人均二氧化碳排放	0.0030
社会	0.244	人口发展	0.034	SO1-城区人口比例	0.0300
				SO2-人口变化率	0.0040
		生活质量	0.170	SO3-基础教育阶段师生比	0.0220
				SO4-每千人口医疗卫生机构床位数	0.0260
				SO5-互联网宽带接入用户数	0.0430
				SO6-城镇职工基本养老保险参保人数	0.0790
		协调发展	0.040	SO7-城乡教育一体化实现度	0.0060
				SO8-城乡卫生一体化实现度	0.0040
				SO9-城乡社会保障一体化实现度	0.0300

子系统	权重	目标层	权重	指标层	权重
经济	0.249	经济基础	0.113	EC1-经济增长率	0.0110
				EC2-人均地区生产总值	0.0320
				EC3-人均财政收入	0.0700
		经济构成	0.039	EC4-第二产业占 GDP 的比重	0.0100
				EC5-第三产业占 GDP 的比重	0.0140
				EC6-第三产业从业人员比重	0.0150
		科技创新	0.097	EC7-研发内部经费占 GDP 比重	0.0580
				EC8-高新技术企业人均营业收入	0.0390
城市治理	0.223	发展服务	0.104	CG1-政务办事标准化率	0.0120
				CG2-行政执法投诉处理率	0.0170
				CG3-城市教育支出占比	0.0260
				CG4-城市科技支出占比	0.0490
		城市建设	0.119	CG5-人均公用设施建设投资	0.0920
				CG6-人均公园绿地面积	0.0270

通过熵权-TOPSIS 组合模型，利用城市统计数据，即可获得不同类型 APEC 城市的核心指标权重。这种方式使得 APEC 城市可持续发展指标体系的核心指标在面对不同类型 APEC 城市时，可以实现利用统计数据，面向不同类型城市做出客观灵活的、科学的和有针对性的调整。从而在兼顾了 APEC 区域专家学者对指标的筛选结果的基础上，基于类型识别研究的结果，解决由于 APEC 城市复杂多样、发展阶段不同和数量众多带来的问题，使指标体系核心指标能够面向不同类型城市开展工作，并应对不同类型城市存在的差异性。

（二）B-1 型城市综合发展水平评价结果

使用公式6-5、6-6、6-7、6-8、6-9和6-10计算，可以获得52座 B-1型城市与环境、社会、经济和城市治理四个子系统综合的最理想解和最不理想解之间的距离与综合发展水平评价值 C_i，结果见表6-2。

表 6-2　**B-1 型城市可持续发展综合评价结果**

城市	最理想解距离	最不理想解距离	综合发展水平评价值	排名
北京	0.2916	0.3649	0.5559	1
乌鲁木齐	0.2780	0.3307	0.5433	2
西宁	0.3545	0.2861	0.4466	3
青岛	0.3483	0.2071	0.3729	4
郑州	0.3589	0.1998	0.3576	5
天津	0.3531	0.1925	0.3528	6
济南	0.3708	0.1755	0.3213	7
呼和浩特	0.3629	0.1694	0.3183	8
银川	0.3681	0.1584	0.3008	9
兰州	0.3648	0.1563	0.3000	10
大连	0.3888	0.1508	0.2795	11
烟台	0.3977	0.1510	0.2753	12
包头	0.3768	0.1425	0.2744	13
沈阳	0.3895	0.1427	0.2681	14
淄博	0.4039	0.1475	0.2675	15
太原	0.3906	0.1386	0.2619	16
西安	0.3948	0.1383	0.2595	17
长春	0.4016	0.1221	0.2331	18
潍坊	0.4160	0.1239	0.2295	19
徐州	0.4160	0.1178	0.2206	20
洛阳	0.4216	0.1161	0.2159	21
石家庄	0.4144	0.1097	0.2093	22
唐山	0.4153	0.1084	0.2069	23
临沂	0.4347	0.1109	0.2033	24
泰安	0.4295	0.1056	0.1974	25
枣庄	0.4363	0.1059	0.1953	26
哈尔滨	0.4183	0.0996	0.1923	27

续表

城市	最理想解距离	最不理想解距离	综合发展水平评价值	排名
秦皇岛	0.4310	0.0962	0.1825	28
本溪	0.4415	0.0960	0.1786	29
吉林	0.4388	0.0948	0.1776	30
张家口	0.4352	0.0930	0.1761	31
焦作	0.4373	0.0934	0.1760	32
淮北	0.4393	0.0920	0.1732	33
保定	0.4448	0.0907	0.1694	34
营口	0.4361	0.0889	0.1693	35
辽阳	0.4412	0.0865	0.1639	36
新乡	0.4437	0.0865	0.1632	37
廊坊	0.4314	0.0814	0.1588	38
锦州	0.4429	0.0817	0.1557	39
通辽	0.4412	0.0812	0.1554	40
菏泽	0.4501	0.0821	0.1543	41
大同	0.4390	0.0798	0.1538	42
咸阳	0.4478	0.0804	0.1523	43
南阳	0.4496	0.0803	0.1516	44
阜新	0.4563	0.0801	0.1494	45
鞍山	0.4395	0.0772	0.1494	46
邯郸	0.4449	0.0748	0.1439	47
牡丹江	0.4531	0.0755	0.1428	48
商丘	0.4525	0.0751	0.1424	49
安阳	0.4497	0.0725	0.1388	50
开封	0.4509	0.0694	0.1333	51
临汾	0.4527	0.0676	0.1299	52
平均值	0.2269			

（三）B-1 型城市各子系统发展水平评价结果

使用公式 6-5、6-6、6-7、6-8 和 6-9 计算，可以获得 52 座 B-1 型城市在环境、社会、经济和城市治理四个子系统分别与最理想解和最不理想解之间的距离。使用公式 6-10 计算，可以获得 52 座 B-1 型城市分别在环境、社会、经济和城市治理四个子系统的评价值和排名，如表 6-3 所示（环境、社会、经济和政府治理的发展水平评价值分别使用 C_i^{En}、C_i^{So}、C_i^{Ec} 和 C_i^{Cg} 表示）。

表 6-3　B-1 型城市四个子系统分别得分和排名情况距离

城市	C_i^{En}	排名	C_i^{So}	排名	C_i^{Ec}	排名	C_i^{Cg}	排名
安阳	0.0932	52	0.1096	51	0.1516	44	0.2246	29
鞍山	0.1268	41	0.1702	31	0.1546	42	0.1524	46
包头	0.3111	5	0.2112	20	0.2889	15	0.2964	17
保定	0.1183	46	0.1768	30	0.2382	25	0.1264	51
北京	0.1024	51	0.8615	1	0.7584	1	0.7926	1
本溪	0.1329	32	0.2312	15	0.1800	36	0.1412	49
大连	0.1474	24	0.2329	14	0.4382	6	0.3449	12
大同	0.1068	49	0.1800	27	0.1352	49	0.2057	32
阜新	0.1322	33	0.1645	34	0.1513	45	0.1542	44
哈尔滨	0.1341	31	0.2582	9	0.1900	34	0.1792	38
邯郸	0.1208	44	0.1331	44	0.1642	40	0.1773	39
菏泽	0.1203	45	0.1647	33	0.1651	39	0.1851	36
呼和浩特	0.2919	6	0.2058	21	0.3025	12	0.5305	5
淮北	0.1299	35	0.1409	40	0.2089	28	0.2541	21
吉林	0.1912	9	0.1972	24	0.1405	47	0.1447	47
济南	0.1277	39	0.3293	7	0.4299	7	0.4950	6
焦作	0.1068	48	0.1149	49	0.2698	17	0.2275	27
锦州	0.1281	38	0.1536	38	0.1849	35	0.1761	40

城市	C_i^{En}	排名	C_i^{So}	排名	C_i^{Ec}	排名	C_i^{Cg}	排名
开封	0.1141	47	0.1044	52	0.1652	38	0.1693	41
兰州	0.3692	4	0.2021	22	0.3529	11	0.2459	23
廊坊	0.1401	29	0.1201	47	0.2153	26	0.1806	37
辽阳	0.1423	27	0.1781	29	0.1964	33	0.1362	50
临汾	0.1047	50	0.1370	43	0.1300	51	0.1619	43
临沂	0.1305	34	0.1952	25	0.2440	23	0.2743	18
洛阳	0.1250	42	0.1672	32	0.2912	13	0.3304	13
牡丹江	0.1481	23	0.1594	36	0.1402	48	0.0845	52
南阳	0.1283	37	0.1176	48	0.1579	41	0.2275	28
秦皇岛	0.1609	18	0.1580	37	0.2015	31	0.2433	24
青岛	0.1612	17	0.3580	3	0.4888	2	0.6547	2
商丘	0.1294	36	0.1121	50	0.1537	43	0.1966	33
沈阳	0.1273	40	0.3304	5	0.3830	10	0.2242	30
石家庄	0.1685	13	0.2397	12	0.1976	32	0.2588	20
太原	0.1349	30	0.2497	10	0.2695	18	0.4467	7
泰安	0.1456	25	0.1783	28	0.2585	21	0.2391	25
唐山	0.1592	19	0.1940	26	0.2901	14	0.1950	34
天津	0.1413	28	0.4964	2	0.4533	3	0.3851	8
通辽	0.1872	10	0.1406	41	0.1221	52	0.1438	48
潍坊	0.1436	26	0.2190	17	0.2765	16	0.3243	14
乌鲁木齐	0.8409	1	0.2738	8	0.4401	5	0.6189	3
西安	0.1483	22	0.3302	6	0.2628	19	0.3201	15
西宁	0.8347	2	0.1517	39	0.2036	30	0.2148	31
咸阳	0.1493	20	0.1305	45	0.1492	46	0.1950	35
新乡	0.1491	21	0.1380	42	0.1323	50	0.2467	22
徐州	0.1649	16	0.2238	16	0.1733	37	0.3681	9

续表

城市	C_i^{En}	排名	C_i^{So}	排名	C_i^{Ec}	排名	C_i^{Cg}	排名
烟台	0.1785	12	0.2377	13	0.3906	8	0.3491	10
银川	0.3975	3	0.2121	19	0.2608	20	0.3039	16
营口	0.1230	43	0.1601	35	0.2440	24	0.1649	42
枣庄	0.1678	14	0.2007	23	0.2042	29	0.2325	26
张家口	0.1950	8	0.1238	46	0.2129	27	0.1534	45
长春	0.2070	7	0.2413	11	0.2465	22	0.2656	19
郑州	0.1659	15	0.3468	4	0.4476	4	0.6086	4
淄博	0.1789	11	0.2175	18	0.3874	9	0.3487	11
平均值	0.1843	–	0.2131	–	0.2557	–	0.2754	–

四、评价结果分析

（一）B-1型城市可持续发展综合发展水平评价值

表6-2显示，52座B-1型城市的可持续发展综合发展水平评价值（C_i）在总体上并不高，且城市间差距较大（如图6-3），其整体综合发展水平评价值的最高值为0.5559，平均数为0.2269，中位数为0.1938。而排名前十名的城市的评价值平均值是后十名城市的评价值平均值的2.7倍。造成这样结果的主要原因可能是，一方面，目前中国，尤其是北方地区可持续发展水平普遍不高，且不均衡。除北京市和少数城市外，获得评价值平均水平以上的城市大多数为直辖市、省会、自治区首府或者副省级城市，如天津市、郑州市、乌鲁木齐市、青岛市。而获得评价值中位数水平以上的城市，也多为所在省份的重要城市或区域中心城市，如洛阳市、徐州市。这类城市一般在个省的发展中占据重要地位，可以获得更多政策、资金的倾斜，也能够获得更大的对人口的吸引力，使得它们在经济子系统方面获得了突出的表现。而排名后十名的城市，则基本来自东北和中西部地区，且城市规模有限，获得的政策、资金的倾斜较少。另一方面，由于评价指标的权重，环境子系统的影响较大。而在环境子系统中，人均可再

生能源发电量又是权重最大的一项，因而能够生产更多可再生能源的城市，在综合评价中也会获得相当的优势。

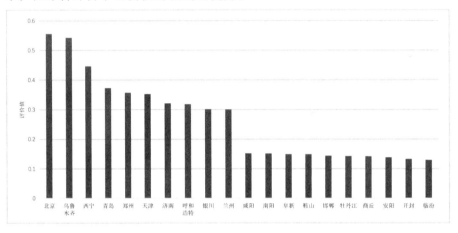

图6-3 综合发展水平评价值排名前十名和后十名的城市

（二）环境子系统评价值

相比其他子系统，B-1 型城市环境子系统的评价值相对最低。52 座城市中，最高值为 0.8409，最低值为 0.0932，平均值仅为 0.1843，中位数为 0.1430，且城市间差异较大（如图6-4）。整体上处于相对较低的水平。特别是由于可再生能源方面、PM2.5 浓度，以及人均生活用水用电情况的评价权重相对较高，对一些城市的排名有明显的影响，例如北京在其他子系统评价的排名均为第一位，但在环境子系统排名中，仅为第 51 位。在杨锋①、茹小斌等②的相关研究中，北京在生态、环境、能源、水等领域的表现都处于劣势，但是在经济和社会等领域的突出表现使得北京的总体表

---

① 杨锋. 中国 19 个城市可持续发展报告 [J]. 中国经贸导刊, 2017b, 5（05）: 9-13.
② 茹小斌, 等. 北京城市生态空间承载力评价研究 [J]. 环境与可持续发展, 2019, 44（05）: 86-91.

现相对较好。根据凌浩恕等①、刘觅颖和王继龙②的实测研究，北京居民生活用能水平较高且仍旧处于增长阶段，也是造成北京环境子系统评价值相对较低的原因。而乌鲁木齐、西宁的评价值较高，与其可再生能源资源丰富有较大关系。乌鲁木齐发展和改革委的数据显示，该市可再生能源装机300万千瓦，风电利用率就由2015年的68%提高到2021年的91.7%③。对可再生能源的生产的重视，将有利于提升中国城市的电气化水平，并且对于中国实现"3060"目标，实现城市在碳排放交易中保持有利位置有重要帮助。

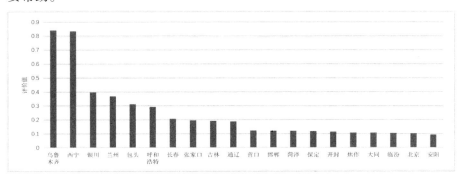

图6-4　环境子系统评价值排名前十名和后十名的城市

（三）社会子系统评价值

相比环境子系统，B-1型城市社会子系统的评价值相对较好，但仍低于经济和城市治理子系统的评价值。52座城市中，最高值为0.8615，最低值为0.1044，平均值为0.2131，中位数为0.1870。社会子系统发展的表现整体上仍旧偏弱，且亦呈现出重要城市发展远好于一般城市的趋势（如图

①　凌浩恕，等．北京市住宅除采暖外能耗实测统计分析［J］．建筑科学，2012，28（S2）：266-270.
②　刘觅颖，王继龙．2016年1~6月北京市电力消费形势分析［J］．节能与环保，2016（08）：54-57.
③　郭玲．乌鲁木齐以能源绿色低碳发展为关键，落实"双碳"目标任务［EB/OL］．（2022-04-07）［2022-05-11］．https：//baijiahao.baidu.com/s？id=1729441156574964381&wfr=spider&for=pc.

6-5）。社会子系统主要反映城市的人口发展状况、生活环境质量和城乡协调发展，尤其是生活环境质量的占比最高。而将排名较高和排名较低的城市在其所在省的城市中进行对比，可以发现同一省内的社会发展差异也较大，尤其是河南省。省会郑州的社会子系统评价值可以排名第四位，但是处于最后五位的也都来自河南省。

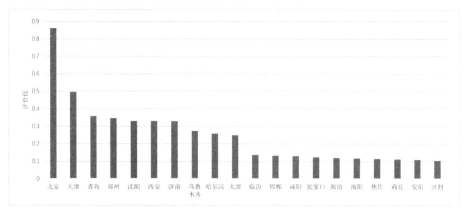

图 6-5　社会子系统评价值排名前十名和后十名的城市

（四）经济子系统评价值

得益于中国经济近几十年的快速发展，经济子系统的整体表现是较好的。B-1 型城市经济子系统的评价值相对较好，52 座城市中，最高值为 0.7584，最低值为 0.1221，平均值为 0.2557，中位数为 0.2141。经济子系统的总体表现较好，说明 B-1 型城市的整体经济表现是良好的，且在发展较好的城市中，除北京表现特别突出外，其他城市的表现趋于一致（如图 6-6）。经济除了反映城市建设和发展的成果外，也为社会、环境和城市治理子系统的发展和建设提供财富基础。因此，在进行子系统之间观察时，不难发现，经济子系统表现不佳的十座城市与环境、社会和城市治理子系统后十名的城市存在不同程度的重叠情况。其中，临汾市在不同子系统评价值排序中均位于后十名之内，而经济是排名相对最低的，由此可见经济的发展，对于城市可持续发展的各项事业具有相当的推动作用。

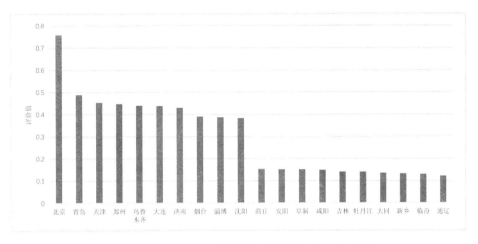

图6-6　经济子系统评价值排名前十名和后十名的城市

（五）城市治理子系统评价值

相比其他子系统，B-1型城市的城市治理子系统的评价值情况是相对最好的。52座城市中，最高值为0.7926，最低值为0.0845，平均值为0.2754，中位数为0.2300。B-1型城市的城市治理子系统表现虽然整体上较好，但是在趋势上与其他子系统差异明显（如图6-7）。在大多数城市中，其呈现出一种发展水平好于其他子系统的状态，且排名较前的城市在城市治理方面的表现差异较大，与其他子系统中的表现呈现出较大差异。这当然得益于中国城市政府对于城市的管理具有相当的权威。此外，中国城市正在经历的快速城市化过程，也是形成这一结果的原因。这里的城市化不仅仅是指人口的城市化，更多的是指城市政府对于城市基础设施、相关产业及教育和科技发展的不断投入。可以说，城市治理并不仅仅是在管理城市，也是在"经营"城市。对城市各项设施和事业的合理、恰当的投入行动在人口城市化的基础上，也将推动人口的市民化，而不是任由城市自由发展而导致可能出现的城市农村化或市民农村化问题。

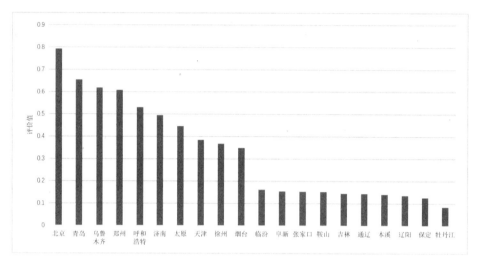

图 6-7　城市治理子系统评价值排名前十名和后十名的城市

五、B-1 型城市可持续发展综合评价值分级

根据 B-1 型 52 座城市的可持续发展水平，利用均值-标准差法，为 52 座 B-2 型城市进行分级。均值-标准差法是一种等差分级方法，该方法广泛应用于地理信息、环境科学、工程技术等多个领域①②。均值-标准差法的分级间隔是通过计算得出的分级对象数据集的标准差。实际操作时，先以数据集的平均值作为参照，以平均值加减半个标准差或一个标准差作为分级的划分值，从而实现对数据集内数据的分级。

依据 B-1 型城市综合发展水平评价值的平均值和标准差，可以将 52 座 B-1 型城市划分为五级，即 Ⅰ、Ⅱ、Ⅲ、Ⅳ和 Ⅴ 级，分别代表优秀、良好、中等、较差和差五个等级，如表 6-4 所示。

---

① PACHECO A G C, KROHLING R A. Ranking of Classification Algorithms in Terms of Mean-Standard Deviation Using A-TOPSIS [J]. Annals of Data Science, 2018, 5 (01): 93-110.

② 易庆林，等. 基于点估计理论滑坡稳定性及可靠度分析 [J]. 水力发电, 2019, 45 (12): 25-30.

表 6-4　B-1 型城市可持续发展综合评价值分级标准与结果

等级		分级标准	城市
I	优秀	$\mu+std< C_i$	北京、乌鲁木齐、西宁、青岛、郑州、天津（6 座）
II	良好	$\mu+0.5std< C_i \leq \mu+std$	济南、呼和浩特、银川、兰州、大连、烟台（6 座）
III	中等	$\mu-0.5std< C_i \leq \mu+0.5std$	包头、沈阳、淄博、太原、西安、长春、潍坊、徐州、洛阳、石家庄、唐山、临沂、泰安、枣庄、哈尔滨、秦皇岛（16 座）
IV	较差	$\mu-std< C_i \leq \mu-0.5std$	本溪、吉林、张家口、焦作、淮北、保定、营口、辽阳、新乡、廊坊、锦州、通辽、菏泽、大同、咸阳、南阳、阜新、鞍山、邯郸、牡丹江、商丘、安阳、开封（23 座）
V	差	$C_i \leq \mu-std$	临汾（1 座）

注：μ 为 B-1 型城市 C_i 的平均值；std 为标准差。

　　基于均值-标准差法的城市综合发展水平评价值分级结果，可以从更加科学的角度，对 B-1 型城市的可持续发展水平进行总体的反映。由于 B-1 型城市囊括了从特大型、大型城市到中小城市的各类城市，其结果可以反映出中国北方城市可持续发展的总体情况，即相当多的中国北方城市的可持续发展水平相对落后，有 24 座城市（占比 46.15%）处于较差或差的水平，而仅有 12 座城市（占比 23.08%）可以达到优秀或良好的水平。

　　结合空间分布观察，中心城市的综合发展水平评价结果好于非中心城市或中小城市，东部沿海城市的表现较中部和西部的内陆城市要好。其中获得 I 级（优秀）评级的都是中心城市，包括北京、天津、位于中西部的省会城市和东部副省级城市。获得 II 级（良好）评级的城市大多也是中心城市，如东部省会城市济南、东部沿海的大连（副省级）和烟台，以及位于中西部的省会城市兰州和自治区首府呼和浩特和银川。而获得Ⅳ级（较差）和Ⅴ级（差）的城市则全部为普通地级城市。

从 B-1 型城市可持续发展综合发展水平评价值及其分级结果看，52 座城市的可持续发展水平存在巨大差异。其原因主要应归结于：经济子系统发展对其他子系统的影响。经济实力的提升是促进城市可持续发展的重要动力。相当多的环境、社会、经济和城市的投入和政策扶持都需要依托强有力的经济作为基础。从综合发展水平评价值分级的结果看，拥有更多政策优势和资源倾斜的中心城市，在可持续发展方面所取得的进展是要好于一般的城市或中小城市的；东部的沿海城市也是好于中西部内陆城市的。这说明，经济发达的城市不仅实现了从经济实力上领先于其他城市，更重要的是由于经济基础的雄厚，使得这部分城市有更多的资金注入基础设施建设和公共服务领域，从而带动了其他子系统的发展。因而在社会、经济和城市治理子系统评价靠前城市存在相当多的交集。但是，经济的繁荣，也可能是建立在对环境的破坏和对资源的大量消耗基础上的，因而，相当多经济发达的城市在环境子系统的表现方面非常一般。

城市的可持续发展是四个子系统共同作用的结果。从可持续发展综合发展水平评价值和各个子系统的评价结果可以发现，相当多城市的不同子系统表现差异巨大。如前述的北京，在环境子系统的表现方面，与社会、经济和城市治理子系统表现存在的巨大差异。因此，提高城市可持续综合发展水平表现的同时，更应当注重城市内部各个子系统的协调发展表现。诚然，个别子系统的优异表现，能够对综合发展水平评价值产生影响，但真正意义上的城市可持续发展，更应重视全面处理不同子系统的问题，以实现全面走向城市可持续发展。

第四节　城市可持续发展协调度评价

一、理论基础

由于发展与协调是两个不同的概念，因而在对城市综合发展水平进行评价的同时，对城市发展协调程度的关注也很必要。发展是指系统的各个要素自身的变化和过程，是用于描述事物变化的概念，人口的增加、产值的上升、结构的优化、环境的改善等，都是发展在现实中的具体表现。协调则是指系统内各个要素之间的配合良好的关系，是描述事物之间良性互动关系的概念，而耦合是协调的前提①。耦合原为物理学中的概念，反映的是两个或两个以上的多个系统、体系或运动之间通过多种相互作用而形成对彼此影响的现象。通过耦合，发展与协调被紧密地结合在一起，也成为近期协调发展领域研究重点关注的内容之一②。因此，APEC 城市可持续发展评价的研究也需要考虑耦合、协调与发展的问题。

从过去相当长的一段时间到现在，受到历史、资金和技术的局限性影响，城市的发展往往以系统中的局部问题为优先发展的着眼点，从而使其他部分成为发展的代价，并最终成为不可持续发展方式的牺牲品。例如：农村人口大量进入城市后，快速推动了城市化的过程，然而其他城市部分，如公共基础设施发展的严重滞后，并没有使得这些新市民实现市民化，甚至使得整个城市走向了农村化③。这样低质量的城市发展并非城市发展所追求的，同时，这显然也与可持续发展的理念相悖。

城市作为一个复杂的系统，通过各个子系统达成发展与协调的和谐统

①　杨玉珍. 我国生态、环境、经济系统耦合协调测度方法综述 [J]. 科技管理研究，2013，33（04）：236-239.

②　赵雨凡，等. 基于 CiteSpace 的多系统耦合协调模型应用研究综述 [J]. 中国林业经济，2021（03）：49-51，55.

③　KRAUSE M. The Ruralization of the World [J]. Public Culture，2013，25（2 70）：233-248.

一,从而实现可持续发展。在城市系统中,良好的环境、和谐的社会、发达的经济与高效的城市治理,才是协调发展的表现。城市的各个子系统不均衡地发展会影响城市整体的可持续发展水平,最终导致虚假的或者泡沫化的可持续发展结果,造成诸如弱可持续性、漂绿等低质量可持续发展问题,并使得发展走向背离可持续城市理想目标的发展的方向。2022 年,中国国务院发布的《"十四五"新型城镇化实施方案》也强调,要完善大中小城市和小城镇协调发展的城镇化格局,以推动城镇化高质量发展的目标①。因此,不管是从 APEC 层面出发,还是从中国自身的角度,B-1 型城市,乃至全部 APEC 城市的可持续发展,都同样寻求各个子系统的耦合与协调发展,避免形成前述的类似问题。

二、城市可持续发展发展协调程度及评价

协调程度是测量系统之间或系统内的各个子系统协调程度的定量指标。协调程度指标可以用于对城市在不同时间点的发展协调程度的评价。协调程度的评价方法一般遵循与可持续性评价相似的模式,即先依据指标体系,并对指标赋权,用以评价各个子系统的发展。再用测量方法对各子系统的发展协调程度进行评价,并基于结果开展分析,得到研究结论。本书基于 APEC 城市可持续发展指标体系的核心指标,对 B-1 型城市的环境、社会、经济和城市子系统发展协调程度进行了评价。

从图 6-8 可知,全球研究者对于城市协调发展与协调发展评价的研究是相对同步的,但是针对协调度评价方面的研究数量仍然有限。其中一个重要原因是需要对评价的方法进行研究。针对城市协调发展评价的研究历史并不长,但是研究者们可选择的方法仍然较多,其中相对重要的方法有指数加成法、系统动力学法、灰色理论方法、变异系数法。

指数加成法,或称多变量综合评价方法,是运用数理统计方法将多个指标转化为能够反映情况的综合指标,从而进行评价的方法。在构建指标

---

① 中国国务院. 国务院关于"十四五"新型城镇化实施方案的批复［EB/OL］. (2022-06-07)［2022-07-01］. http://www.gov.cn/zhengce/content/2022-06-07/content_ 5694434. htm.

体系后，通常利用主成分分析、层次分析法、因子分析等方法计算各子系统协调发展指数。李华等基于城市 PRED 理论构建指标体系后，对山东省的人口、环境、资源与经济子系统的协调发展程度进行了测量①。系统动力学法是基于系统动力学理论，对复杂巨系统的演化和发展开展认识和解决问题的方法，提供了分析研究非线性复杂系统的建模分析方法。Woodwell 运用系统动力学构建了一个模型②。灰色理论方法是一种运用灰色关联度分析进行协调度研究的方法。杨雪梅等基于水资源-城市化复合系统，构建了耦合度指标体系，并基于由邓聚龙先生于 20 世纪 80 年代提出的灰色关联度分析的方法，针对石羊河流经的城市进行了耦合协调度评价研究③。变异系数法，也称离散系数协调性测度，旨在利用变异系数的概念和性质反映变异程度，从而求得子系统之间协调性指数。其中主要是利用耦合协调度模型开展研究。该方法可能最早的使用时间为 1992 年，由张陆彪和刘书楷在生态经济效益协调发展研究中提出④。后由杨士弘在广州城市环境与经济协调发展的研究中，提出了协调度计算公式⑤。其后这一方法被广泛运用于环境、城市化、社会发展、人口等诸多系统间耦合协调的研究中⑥。除去以上方法外，还有计量分析法、弹性系数法、模糊数学法、数据包络分析等诸多方法和模型。

用于与城市发展有关的系统耦合协调度评价的方法是较多的。但是，2016 年开始大量采用耦合协调度模型对城市协调发展问题进行研究。根据

---

① 李华，等. 关于山东经济发展与人口-资源-环境协调度评价 [J]. 东岳论丛，2008（03）：75-79.

② WOODWELL J C. A Simulation Model to Illustrate Feedbacks Among Resource Consumption, Production, and Factors of Production in Ecological-Economic Systems [J]. Ecological Modelling, 1998, 112 (02)：227-248.

③ 杨雪梅，等. 西北干旱地区水资源-城市化复合系统耦合效应研究——以石羊河流域为例 [J]. 干旱区地理，2014, 37 (01)：19-30.

④ 刘春林. 耦合度计算的常见错误分析 [J]. 淮阴师范学院学报（自然科学版），2017, 16 (01)：18-22.

⑤ 杨士弘. 广州城市环境与经济协调发展预测及调控研究 [J]. 地理科学，1994（02）：136-143, 199.

⑥ 王淑佳，等. 国内耦合协调度模型的误区及修正 [J]. 自然资源学报，2021, 36（03）：793-810.

赵雨凡等 基于 CiteSpace 文献梳理和综述①，城市协调发展评价研究中，大多数研究采用熵权法和耦合协调模型对城市的发展协调程度开展评价（如图 6-8）。究其原因，是耦合协调度模型的计算相对简便，且能够很直观地获得计算结果，才被广泛应用于不同尺度、不同区域的城市或省区可持续发展协调度研究中。由于 APEC 城市复杂多样且数量众多，需要一种相对简便直观，且能够考虑到未来应用于不同类型 APEC 城市的发展协调程度评价方法，所以文本选择使用耦合协调度模型开展 B-1 型城市的可持续发展协调度评价研究。

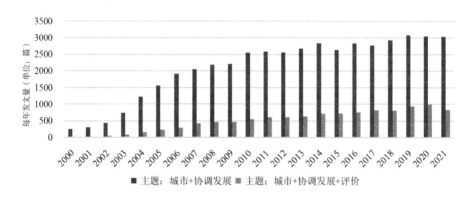

图 6-8　城市协调发展与评价发文数量变化趋势

通过对文献的阅读和梳理，可以肯定的是针对城市环境、社会与经济的可持续发展耦合协调的测量研究，为推进环境、经济、社会系统的持续发展提供了重要的方法论指导。但尚有需要探索之处。大多数研究开展的是针对两个系统之间的耦合度、耦合协调度研究，而针对多系统的研究则很少。即使进行了多个系统之间的协调度研究，也往往通过两个子系统之间的协调度研究进行。但是，可以肯定的是，耦合协调度模型是可以进行多系统协调度的计算和研究的，而本书就是利用耦合协调度模型，开展针对环境、社会、经济和城市治理的多系统的城市发展协调度探索和研究。

① 赵雨凡，等. 基于 CiteSpace 的多系统耦合协调模型应用研究综述［J］. 中国林业经济，2021（03）：49-51，55.

八、耦合协调度模型

耦合协调度模型的发端大约在 1992 年，由张陆彪和刘书楷开始使用①，杨士弘给出了早期的耦合度（当时称协调度）的公式。后由廖重斌首先采用"耦合度"一词，并给出了耦合度（C）和耦合协调度（D）的公式②。其后刘耀彬和宋学锋（2005）引入物理学的容量耦合概念及容量耦合系数模型，给出了耦合协调度函数③。经过不断完善，使得该模型在 2010 年后得到了广泛的使用，并主要集中在生态环境系统与经济社会系统的研究中。其中，相对热点的研究领域有区域经济、城市化发展、人口发展、经济发展、产业结构、土地利用等，并且在 2016 年后的相关研究中增长迅速（如图 6-9 所示）。

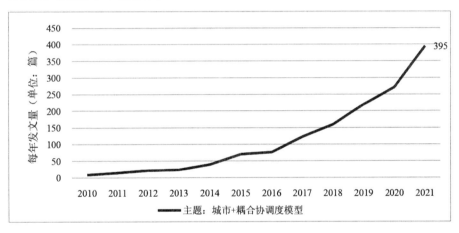

图 6-9 城市耦合协调度模型研究发文数量变化趋势

耦合协调度模型由耦合度（C）和耦合协调度（D）两个部分组成。

---

① 张陆彪，刘书楷．生态经济效益协调发展的表征判断 ［J］．生态经济，1992（01）：17–20，12.

② 廖重斌．环境与经济协调发展的定量评判及其分类体系——以珠江三角洲城市群为例 ［J］．广州环境科学，1996，11（01）：5.

③ 刘耀彬，宋学锋．城市化与生态环境的耦合度及其预测模型研究 ［J］．中国矿业大学学报，2005（01）：94–99.

耦合度（C）是耦合协调度模型的核心部分，其公式为：

$$C_n = \left[\frac{\left(\prod_{i=1}^{n} U_i \right)}{\left(\frac{1}{n} \sum_{i=1}^{n} U_i \right)^n} \right]^{\frac{1}{n}} \qquad (6-11)$$

式中 C_n 为 n 个系统的耦合度，n 为参与评价的系统数量，U_i 为参与耦合度评价的系统的综合评价值。C_n 的取值范围在 [0, 1] 之间，当 C_n 值越接近 1 时，则说明系统间越接近有序，系统间的关系越紧密；相反，当 C_n 值越接近 0，则说明系统间联系越弱，甚至呈无关联状态。然而，使用耦合度判断系统间耦合度的程度时，可能会出现两个系统均处于较高或者较低的水平，耦合度得分较高的情况①，即耦合度能够反映系统间的相互影响和作用程度，但是无法反映系统水平的高低，造成了不能完全反映系统的整体协调性的问题。因此，引入耦合协调度 D_n，从耦合作用强度和系统发展水平两个维度体现系统之间相互作用的整体功效，其公式为：

$$D = \sqrt{C \times T}, \ T = \alpha U_1 + \beta U_2 \qquad (6-12)$$

上式为 n = 2 时的情况，其中 D 为系统的耦合度，T 为系统的综合评价指数，U_1 和 U_2 为两个系统的综合评价值，α 和 β 表示系统的重要性系数。需要注意的是，在耦合协调度模型的发展和运用的早期过程中，由于各种原因，耦合度、协调度和耦合协调度的名称使用较为混乱。运用耦合协调度模型计算时，需要先进行耦合度（C）的计算，再进行耦合协调度（D）的计算。随着杨玉珍（2013）、刘春林（2017）、王淑佳等（2021）和赵雨凡等（2021）针对这一领域的深入研究和纠错，基本确定了当前运用耦合协调度模型进行耦合协调度计算的方法。

---

① 罗福周，王婷. 城市收缩背景下基础设施与人口的协调发展研究——以东北地区 30 个收缩城市为例 [J]. 国土资源科技管理，2021，38（02）：114-127.

第五节 APEC 城市可持续发展协调度评价模型构建

一、指标与数据来源

APEC 城市可持续发展协调程度的评价，基于 APEC 城市可持续发展指标体系的核心指标进行。所使用的数据与综合发展水平评价所使用的数据一致，相关的数据均来源于中国统计部门及相关城市发布的统计年鉴或专门报告。

二、评价模型

运用耦合协调度模型的步骤是：

（1）计算各个子系统综合指数。

$$U_i = \sum_{i=1}^{m} \omega_{ij} u_{ij} \qquad (6\text{-}13)$$

$$\sum_{j=1}^{m} \omega_{ij} = 1 \qquad (6\text{-}14)$$

式中 U_i 为第 i 个子系统综合指数。u_{ij} 为第 i 子系统中第 j 指标的归一化值，ω_{ij} 为第 i 子系统中第 j 指标的权重，每个子系统中指标的权重计算使用熵权法进行计算。在计算每个子系统的熵权时，必须先进行归一化处理，这里采用最大最小值法进行归一化处理：

u_{ij} 为数值越大对系统越好时（正向归一化）：

$$u_{ij} = \frac{x_{ij} - x_{min}}{x_{max} - x_{min}} \qquad (6\text{-}15)$$

u_{ij} 为数值越小对系统越好时（负向归一化）：

$$u_{ij} = \frac{x_{max} - x_{ij}}{x_{max} - x_{min}} \qquad (6\text{-}16)$$

（2）计算 n 个子系统组合的耦合度。合最早是作为一个物理学的概念，指 2 个或 2 个以上子系统通过各种相互作用而彼此影响的现象，多个子系统相互作用耦合度模型可以用公式 6-11 表示。

式中：n 为子系统个数，当 $n=4$ 时，

$$C_4 = \sqrt[4]{\frac{U_1 U_2 U_3 U_4}{\left(\dfrac{U_1 + U_2 + U_3 + U_4}{4}\right)^4}} = \frac{4\sqrt[4]{U_1 U_2 U_3 U_4}}{U_1 + U_2 + U_3 + U_4} \qquad (6-17)$$

U_i 为各子系统综合指数，其分布区间为 $[0,1]$，故耦合度 C 值区间为 $[0,1]$。C_n 值越大，子系间离散程度越小，耦合度越高。

（3）计算 n 个子系统组合的耦合协调度。多个子系统相互作用耦合度模型用以下模型表示：

$$D_n = (C_n \times T)^{\frac{1}{2}} \qquad (6-18)$$

$$T = \sum_{i=1}^{n} \alpha_i U_i \qquad (6-19)$$

式中 C_n 表示 n 个子系统的耦合度，D_n 表示 n 个子系统的耦合协调度，T 为协调指数，U_i 为各子系统综合指数，α_i 表示各个子系统的重要性。在大量的研究与实践中，在子系统间的耦合协调度求解过程中，都假设各子系统的重要性是一致的。因此，为 α_i 赋予相同值，且 $\sum_{i=1}^{n} \alpha_i = 1$，所以 $\alpha_1 = \alpha_2 = \cdots = \alpha_n = \dfrac{1}{n}$。

当 $n=4$ 时，

$$D_4 = (C_4 \times T)^{\frac{1}{2}} \qquad (6-20)$$

$$T = \alpha_1 U_1 + \alpha_2 U_2 + \alpha_3 U_3 + \alpha_4 U_4, \ \alpha_1 = \alpha_2 = \alpha_3 = \alpha_4 = \frac{1}{4} \quad (6-21)$$

第六节　评价结果与分析

本书中，采用耦合协调度模型计算发展协调程度，并使用 SPSSPRO 平台进行计算。将统计数据输入计算平台后，可以获得各个子系统的综合指数，再先后计算四个子系统的 B-1 城市可持续发展的耦合度（C）和耦合

协调度（D），并判断相关结果。

一、B-1 城市可持续发展协调度评价结果

基于公式 6-15 和 6-16 对指标数据进行处理后，使用公式 6-13 和 6-14 获得 B-1 型城市各个子系统的综合指数，结果见表 6-5。

表 6-5　B-1 型城市各个子系统的综合指数计算结果

城市	环境子系统可持续发展综合评价	社会子系统可持续发展综合评价	经济子系统可持续发展综合评价	城市治理子系统可持续发展综合评价
安阳	0.1212	0.1382	0.2071	0.2378
鞍山	0.1827	0.2413	0.1878	0.1635
包头	0.3457	0.2958	0.3416	0.3150
保定	0.1607	0.1986	0.3061	0.1277
北京	0.1454	0.8437	0.7121	0.8109
本溪	0.1898	0.3057	0.2380	0.1314
大连	0.2245	0.3297	0.6119	0.3499
大同	0.1654	0.2483	0.1440	0.2409
阜新	0.1951	0.2173	0.1646	0.1417
哈尔滨	0.1994	0.3560	0.2108	0.1915
邯郸	0.1776	0.1696	0.2154	0.1839
菏泽	0.1866	0.2083	0.2050	0.1860
呼和浩特	0.3637	0.2953	0.3408	0.5139
淮北	0.2005	0.1917	0.2804	0.3010
吉林	0.2584	0.2777	0.1497	0.1561
济南	0.2111	0.4564	0.6090	0.4841
焦作	0.1737	0.1590	0.3918	0.2483
锦州	0.2098	0.2105	0.2508	0.1718
开封	0.1837	0.1493	0.2326	0.1740

城市	环境子系统可持续发展综合评价	社会子系统可持续发展综合评价	经济子系统可持续发展综合评价	城市治理子系统可持续发展综合评价
兰州	0.4198	0.2834	0.5038	0.2914
廊坊	0.2296	0.1464	0.2461	0.2053
辽阳	0.2362	0.2428	0.2702	0.1262
临汾	0.1606	0.1740	0.1248	0.1701
临沂	0.2112	0.2484	0.3304	0.3012
洛阳	0.2086	0.2206	0.4288	0.3594
牡丹江	0.2131	0.2117	0.1489	0.0711
南阳	0.2091	0.1454	0.2088	0.2436
秦皇岛	0.2666	0.2088	0.2799	0.2671
青岛	0.2690	0.4492	0.6547	0.6565
商丘	0.2070	0.1434	0.1956	0.2096
沈阳	0.1957	0.4199	0.5402	0.2417
石家庄	0.2379	0.2791	0.2362	0.2908
太原	0.1974	0.3527	0.3637	0.4820
泰安	0.2380	0.2438	0.3625	0.2772
唐山	0.2621	0.2447	0.4205	0.2078
天津	0.2273	0.5967	0.4339	0.3771
通辽	0.3064	0.1795	0.1238	0.1460
潍坊	0.2343	0.2854	0.3884	0.3711
乌鲁木齐	0.8164	0.3332	0.3927	0.5952
西安	0.2397	0.4052	0.3303	0.2810
西宁	0.8296	0.1635	0.2517	0.2474
咸阳	0.2320	0.1575	0.1823	0.1927
新乡	0.2329	0.1736	0.1592	0.2542

城市	环境子系统 可持续发展 综合评价	社会子系统 可持续发展 综合评价	经济子系统 可持续发展 综合评价	城市治理子系统 可持续发展 综合评价
徐州	0.2550	0.2901	0.2121	0.4260
烟台	0.2962	0.3128	0.5502	0.3745
银川	0.4982	0.2844	0.3018	0.2979
营口	0.1771	0.2234	0.3461	0.1573
枣庄	0.2663	0.2839	0.2850	0.2575
张家口	0.3210	0.1690	0.2437	0.1520
长春	0.3410	0.3405	0.2942	0.2859
郑州	0.2520	0.4057	0.5941	0.5771
淄博	0.2870	0.3180	0.5504	0.4045

通过公式 6-18、6-21 和 6-22，可以获得 52 座 B-1 型城市与环境、社会、经济和城市治理四个子系统的耦合度（C_4）和耦合协调度（D_4），结果见表 6-6。

表 6-6 **B-1 型城市四个子系统的耦合度（C_4）和耦合协调度（D_4）评价结果**

城市	耦合度（C_4）值	协调指数 T 值	耦合协调度（D_4）值
安阳	0.4309	0.0999	0.2075
临汾	0.7243	0.0693	0.2240
牡丹江	0.6830	0.0778	0.2305
商丘	0.7367	0.1172	0.2939
通辽	0.5877	0.1132	0.2579
鞍山	0.9850	0.1243	0.3499
保定	0.8096	0.1392	0.3358
本溪	0.9177	0.1594	0.3825
大同	0.8147	0.1282	0.3231

城市	耦合度（C_4）值	协调指数 T 值	耦合协调度（D_4）值
阜新	0.9872	0.1034	0.3195
邯郸	0.9074	0.1159	0.3243
菏泽	0.9801	0.1288	0.3553
吉林	0.8811	0.1448	0.3572
焦作	0.6694	0.2056	0.3710
锦州	0.9662	0.1520	0.3832
开封	0.7929	0.1149	0.3018
廊坊	0.7430	0.1457	0.3290
辽阳	0.9277	0.1653	0.3916
南阳	0.7294	0.1354	0.3142
咸阳	0.8569	0.1196	0.3202
新乡	0.8372	0.1363	0.3378
营口	0.8425	0.1800	0.3895
张家口	0.8336	0.1665	0.3726
哈尔滨	0.9348	0.1888	0.4201
淮北	0.8677	0.1974	0.4138
临沂	0.9203	0.2416	0.4715
洛阳	0.8233	0.2914	0.4898
秦皇岛	0.9403	0.2147	0.4493
石家庄	0.9775	0.2189	0.4625
泰安	0.9264	0.2547	0.4858
唐山	0.8933	0.2646	0.4862
西宁	0.5912	0.3754	0.4711
徐州	0.9068	0.2633	0.4886
枣庄	0.9927	0.2396	0.4877
包头	0.9845	0.3139	0.5559

城市	耦合度（C_4）值	协调指数T值	耦合协调度（D_4）值
大连	0.8307	0.4078	0.5821
沈阳	0.8106	0.3635	0.5428
太原	0.8641	0.3468	0.5474
潍坊	0.9186	0.3098	0.5334
西安	0.9582	0.2992	0.5354
银川	0.9466	0.3404	0.5677
长春	0.9995	0.2984	0.5461
北京	0.6017	0.7534	0.6733
呼和浩特	0.9433	0.3854	0.6030
济南	0.8317	0.4904	0.6386
兰州	0.9195	0.3949	0.6026
天津	0.8843	0.4364	0.6212
烟台	0.9060	0.4092	0.6089
郑州	0.8705	0.5116	0.6673
淄博	0.9026	0.4179	0.6141
青岛	0.8697	0.5840	0.7127
乌鲁木齐	0.9023	0.6037	0.7380

参照王淑佳等给出的参考值①，确定了耦合度（C_4）和耦合协调度（D_4）的划分标准，见表6-7。并且根据表6-7中的划分标准，对表6-6中的结果进行划分，见表6-8。

---

① 王淑佳，等．国内耦合协调度模型的误区及修正［J］．自然资源学报，2021，36（03）：793-810.

表6-7 耦合度（C_4）和耦合协调度（D_4）划分标准

区间	耦合度（C_4）	耦合等级	耦合协调度（D_4）	协调等级
[0, 0.1)	极度失调	1	极度失调	1
[0.1, 0.2)	严重失调	2	严重失调	2
[0.2, 0.3)	中度失调	3	中度失调	3
[0.3, 0.4)	轻度失调	4	轻度失调	4
[0.4, 0.5)	濒临失调	5	濒临失调	5
[0.5, 0.6)	勉强协调	6	勉强协调	6
[0.6, 0.7)	初级协调	7	初级协调	7
[0.7, 0.8)	中级协调	8	中级协调	8
[0.8, 0.9)	良好协调	9	良好协调	9
[0.9, 1]	优质协调	10	优质协调	10

表6-8 B-1型城市四个子系统的耦合度和耦合协调度分级结果

城市	耦合等级	耦合度	协调等级	耦合协调度
安阳	5	濒临失调	3	中度失调
鞍山	10	优质协调	4	轻度失调
包头	10	优质协调	6	勉强协调
保定	9	良好协调	4	轻度失调
北京	7	初级协调	7	初级协调
本溪	10	优质协调	4	轻度失调
大连	9	良好协调	6	勉强协调
大同	9	良好协调	4	轻度失调
阜新	10	优质协调	4	轻度失调
哈尔滨	10	优质协调	5	濒临失调
邯郸	10	优质协调	4	轻度失调
菏泽	10	优质协调	4	轻度失调
呼和浩特	10	优质协调	7	初级协调

城市	耦合等级	耦合度	协调等级	耦合协调度
淮北	9	良好协调	5	濒临失调
吉林	9	良好协调	4	轻度失调
济南	9	良好协调	7	初级协调
焦作	7	初级协调	4	轻度失调
锦州	10	优质协调	4	轻度失调
开封	8	中级协调	4	轻度失调
兰州	10	优质协调	7	初级协调
廊坊	8	中级协调	4	轻度失调
辽阳	10	优质协调	4	轻度失调
临汾	8	中级协调	3	中度失调
临沂	10	优质协调	5	濒临失调
洛阳	9	良好协调	5	濒临失调
牡丹江	7	初级协调	3	中度失调
南阳	8	中级协调	4	轻度失调
秦皇岛	10	优质协调	5	濒临失调
青岛	9	良好协调	8	中级协调
商丘	8	中级协调	3	中度失调
沈阳	9	良好协调	6	勉强协调
石家庄	10	优质协调	5	濒临失调
太原	9	良好协调	6	勉强协调
泰安	10	优质协调	5	濒临失调
唐山	9	良好协调	5	濒临失调
天津	9	良好协调	7	初级协调
通辽	6	勉强协调	3	中度失调
潍坊	10	优质协调	6	勉强协调
乌鲁木齐	10	优质协调	8	中级协调

城市	耦合等级	耦合度	协调等级	耦合协调度
西安	10	优质协调	6	勉强协调
西宁	6	勉强协调	5	濒临失调
咸阳	9	良好协调	4	轻度失调
新乡	9	良好协调	4	轻度失调
徐州	10	优质协调	5	濒临失调
烟台	10	优质协调	7	初级协调
银川	10	优质协调	6	勉强协调
营口	9	良好协调	4	轻度失调
枣庄	10	优质协调	5	濒临失调
张家口	9	良好协调	4	轻度失调
长春	10	优质协调	6	勉强协调
郑州	9	良好协调	7	初级协调
淄博	10	优质协调	7	初级协调

二、评价结果分析

利用耦合协调度模型，本书获得了对 B-1 型城市四个子系统发展耦合度和耦合协调度的量化结果和排名结果。结合综合发展水平评价值的分级结果，本书将结果汇总，并呈现于图 6-10 中。

图 6-10 中，城市依据可持续综合发展水平评价值的高低，以逆时针方向排序。通过外圈环形图，标示出城市所获得的可持续发展综合发展水平评价值分级情况。内部则通过借鉴极坐标柱状图的形式，表示每座城市的耦合度与耦合协调度水平和差异。柱形图远心端表示耦合度，近心端表示耦合协调度。图中的柱形远心端越靠近边缘，则表示四个子系统的耦合度越高。柱形的近心端越靠近圆心，则表示四个子系统的耦合协调度越低。因此，柱形整体越靠近远心端，且柱形长度越短，结果越理想，即四个子系统的耦合度高且发展水平也高。当耦合度与耦合协调度的等级一致（如图 6-10 中的北京），则柱形变为一条横线，以横线的位置表示耦合度

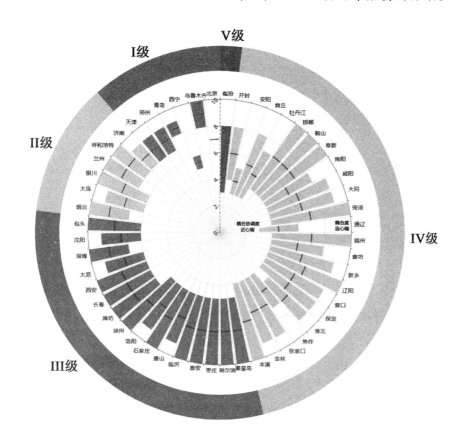

图6-10 B-1型城市可持续发展综合发展水平与发展协调程度评价结果汇总

与耦合协调度结果。

　　从总体上看，可持续发展综合发展水平评价值较高的城市，在耦合协调度的评价表现上也普遍相对较好，图6-10中，各级城市的柱形长度能够较为直观地反映这一趋势。而发展协调程度的评价，则能够从城市内部各个子系统的发展情况和子系统间的发展差异，测量城市可持续发展的实际质量，而不是仅仅通过综合得分反映发展的水平。

　　从各个综合发展水平评价城市的分级观察，综合发展水平Ⅰ级城市间的差异较大，也呈现出各城市在取得较好的可持续发展成绩的方式方面是不同的。但是，耦合协调度模型还是能够通过量化的方式，显示各个子系统发展差异带来的影响。以北京为例，虽然北京取得了综合发展水平评价值第一的位置，但是如前文所述，北京的社会、经济和城市治理子系统发展均位列各自评价值排行的首位，但是环境子系统评价值仅为第 51 位，这使得其耦合度等级仅为 7（最高为 10），也拖累耦合协调度等级仅为 7（最高为 10）。而西宁则是另一种情况，其社会、经济和城市治理子系统发展，均位列各自评价值排行的 30 名左右，但差异较大，而环境子系统排名则很高，使得四个子系统整体的耦合度较低，且三个子系统的评价值均较靠后。其结果提示，虽然环境子系统表现优势明显，并带动综合发展水平评价值居前，但是发展协调程度严重不足，可持续发展总体质量不高。而各个子系统评价值相对均衡的乌鲁木齐，则获得了相对较高的耦合协调度评价值。

Ⅱ级城市的耦合度普遍较高，甚至好于Ⅰ级城市。这说明Ⅱ级城市各个子系统的发展水平是更加接近的。与Ⅰ级城市耦合协调度 7~8 的水平相比，Ⅱ城市的耦合协调度为 6~7，说明Ⅱ级城市的各个子系统发展水平相对较低。例如，烟台市的四个子系统排名均位于各子系统排名的第 8 名到第 13 名之间（如表 6-9 所示）。这使得烟台市各子系统发展的耦合度很高，并且由于其发展的质量也较高，进而推高其耦合协调度的等级，提示该市在发展协调程度上取得的成绩。

Ⅲ级城市在各个子系统的发展耦合度方面表现较好，即各个子系统的发展水平是相接近的。但是如图 6-10 所显示的那样，由于耦合协调度等级仅为 5~6，其柱形是明显变长了的，直观地指示了这一级城市各子系统的发展水平不高的问题。例如，如表 6-9 所示，泰安市的四个子系统评价值均位于各子系统排名的第 21 名到第 28 名之间。

Ⅳ级城市和Ⅴ级城市各个子系统的发展耦合度的差异是相对较大的，但耦合协调度的差异较小，耦合协调度等级大部分都为 3 或者 4。这样的结果表明，这两级城市发展的问题更加复杂和多样，子系统间的发展水平差异较大，且各子系统的发展水平都不理想。例如张家口的环境子系统表现优异，经济子系统表现中等，但是社会和政府治理子系统都位于 B-1 城市的后十名中（如表 6-9 所示）。相似的还有辽阳、锦州、临汾等。

表 6-9　部分 B-1 型城市可持续发展综合评价值分级与各子系统评价指数情况

城市	综合发展水平评价值分级	C_i^{En}	排名	C_i^{So}	排名	C_i^{Ec}	排名	C_i^{Cg}	排名
北京	I	0.1024	51	0.8615	1	0.7584	1	0.7926	1
乌鲁木齐	I	0.8409	1	0.2738	8	0.4401	5	0.6189	3
西宁	I	0.8347	2	0.1517	39	0.2036	30	0.2148	31
烟台	II	0.1785	12	0.2377	13	0.3906	8	0.3491	10
泰安	III	0.1456	25	0.1783	28	0.2585	21	0.2391	25
张家口	IV	0.1950	8	0.1238	46	0.2129	27	0.1534	45
辽阳	IV	0.1423	27	0.1781	29	0.1964	33	0.1362	50
锦州	IV	0.1281	38	0.1536	38	0.1849	35	0.1761	40
临汾	V	0.1047	50	0.1370	43	0.1300	51	0.1619	43

　　总体看，耦合协调度高的城市与可持续发展综合发展水平评价值高的城市具有一定的正相关性。首都、省会、自治区首府及重点城市不仅综合发展水平评价结果较好，其整体的协调发展程度也呈现相对理想的状态，而中小城市的两项评价均处于劣势。通过引入耦合协调度模型对 B-1 型城市进行进一步的分析和研究，可以获得一个面向城市各个子系统发展水平的、相对清晰的量化结果，掌握城市间发展差异的确切情况，为有针对性地发现和解决城市可持续发展的问题，尤其是为各个城市所面临的具有地方特色的问题，提供了重要的方向指引。

　　从耦合协调度的评价结果看，当前多数的城市可持续发展指标体系所选择的，以获得一个综合指数为最终目标的评价方式是存在缺陷的，不能在获得评价结果的同时，揭示城市可持续发展存在的问题，并且会形成城市的"弱可持续发展"或"漂绿"问题的严重隐患。而基于复杂系统，通过可持续发展综合发展水平评价值与发展协调度评价相结合的方式，可以有效评价和发现城市发展水平及其内部各组成部分的发展差异。为进一步了解和分析城市可持续发展所遇到的实际问题，并进一步制定解决方案以支持城市的可持续发展打下基础。

由于 APEC 城市，乃至全球城市都需要应对气候变化、能源转型和碳减排带来的发展挑战，本书抽取部分核心指标进一步进行比较。由于这些挑战与可再生能源利用和二氧化碳排放较强关联[1]，且人均可再生能源发电量又拥有单一指标的最高权重，所以选择 EN10-人均可再生能源发电量和 EN11-人均二氧化碳排放量两个指标进行进一步的比较。

如图 6-11 显示的 B-1 型综合发展水平各级城市的 EN10 和 EN11 指标数据。在 B-1 型城市的 Ⅰ 级中，人均可再生能源发电量与人均二氧化碳排放量相关，但相关性并不十分明显（如图 6-11）。一方面，这可能是由于西部很多城市的可再生能源存在被放弃或大量外输的问题。比如存在大量"疆电"被外输的情况[2]。另一方面，这也可能与城市的能源结构和产业结构有关。谢文倩等的研究指出，产业结构升级对碳排放存在显著抑制作用[3]。此外，Ⅰ 级城市中的重点城市较多，而重点城市能够获得更多外输的可再生能源的支持。在 Ⅱ 级到 Ⅴ 级城市中，人均可再生能源发电量与人均二氧化碳排放量相关性变得更为明显，虽然仍然受到前述原因的影响，但已经能够说明城市可再生能源，尤其是本地可再生能源，对降低城市的碳排放有巨大的贡献。

尽管本章的指标体系评价研究建立在 APEC 城市类型识别研究的基础上，但是面向个别指标，数据仍然能够表现出复杂多样的特征。这一方面是由于城市作为一个复杂巨系统，其复杂性本身即可以影响个别指标的结果；另一方面，也说明即使类型识别能够找到具有共性的城市，但是"有限"的差异，也需要被重视。这也进一步支持了本书构建的，由三类指标构成指标体系的必要性。面向具体城市，需要结合其实际情况，充分考虑城市的发展目标和基础条件，才能因地制宜地面向具体城市，进行引导城

---

① 杨力俊，等. 发展可再生能源助力碳中和——复杂系统分析 [J]. 信息与管理研究，2021，6（06）：21-29.

② 新疆能监办. 新疆能源监管办积极推进"疆电外送"促可再生能源消纳 [EB/OL]. (2016-08-23) [2022-05-24]. https://news.bjx.com.cn/html/20160823/765315. shtml.

③ 谢文倩，等. 数字经济、产业结构升级与碳排放 [J]. 统计与决策，2022（17）：114-118.

市可持续发展的指标体系编制。具体而言，即筛选适合的支持指标和城市指标，作为对核心指标的补充和支持。本书的指标体系应用研究即以此为出发点，面向 B-1 型中的张家口，开展面向具体 APEC 城市的城市指标体系应用研究工作。

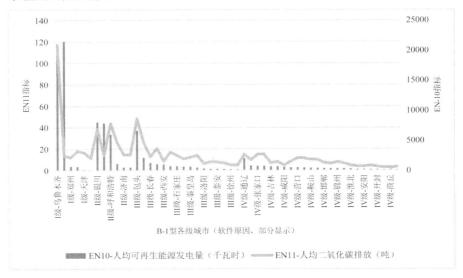

图 6-11　B-1 型城市 EN10 和 EN11 指标数据

第七章

APEC 城市可持续发展指标体系应用研究

本章在 APEC 城市可持续发展指标体系评价研究的基础上，进一步研究指标体系的本地化构建应用问题。并且以河北省张家口市可持续发展评价的结果、其"十三五"期间的部分发展情况和城市统计数据为依托，结合国家、地区和省市的相关"十四五"发展目标和远景规划，开展针对张家口市的城市可持续发展指标体系构建应用研究。旨在面向"十四五"期间，基于张家口城市自身的特点、发展现状、城市中短期规划与区域相关规划，构建引导和测量张家口城市可持续发展表现的本地化指标体系。

在构建应用研究中，本书提出了 APEC 城市可持续发展指标体系的本地化构建应用研究的应用思路。并确定和制定了构建流程和支持工具，包括：张家口城市可持续发展指标体系的构建流程、城市可持续发展目标与责任分配模型（DR^3 模型）和共识取得机制。在此基础上，实现了对张家口城市可持续发展目标的认识和分解，并将其与城市可持续发展的职责部门相联系，实践了将城市可持续发展的主体——城市政府纳入城市指标体系的编制中的设想。并通过与城市政府和专家的充分沟通，形成了指标体系的赋值结果。本书的构建应用研究探索形成了 APEC 城市可持续发展指标体系本地化构建应用的形式，并形成一套完整的、可以向更多 APEC 城市反馈和推广的方法。

第一节 APEC 机制下张家口市的可持续发展努力

张家口市借助国家可再生能源示范区的发展优势，在利用可再生能源

200

改变城市能源转型方面取得了令人瞩目的成绩。而可再生能源示范区的进一步建设、张家口首都水资源涵养功能区和生态环境支撑区建设、2022 年协办北京冬季奥林匹克运动会等发展建设工作，则从城市建设、产业转型、能源结构进一步优化、城市知名度提升等多个方面，形成了张家口城市未来发展的挑战与难得的历史机遇，也为张家口城市影响力的提升与国际化形成了重要的推动力。

除此之外，张家口市还通过举办国际论坛和参与国际城市合作网络的形式，积极开展城市能源和可持续发展问题的研讨与宣传工作，助推城市的发展，推广城市的发展经验与模式，积极提升城市国际影响力。

长城国际可再生能源论坛（Great Wall World Renewable Energy Forum）即是在这种背景下，在张家口市举行。该论坛以"全球协同创新、共享绿色未来（第一届）""驱动智慧变革、赋能绿色未来（第二届）""智领能源革命、探索共赢之路（第三届）"等紧扣时代发展的内容为主题，通过积极引入国际智力资源，从体制机制、科技创新、投融资趋势以及商业模式等角度探寻地区优化能源结构、实现能源转型的路径，拓展可再生能源领域国际合作空间，畅谈全球可再生能源发展前景。

在 APEC 机制下，张家口市以自信和积极的姿态，主动向世界宣传自身的发展成果。2018 年 5 月，张家口市相关领导受邀参加了在中国香港地区召开的，在第五十五届 APEC 能源工作组会议（EWG55）期间举行的，由 APEC 可持续能源中心（APSEC）主办的"第三届 APEC 可持续城市研讨会"。在研讨会期间，时任张家口市人民政府常务副市长的郭英先生做了城市的可持续发展现状及未来规划的汇报发言，分享作为联合举办 2022 年冬季奥林匹克运动会的城市，在绿色低碳建设发展方面的优秀成果，以及推动中国城市能源低碳转型和亚太地区城市可持续发展的经验。在研讨会上，张家口市人民政府还成为 APEC 可持续城市合作网络（CNSC）的子网络——APEC 低碳能效城市合作网络的第二批成员。论坛期间，APSEC 率张家口市人民政府一行人，就中国香港地区的可持续城市规划、绿色建筑技术、能源技术及城市垃圾循环利用等项目进行了考察，并与相关企业开展技术交流座谈会。本次论坛为张家口市尽快实现国际化，塑造城市国际品牌奠定坚实了基础，也为后续张家口市可持续城市的发展提供了强有力的技术与智力支持。

"APEC 可持续城市研讨会"是 APEC 可持续能源中心的年度旗舰论坛之一，每届会议于 APEC EWG 会议期间召开。首届"APEC 可持续城市研讨会"2016 年 5 月在堪培拉召开。会上举行了"APEC 低碳能效城市合作网络"和"APEC 可持续城市服务网络"入网仪式。分别来自澳大利亚首都特区政府、澳大利亚南澳政府、印尼比通市政府、新疆维吾尔自治区吐鲁番市人民政府、云南昆明市呈贡区政府、镇江市生态新城、天津市于家堡金融区的七位嘉宾作为首批加入 APEC 低碳能效城市合作网络城市的代表，表示将共同致力于 APEC 区域内低碳能效城市的可持续发展。来自 APEC 可持续能源中心、中国天津大学、澳大利亚国立大学、新西兰电网集团、香港中华电力有限公司、天津市新金融低碳城市设计研究院的十位嘉宾作为首批加入 APEC 可持续城市服务网络的产学研机构，也表示将共同致力于在 APEC 区域对可持续能源技术的研发，从而引领城市的可持续发展。

除积极举办和参加国际论坛与会议外，张家口市还通过与 APEC 机制下的相关研究机构合作，主动推动城市可持续发展相关内容的研究、评价与实施活动。2018 年张家口市人民政府与 APEC 可持续能源中心签订了长期战略合作关系协议书，并与 APEC 可持续城市项目联合运营中心（简称 CNSC 联合运营中心）开展深度合作。依托 CNSC 联合运营中心的资源优势，张家口市在城市的可持续发展领域开展国际交流与合作，引入先进的理念、技术和资源，探讨城市可持续发展的综合解决方案，进行深入探讨与交流。

CNSC 联合运营中心成立于 2017 年 9 月，是 APEC 可持续能源中心下设的支柱项目联合研究机构，由 APEC 可持续能源中心（APSEC）、中国建筑节能协会和中国建筑股份有限公司三方共同组建和运营管理，致力于在 APEC 区域传播可持续城市的先进理念和模式，促进成员经济体在可持续发展领域的信息交流、政策对话、技术研发、示范推广、能力建设等方面加强合作。

第二节 张家口市城市概况

一、张家口城市可持续发展评价结果

在针对张家口市开展具体的工作之前，首先基于前文中的评价结果，对张家口市在当前评价中的表现进行做进一步说明。张家口在 B-1 型城市的可持续发展综合评价中获得了 0.1761 分，分级结果为Ⅳ级，处于较差水平。其耦合度和耦合协调度的评价中，张家口分别获得了第 9 等级和第 4 等级。该结果提示张家口市四个子系统的发展耦合度处于良好协调的水平，但是四个子系统的整体发展水平不高，处于轻度失调的水平。

由于在前文中是对四个子系统的发展进行综合评价，所以获得的综合评价结果不能直接回答具体子系统的发展水平的问题，或子系统表现的相对优劣情况。本章从四个子系统之间的耦合协调程度出发，利用耦合协调度模型，对张家口市四个子系统两两之间的发展协调程度进行了测量，结果如图 7-1 所示。张家口市在社会和城市治理子系统的发展存在短板，而经济和环境子系统则发展较好。但是，从整体上看，张家口的各个子系统的发展仍旧处于较低水平。

二、张家口城市基本情况

（一）张家口城市概况

张家口市位于河北省西北部，是北京、河北、山西、内蒙古四省、自治区、直辖市交界处，是冀西北的区域中心城市，也是京津冀经济圈的重要组成部分。张家口全市总面积约 36350 平方千米，总人口约 487 万。根

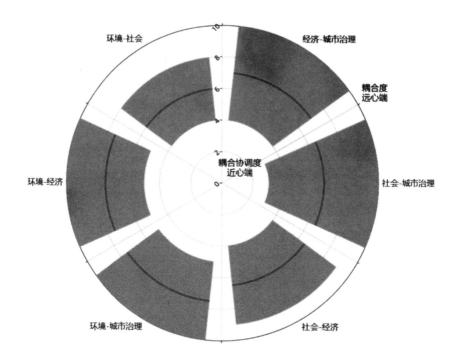

图7-1 张家口市子系统间发展协调度测量结果

据 APEC 政策支持小组的预测①，这一规模的城市，将会出现较快的增长，所以在未来，张家口市将很可能使城市规模进入人口 500 万至 1000 万的城市序列。截至 2018 年，张家口市共下辖六区十县，分别为桥东区、桥西区、宣化区、下花园区、崇礼区、万全区和张北县、康保县、沽源县、尚义县、蔚县、阳原县、怀安县、怀来县、涿鹿县、赤城县。

2019 年，张家口市生产总值约为 1550 亿元，其中，第一产业实现增加值约为 240 亿元，降低 1.3%；第二产业实现增加值约为 445 亿元，增长 6.3%；第三产业实现增加值约为 861 亿元，增长 9.7%。人均生产总值达

① APEC POLICY SUPPORT UNIT. Partnerships for the Sustainable Development of Cities in the APEC Region ［EB/OL］. （2017-06-01）［2020-08-06］. https：//www. apec. org/publications/2017/06/partnerships-for-the-sustainable-development-of-cities-in-the-apec-region.

35000 余元，比上年增长 7.0%。在协办冬季奥林匹克运动会的背景下，张家口希望借此机会，提升城市的知名度，促进城市发展的国际化，并积极发展冰雪产业，加快产业转型的步伐，将高端、智慧、绿色变为张家口产业发展的重点方向。从而在京津冀协同发展的背景下，使张家口不仅是京津冀的张家口，而且是更加国际化的张家口（"国际张"）。然而，张家口原有的发展基础相对薄弱，尽管经济发展取得了丰硕成果，但是经济发展结构不合理、城乡和县域经济发展不均衡的问题仍然突出。因此，当地政府也希望通过编制张家口城市可持续发展指标体系，为张家口市在未来的发展中提供指引，并解决城市扩容后的管理问题。

（二）张家口市环境生态现状

张家口市属干旱和半干旱地区，年均降水量约 400 毫米，四季分明，春季干燥多风沙，夏季炎热短促降水集中，秋季晴朗冷暖适中，冬季寒冷漫长。坝上地区风光资源丰富，昼夜温差大，雨热同季，生长季节短，全年平均气温 3—16 摄氏度，无霜期 90—120 天。张家口市境内永定河流域面积 17662 平方千米、潮白河流域面积 5611 平方千米，分别占全市总面积的 47.7%、15.2%，分别占官厅水库、密云水库上游集水区面积的 41%、36%，入官厅水库水量的 90%、入密云水库水量的 60% 来源于张家口。

张家口市现有森林面积 2157 万亩，森林覆盖率 39%，现有草原面积 1595 万亩，湿地面积 345 万亩，草原、湿地生态系统功能不断恢复提升。改革开放以来，张家口相继实施了"三北"防护林、京津风沙源治理、退耕还林还草、21 世纪首都水资源可持续利用规划等一系列国家生态建设工程。党的十八大之后，张家口大力开展生态保护和修复，森林面积覆盖率提高到了 39%，土地沙化现象得到初步遏制，永定河断面水质提升到 III 类，为保障首都水资源和生态环境安全做出重大贡献。但受自然环境、发展方式、财力不足等制约，城市环境质量还存在一些亟待解决的突出问题，例如：水源涵养能力弱化、生态环境基础薄弱、绿色产业支撑能力不足和生态保护机制尚未健全等。

（三）张家口市城市建设现状

张家口是国家第一批生态文明先行示范区，重点推广绿色文化（生活方式)、生活节水节能、垃圾分类、公共卫生(尤其农村)等;是第一个,也是唯一一个国务院批准的可再生能源示范区,重点示范居民生活可再生能源消费水平(建筑重点是供热、交通)、分布式供能;是首批"中德低碳生态城市合作项目"试点示范城市,在经开区和怀来县重点开展低碳生态城市规划建设、城市发展与旧城更新改造,推行建筑节能、超低能耗绿色建筑与社区,推广节能、安全、高效的能源供应与可再生能源应用,推进城市智能化管理与城市交通解决方案等。张家口市努力探索新能源公交车和电气混合动力公交车的应用,计划主城区新能源公交车或电气混合动力公交车达到100%。进一步完善县区出租车管理,推广使用清洁能源出租车。

从城市建设的可持续发展层面,张家口市目前仍旧面临一些问题:如景观混乱和污染较严重、规划布局仍显紊乱、地域特色存在欠缺、居民点布局较分散、设施建设较滞后和城乡分离问题等。

(四)张家口市可再生能源现状

张家口市可再生能源资源禀赋较好。张家口市具有丰富的风能资源。由于特殊的地理位置和地形,是我国的第Ⅱ类风能资源区。风能资源主要分布在坝上的康保县、沽源县、尚义县、张北县,并适宜建设风电场。张家口是河北省太阳能资源最丰富地区之一,其太阳能资源的分布存在着西北部高于东南部、坝上高于坝下的分布特征。张家口水平面年太阳总辐射量为5100到6000兆焦每平方米。根据《太阳能资源评估方法》QX/T 89-2008,张家口整体均属于太阳能资源丰富带,太阳能辐射等级均为Ⅱ类地区。张家口市赤城县、怀来县、涿鹿县和阳原县的地热能资源丰富。

随着张家口市的不断发展,该地区能源发展也进入了一个新的阶段。首先,可再生能源示范区建设进入了重要阶段。《河北省张家口市可再生能源示范区发展规划》已经由国务院批复同意。其中要求,到2030年,可再生能源生产总量达到3300万吨标准煤/年。随着中国经济发展进入新常态,推动能源供给侧结构性改革是能源行业健康持续发展的新动力,推动绿色能源体系建设是能源供给侧结构性改革的内在要求,也促成了能源生产和消费革命进入深水区。其次,2022年冬奥会举办带来能源发展新机

遇。北京市和张家口市是 2022 年冬奥会联合举办城市。奥运会对地区经济
社会发展具有重要的带动作用。通过建设国际领先的"低碳奥运专区"，
带动和促进张家口经济社会实现了一次大的发展。最后，张家口市作为京
津冀协同发展战略的重要组成部分，是首都水源涵养功能区和生态环境支
撑区的重要一环，对未来的城市整体环境提出了更高的要求。作为国家级
的可再生能源示范区，张家口市的可再生能源发展也依然面临一些问题，
主要的问题包括能源生产和消费结构有待进一步优化，电网等配套设施建
设相对滞后和适应可再生能源发展的体制机制有待完善。

（五）张家口市产业发展现状

为了更好地实现张家口城市经济发展目标，结合张家口市的环境资源
禀赋和发展优势，张家口市在以下几个产业领域是具备优势的，并在积极
发展，其中包括冰雪经济产业、新型能源产业、数字经济产业、高端制造
产业、文化旅游产业、健康养生产业和特色农牧产业。

1. 冰雪经济产业

正在建设的张家口高新区冰雪运动装备产业园区，将实现冰雪运动装
备"从头到脚"的全覆盖，形成全产品链的冰雪运动装备制造基地。除相
关运动装备生产制造外，张家口市努力推动冰雪运动产业和冰雪旅游产业
发展，相继建成滑雪场和冰雪运动特色学校，并持续引进具有国际影响力
的冰雪赛事，发挥客流集聚效应，发展冰雪旅游，提升冰雪旅游服务保障
能力。2018 年至 2019 年雪季，张家口承办国际国内赛事 70 项，举办群众
性冰雪运动 100 项，参与冰雪运动人数超过 300 万人次。

2. 新型能源产业

经初步测定，张家口市域内可开发风能资源储量超过 4000 万千瓦，太
阳能可开发量达 3000 万千瓦以上，作为全国唯一的可再生能源示范区，张
家口利用自身优势，签约引进了 110 余家能源相关企业，基本涵盖可再生
能源资源开发、智能化输电、可再生能源高端装备制造等多个领域。

张家口市以继续建设国家级可再生能源示范区和低碳冬奥为发展契
机，不断实现可再生能源的规模化开发和利用，旨在逐步形成链条完整、
特色鲜明的可再生能源产业体系。其中，张家口市积极发展风电产业，建

设高标准建设风电基地，加快风电设备制造研发生产。此外，张家口市也大力发展光伏相关产业。努力建设光伏产品基地，开展农光互补、林光互补、"城乡光伏+"等综合利用工程。

3. 数字经济产业

张家口市借助全国 5G 通讯发展的有利时机，推进大数据、人工智能、移动互联网、云计算等数字经济产业发展，形成特色鲜明、运行高效、差异化发展的态势。加快建设沿怀来县、宣化区的大数据产业带，构建大数据产业园区及创新服务平台。同时，充分发挥可再生能源资源，以及气候优势，发展大数据存储服务。力争通过引进或培育大数据总部企业或重点项目，努力建成"中国数坝"。

4. 高端制造产业

张家口市正在努力吸引高端制造业品牌入驻，如沃尔沃汽车发动机、亿华通氢燃料电池发动机、中煤张煤机张垣牌刮板输送机等具备国际国内先进水平的项目，大力发展高端装备制造业。同时，还大力发展整车、发动机、汽车零部件和新能源汽车制造产业，如吉利领克汽车项目。通过这些高端制造项目，张家口实现了产业结构优化。

5. 文化旅游产业

张家口市依托自然资源、文化旅游资源、冬奥会国际品牌和优质的冰雪资源，实现旅游收入居河北省第 4 位。具体地，立足地热温泉资源的优势，开发温泉资源特色和本地文化内涵，进一步开发温泉旅游；在保护生态环境的前提下，利用森林草原资源，加快发展生态旅游。建设高等级风景区、度假区和国家森林公园，如"草原天路"、康巴诺尔国家湿地公园、闪电河国家湿地公园等。并完善了公路、铁路等交通体系，促进了冰雪旅游、文化创意、影视制作、旅游演艺等文化旅游产业的发展，积极打造国家全域旅游示范市。

6. 健康养生产业

张家口市依托自身优良的生态和区位优势，大力发展医疗康复、健康养老、健康制造等大健康产业，建设"康养之城"。旨在打造京津冀区域的健康养生产业基地，成为国内知名的健康城。

7. 特色农牧产业

张家口市是发展农牧业的理想之地，具有充足的光照，凉爽的气候。结合旅游观光、休闲体验，形成一三产业融合发展的业态格局。除特色农产品，如怀来葡萄、蔚州贡米、尚义错季蔬菜、沽源牛羊肉等外，还扩大了坝上地区优质饲草种植面积，发挥天然优质草场、牧场优势，发展循环型、生态型的乳品工业，延伸绿色农牧产品加工产业链。

三、张家口市所处的区域政策环境

张家口市的发展需要服从国家和区域对这一地区的发展规划。张家口位于京津冀区域，是《京津冀协同发展规划纲要》中涉及的重要区域。《京津冀协同发展规划纲要》指出，张家口市的发展重点为京津冀生态环境支撑、产业转型升级以及新型城镇化与城乡统筹。

基于《京津冀协同发展规划纲要》中对张家口市发展的定位，作为京津冀生态环境支撑区域的张家口市，其发展的方式是有别于其他城市的。张家口市从"十三五"期间便成为这一地区的生态涵养区。进而张家口市又被确定为首都水资源涵养功能区和生态环境支撑区，制定了《张家口首都水资源涵养功能区和生态环境支撑区建设规划（2019—2035）》（以下简称"两区规划"）。两区规划提出了着力提升水源涵养功能，构建绿色产业体系的要求，并明确生态、绿色对于张家口整体发展及周边区域的重要意义。并在断面水质、森林覆盖率、PM2.5 年均浓度等方面提出了具体的指标和要求。

张家口市除了作为两区规划的重要组成部分以外，还是目前中国唯一一个国家级可再生能源示范区，基于 2015 年发布的《河北省张家口市可再生能源示范区发展规划》，"十三五"期间，张家口市围绕能源发、输、储、用等各个领域，积极推动可再生能源规模化开发，着重推进能源消费结构优化，有效提升清洁能源生产、输送和消纳能力，加强能源科技装备创新发展和集聚发展。2019 年单位 GDP 能耗 0.778 吨标准煤/万元，比 2015 年下降 22%；可再生能源建筑应用推广面积累计达到 740 万平方米，绿色建筑占新建建筑比重达到 80%。在此基础上张家口市制定了《河北省张家口市能源"十四五"发展规划》，要求在"十四五"末，张家口市能源清洁供应保障能力不断提高，能源消费清洁化比例保持国际先进水平，科技装备产业水平进入国内前列，着力构建以清洁能源为重要驱动力的能源产业体系，高质量推进国家级可再生能源示范区建设，全力打造世界级氢能城市，争创京津冀能源新经济样板城市，助力中国"3060 目标"的实现。

四、张家口市发展相关规划

基于京津冀协同发展和两区规划的要求，以及国家可再生能源示范区的各级发展规划，张家口还制定了适应自身需求，并面向未来实现产业转型和城乡协同发展的相关规划。

（一）《张家口市冰雪产业发展规划（2019—2025 年）》

借助与北京共同举办 2022 年冬季奥运会的难得契机，确立将张家口市打造成为"国际冰雪运动胜地、国际滑雪旅游目的地、国家冰雪装备产业基地、世界冰雪人才培养基地、世界冰雪论坛会展高地"的发展目标。努力构建冰雪产业全链条发展架构，推动冰雪产业在张家口市实现差异化、融合化、协同化的发展，加快打造冰雪装备研发制造、冰雪人才教育培训、冰雪体育运动、冰雪文化旅游的冰雪产业全链条发展体系，力争 2025 年全市冰雪产业规模达到 600 亿元。

（二）《张家口市新型能源产业规划（2021—2025 年）》

发挥张家口市在"首都两区"和国家可再生能源示范区先行先试的政策优势，全面建设从生产到消费的新型能源产业链。到 2025 年，可再生能源发电装机规模要达到 3500 万千瓦，可再生能源消费量占终端能源消费总量比例达到 40%，全面形成以可再生能源为主的能源体系。到 2025 年，建成国内一流的新型能源产业园区，实现风能、太阳能光伏、氢能和储能高端装备制造产业集聚。

（三）《张家口市数字经济发展规划（2020—2025 年）》

根据该规划，张家口市以推进大数据产业全链条发展为切入点，大力推动新一代信息技术与经济社会深度融合，全面推进数字产业化、产业数字化，着力增强信息基础设施共建共享、推动数据资源汇聚、提高数据融合应用能力，加快推进经济发展质量变革、效率变革、动力变革，为建设现代化经济体系提供持续动力。

（四）《张家口市特色农牧产业发展规划（2020—2025 年）》

张家口农牧业发展提出，到 2025 年，实现特色农牧产业发展与资源环境承载能力相适应，形成布局合理、特色鲜明、体系完善、竞争力强的现代农业产业、生产、经营体系，呈现科技高端、标准高端、品质高端、品牌高端的特色农牧产业发展新态势。

其他相关规划还包括《张家口市海绵城市专项规划（2017—2035 年）》《张家口市全域旅游发展规划（2018—2035 年）》《张家口市 5G 发展规划（2020—2025 年）》《张家口市健康养生产业发展规划（2020—2030 年）》《氢能张家口建设规划（2019—2035 年）》等。

除了对相关规划进行了解和梳理外，在编制张家口城市可持续发展指标体系的过程中，还进行了针对各个行政部门的现场调研和对当地企业的走访，收集各个方面的意见和建议。

第三节 APEC 城市可持续发展指标体系的本地化

对于政府管理者而言，指标体系可以看作一个帮助制定和选择发展政策的必要的分析工具，以及可靠的依据[1]。因此，城市可持续发展指标体系不仅仅能用于测度城市发展过程中的影响和发现问题，还可以作为制定发展目标、发展战略的工具，以及实施相关行动的依据。通过对国内外城市可持续发展指标体系比较和研究，大量的指标体系进行指标的选择时，主要基于三个方面的考虑，即城市发展的经验、城市面临的现实问题和城

---

① SINGH R K. An Overview of Sustainability Assessment Methodologies［J］. Ecological Indicators，2012，15（01）：281-299.

市未来的发展目标。这三个方面的共同点都是针对研究的对象制定指标体系，但是对于城市发展过程的主要责任方，即城市的管理当局的责任和参与的体现和要求不明显，或者没有体现和要求。

根据前文中对 APEC 城市可持续发展指标体系的阐述，本地化的实施需要在核心指标的基础上，因地制宜地筛选适用于当地发展实际情况和目标的支持指标和城市指标。两部分指标分别从支持指标中选择，并根据专家和城市管理者的意见设置。考虑到需要将城市管理者的意见更好地纳入城市指标体系的编制过程中，在支持指标和城市指标的选择过程中，需要识别出城市的发展目标和相关负责部门，并收集信息、资料和意见。此举旨在有效地帮助指导指标的筛选和发展目标的分解，甚至还可以在未来，指导指标体系的落地实施方案制定。具体地，张家口城市可持续发展指标体系的构建过程中，支持指标和城市指标的筛选会邀请张家口市当地专家和城市管理者参与，以获得他们的智力与经验输入（如图 7-2）。并且通过与张家口市政府的合作，对城市可持续发展目标和责任部门进行有效的识别，使指标的筛选更加准确。最终形成在未来一个时期内，用于评价和引导张家口城市可持续发展的指标体系。

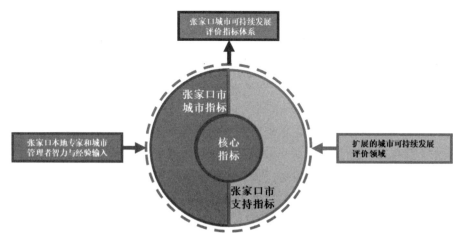

图 7-2　张家口城市可持续发展指标体系构成

一、张家口市指标体系的构建流程

张家口城市可持续发展指标体系的构建流程，由城市调研、指标体系本地化筛选和指标赋值三个主要部分组成（如图 7-3）。对于相关指标如何落地实施的方案，由于时间、资源和篇幅方面的限制，并未包含在本书所研究的范围内。因此，并没有被列入主要的工作流程中。

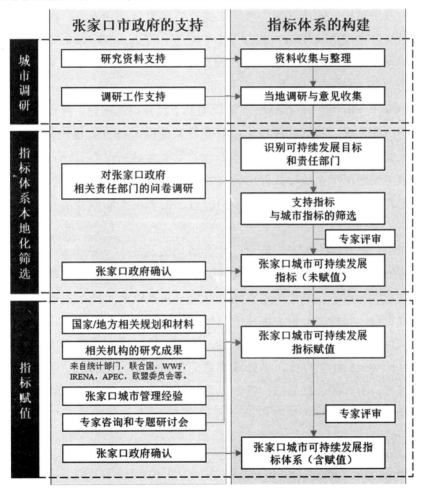

图 7-3　张家口城市可持续发展指标体系的构建流程

二、发展目标-责任部门-识别-响应（DR³）模型

城市作为一个复杂的系统，城市的可持续发展问题也必定是一个系统的工程，涉及环境、社会、经济和城市治理等方面，单一的部门或某一方面的优良表现，是不可能完成真正意义上的可持续发展的，这一点在前文中的评价研究中已经得到验证。而各个责任部门协调一致地完成各自的发展目标，才能够为实现城市的可持续发展创造机会。因此，本章基于目标管理理论（MBO）构建了 DR³ 模型，作为 APEC 城市可持续发展目标与责任分配模型，用以指导指标体系本地化过程的工作。DR³ 是指发展目标（development goals）、责任部门（responsible departments）、识别（recognize）和响应（response）。该模型基于目标设置理论，并作为对目标设置理论的发展。目标管理理论由管理学家彼得·德鲁克提出[1]。目标管理强调组织群体共同参与制定具体可行的能够客观衡量的目标。这一理论早期被单纯地用于企业绩效评价管理领域，后来逐步扩展到了其他管理领域。德鲁克认为相关管理人员必须明白自己的职责和职务范围，以此实现对目标的更好完成。

DR³ 模型基于目标管理理论，在其应用过程中包含两个重要的内容，即目标的分解与责任的识别。目标的分解指依据城市的发展战略，在考虑城市在发展过程中，基于所处的内外条件，制定服务于城市发展战略的宏观发展目标，并将之分解为细化的具体发展目标。责任的识别，则是依据完成该目标的具体的执行者和关联者，确定各执行者和关联者的相互关系及对目标实现的影响程度，从而最终确定各目标的责任部门。通过责任的识别过程，所有的责任部门、各个工作之间的关联、各个部门的具体参加人员及应实现的目标可以变得清晰和确定[2][3]。参与的相关人员和各个责

① 姚梦山. 彼得·德鲁克目标管理理论述评 [J]. 纳税, 2017 (11): 45-46.
② YANG T, CHEN C-W. An Incentive Pay System for Project Management Based on Responsibility Assignment Matrix and Fuzzy Linguistic Variables [J]. Expert Systems with Applications, 2009, 36 (10): 12585-12591.
③ WENDE K. A Model for Data Governance-Organising Accountabilities for Data Quality Management [J]. ACIS 2007 Proceedings, 2007, 80: 417-425.

任部门，在完成设定目标的过程中，其表现可以通过预先设置的目标和不同表现值，给予考察和评价。应用DR³模型，进行张家口城市可持续发展指标体系的编制时，需要在发展目标（D）与城市的责任部门（R）之间建立联系，即根据城市各个管理部门在城市中的职责，识别（R）出其在城市可持续发展过程中，这些责任部门对发展目标应该做出的响应（R）。这也是未来在更多APEC城市中，应用指标体系时所要考虑的，此举将有效应对不同经济体及城市，在制度和机构设置方式等方面存在的多样和巨大差异，使得在核心指标基础上，构建的城市指标体系能够获得更加可靠的基础和广泛的支持。基于发展目标（D）、责任部门（R）、识别（R）和响应（R）四个重要因素，DR³模型如图7-4所示。

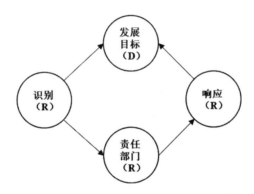

图7-4　发展目标-责任部门-识别-响应（DR³）模型

在DR³模型中，各因素的关系是：第一，识别出城市可持续发展的目标。通过分析，将该城市的发展目标和未来的可持续发展任务识别出来；第二，根据不同城市管理部门的职责分工，识别出城市可持续发展的责任部门；第三，各个责任部门，根据各自的职责采取相应的措施，对保证城市可持续发展的目标做出响应。DR³模型中的各因素关系如图7-5所示。

该模型的第一步，需要通过与城市的行政部门和相关企业的交流，对城市发展过程中的具体问题和发展需求进行收集和整理。而针对这些问题和发展需求，以联合国、APEC组织和中国国家的可持续发展倡议为背景，结合各级政府的发展规划，识别并分解城市可持续发展的目标。第二步，

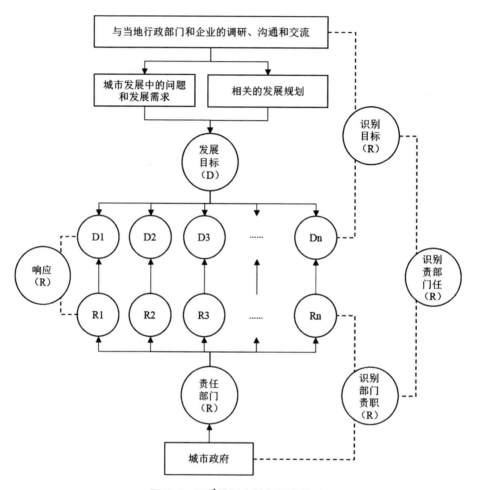

图 7-5   DR^3 模型中的各因素关系

通过向行政部门调研和咨询，定义和识别出城市各部门的工作职责及在城市可持续发展中发挥的作用、部门的具体目标及能够采取的措施，例如为了实现可再生能源的更广泛和高效利用的发展目标，能源管理应该采取措施，促进能源结构调整和加强可再生能源技术推广的力度。该步骤是实现识别城市可持续发展责任部门的基础。第三步，识别承担实现城市可持续发展责任的责任部门，比如建设可再生能源示范区，需要能源管理部门主要负责。第四步，结合发展目标和各个责任部门的职责，识别出对应相关的主要和次要责任部门，并以此协助筛选、修正支持指标和城市指标选择。

三、共识取得机制

无论是面向张家口的，还是面向更多复杂多样且数量众多的 APEC 城市，具体城市的可持续发展指标体系的编制，都应邀请专家和当地行政部门的人员参与意见的征询。因此，本章制定了一个共识取得机制，用以支持各个阶段的指标体系开发工作。

参照词典中的解释，共识（consensus）一般指一致的意见。从形式上，共识可以分为三种，即自发的共识（spontaneous consensus）、突发的共识（emergent consensus）和运作的共识（manipulated consensus）①。自发的共识，是指在变化较慢的社会中处理问题时达成的共识。突发的共识是指面对不同观点，经过证据的收集、对意见的深入讨论，最后通过权重利弊后形成的共识。运作的共识是指在允许完全自由表达意见的情况下，有可能出现突发的共识时，经过良好的沟通并传达到广大公众中，最后取得的共识。共识的取得也可以视为意见的综合。指标体系的应用研究中，所需要达成的共识即是突发的共识。因而，本书参照了 C³型过程（Communication-Collaboration-Consensus）Butler 和 Rothstein② 对取得共识所设定的框架，制定了共识取得机制（如图 7-6）。对于一般的问题，通过小组讨论解决。未能在小组讨论中解决的问题，则寻求通过专家咨询的方式解决。如果分歧仍然存在，则通过收集支持信息，进行估算或判断解决，或召开专题专家探讨会予以解决。如果仍然未能达成共识，则考虑暂时搁置争议，并于最终文件中对相关分歧进行说明。

---

① 顾基发．意见综合——怎样达成共识［J］．系统工程学报，2001（05）：340-348.
② BUTLER C L，ROTHSTEIN A. On Conflict and Consensus：A Handbook on Formal Consensus Decisionmaking［M］．University Park：Citeseer，2007：25-31.

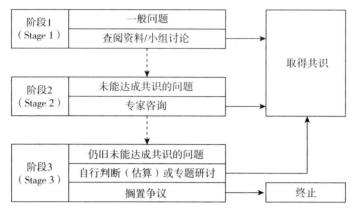

图 7-6　共识取得过程

基于前述的流程、DR³模型和共识取得机制，进行了以张家口市为研究对象的，面向具体城市的可持续发展指标体系编制，作为对 APEC 城市可持续发展指标体系本地化的应用研究。这项工作获得了张家口市政府的鼎力支持。张家口城市可持续发展指标体系的编制工作得到了张家口市政府的授权，并获得了相关市委领导的殷切关怀，使相关研究和开发工作得以顺利进行。

第四节　张家口城市可持续发展指标体系与赋值

一、发展目标与责任部门识别和本地化指标的筛选

每一个城市都由多个行政办事部门组成，而每一个部门都有自己明确的工作职责和工作计划。对于中国大部分城市而言，每个城市大约有 40 个具体的行政办事部门，共同构成城市管理组织架构。其中部分行政办事部门所肩负的工作职责和承担的具体工作，对于城市的可持续发展实践起到至关重要的作用，有些则会起到支持作用，还有一些并不对具体的城市可持续发展建设负责。基于 DR³模型，通过对张家口市各行政办事部门的调研，将能够识别出张家口城市可持续发展的具体目标，以及保障城市可持

续发展目标实现的主要责任部门。

（一）发展目标识别与分解

对于张家口发展目标的识别，首先从与张家口市政府领导和不同行政办事部门相关人员的交流开始。在此过程中，先后对30余个局委（含公共服务公司）就张家口市可持续发展问题，进行调研。这些行政办事部门包括统计局、能源局、工信局、住建局、交通局、生态环境局、卫健委、教育局、林业和草原局、农业农村局、城管局、人社局、体育局、招商局、市场监管局、旅游发展委、外事办、自规局、科技局、公安局、应急管理局、司法局、机关事务管理局、扶贫办、供电公司、水务公司等。

通过调研并结合从调研资料中获得的信息，可以发现张家口市的城市可持续发展受到外部政策环境的影响是非常深远的。一方面，张家口市需要服务于首都两区规划的建设需要，导致其在经济发展的过程中，需要更多地顾及经济子系统的发展对环境子系统带来的负面影响，这在一定程度上影响了张家口市的经济发展方式。虽然《张家口首都水源涵养功能区和生态环境支撑区建设规划研究报告》指出，中央及地方政府需要加强对使用张家口市提供的资源性产品的补偿力度，但目前仍然很难从根本上解决张家口自身的经济发展问题。另一方面，不管是可再生能源示范区的进一步发展，还是两区规划，都要求发挥张家口可再生能源的优势，进一步建设可再生能源示范区，强化可再生能源发展优势。张家口市自身也试图发挥自身优势，加强可再生能源产业以及先进制造业、特色农牧业、文化旅游业等七个重点产业的发展，并提升城市整体创新能力，来保证张家口经济社会的良好发展。除此之外，在可再生能源示范区方面，张家口市则希望在已有的发展基础上，加强与国际可再生能源署等国际组织和机构的合作①，与国际可再生能源领域具有先进经验的城市建立合作伙伴关系，并借助于APEC的合作网络，助推示范区健康发展，继续扩大示范区国际影响力。此外，还有促进城乡协调发展、巩固脱贫成果、推进新型城镇化建

---

① 刘颖. 张家口可再生能源示范区发展现状及趋势研究［J］. 现代营销, 2019（04）: 162-163.

设等发展任务和目标。

综合各方面的要求和意见，在发展目标识别与分解的环节，本书将张家口市的城市可持续发展目标概括为城市能源转型、环境持续改善、社会发展、协调发展、经济基础、重点产业扶持、创新与智慧、城市高效治理和国际影响提升九个宏观发展目标。并且结合国内外的相关研究、报告，以及张家口市的实际情况与诉求，对这些宏观发展目标进行了进一步分解，获得 26 个具体发展目标。分解后的具体发展目标与宏观发展目标和城市子系统的关系如图 7-7 所示。

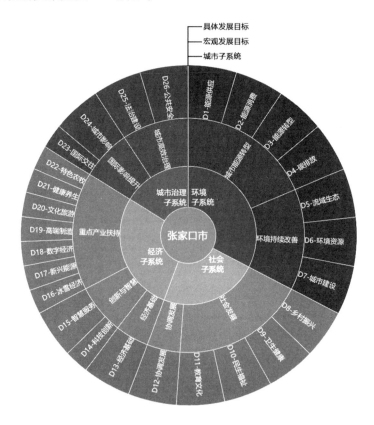

图 7-7　城市子系统与张家口城市发展目标的对应关系

（二）责任部门的识别

在对张家口市各行政办事部门的调研中，针对张家口城市可持续发展责任部门的识别工作也同时开展。尚虎平和张怡梦①、周小桥②的研究指出，责任部门对发展目标或战略目标的作用，或者在目标实现中发挥的角色是不同的。其大致可以分为负责（负有直接责任或间接责任）、支持（或提供咨询）和无关。如果在现实中，某部门需要对城市发展的目标"负责"，即负有直接责任或间接责任，这意味着该部门对城市发展目标的实现有着重要的作用，这也是在进行指标选择时，需要重点关注和沟通的责任部门。"支持"（或提供咨询）的部门意味着，该部门对城市可持续发展目标的实现起到支持作用（或为相关工作提供咨询），例如发展和改革委员会通过为城市可持续发展提供相关政策，从而支持整个城市的可持续发展。"无关"则说明该部门城市可持续发展目标的完成的影响较小或没有，例如统计局，其责任主要是对城市发展数据的收集、整理和发布等工作，并不直接承担城市可持续发展工作。

通过广泛地对张家口市相关行政办事部门进行调研，以及分析城市各部门的工作职责及工作计划等文件，本书认为有16个部门对城市可持续发展目标的实现扮演着"直接负责""间接负责"或"支持"的角色（详见表7-1）。相应地，对这16个部门的调研，以及对其工作职责和发展计划的整理和研究，是筛选评价指标的重要基础。

表7-1　对张家口城市可持续发展负责的责任部门及其工作职责

编号	职责部门
R1	城市管理局
R2	发展和改革委员会
R3	工业和信息化局

① 尚虎平，张怡梦. 我国政府绩效问责：实现"绩效型政府"与"责任型政府"的统一 [J]. 南京社会科学，2015（09）：81-89.

② 周小桥. 项目管理工具系列谈之十一——责任矩阵：人员分工 [J]. 项目管理技术，2006（05）：62-63.

编号	职责部门
R4	公安局
R5	交通运输局
R6	教育局
R7	经济信息委员会
R8	科技局
R9	能源局
R10	农业农村局
R11	人力和社会保障局
R12	水务局
R13	卫生健康委员会
R14	文化广电和旅游局
R15	住房和城乡建设局
R16	自然资源和规划局

通过对各责任部门工作职责的梳理和总结，对照张家口的城市可持续发展目标，本书建立了责任部门与发展目标之间的联系，如为了实现可再生能源占比提升的目标，能源局就是负责的责任部门，且是直接负责部门，发展和改革委员会是支持部门。通过对各部门工作职责的了解和分析，可以得到相应的责任关联矩阵（如表7-2所示）。

表7-2　城市可持续发展具体目标与责任关联矩阵

	R1	R2	R3	R4	R5	R6	R7	R8	R9	R10	R11	R12	R13	R14	R15	R16
D1	○	○	○	○	○	○	○	○	●	○	○	○	○	○	○	○
D2	○	○	◆	○	○	○	○	○	●	○	○	○	○	○	○	○
D3	○	◆	○	○	○	○	○	○	●	○	○	○	○	○	◆	◆
D4	○	○	○	○	○	○	○	○	●	○	○	○	○	○	○	◆
D5	○	○	○	○	○	○	○	○	○	○	○	◆	○	○	○	●

续表

	R1	R2	R3	R4	R5	R6	R7	R8	R9	R10	R11	R12	R13	R14	R15	R16
D6	○	○	○	○	○	○	○	○	○	○	○	◆	○	○	○	●
D7	◆	○	○	○	◆	○	○	○	○	○	○	○	○	○	●	○
D8	○	○	○	○	○	○	◆	○	○	●	○	○	○	○	○	○
D9	○	◆	○	○	○	○	○	○	○	○	◆	○	●	○	○	○
D10	○	◆	○	○	○	○	○	○	○	○	●	○	○	○	○	○
D11	○	◆	○	○	○	●	○	○	○	○	○	○	○	○	○	○
D12	○	◆	◆	○	○	○	○	○	○	○	○	○	○	○	○	○
D13	○	●	○	○	○	○	◆	○	○	○	○	○	○	○	○	○
D14	○	○	◆	○	○	○	○	●	○	○	○	○	○	○	○	○
D15	○	◆	○	○	○	○	◆	○	○	○	○	○	○	○	○	○
D16	○	○	●	○	○	○	◆	○	○	○	○	○	○	●	○	○
D17	○	○	◆	○	○	○	◆	◆	○	○	○	○	○	○	○	○
D18	○	○	●	○	○	○	◆	◆	○	○	○	○	○	○	○	○
D19	○	○	●	○	○	○	◆	○	○	○	○	○	○	○	○	○
D20	○	○	●	○	○	○	○	○	○	○	○	○	○	●	○	○
D21	○	○	●	○	○	○	○	○	○	○	○	○	●	○	○	○
D22	○	○	○	○	○	○	○	○	○	●	○	○	○	○	○	○
D23	○	◆	○	○	○	○	○	○	○	○	○	○	○	●	○	○
D24	○	○	○	○	○	○	○	○	○	○	○	○	○	●	○	○
D25	●	◆	○	○	○	○	●	○	○	○	○	○	○	○	○	○
D26	○	○	○	●	○	○	◆	○	○	○	○	○	○	○	○	○

注：●：负责；◆：支持；○：无关。

（三）指标体系的本地化筛选与调整

在识别了可持续发展目标与责任部门，并构建目标与责任关联矩阵后，便按照流程开始进行指标本地化的筛选工作。基于 APEC 城市可持续发展指标体系的构成，在指标本地化的筛选的过程中，核心指标外的指标需要从支持指标库中筛选，并选择张家口市的城市指标，与核心指标整合之后，构成完整的张家口城市可持续发展指标体系。因此，在这一过程中，结合前期调研和相关访谈的工作，制作了一份针对支持指标的筛选调查问卷，向相关的责任部门面向张家口城市可持续发展指标体系的开发进行问卷调研，同时，进一步收集相关责任部门希望增加的，符合张家口发展目标和特色的指标。接受问卷调研的相关责任部门人员，除对支持指标进行选择和判断外，还需填写张家口城市指标的选择意见。

除根据简单多数原则筛选支持指标外，城市指标的选择是这一环节关注的重点。这一过程中，笔者认真听取和收集了包括张家口市各级领导和部分重点相关专家的意见、建议和情况。编制过程中，调整了目标层的内容，以使得城市指标与支持指标和核心指标，能够更加直观地向指标体系的使用者传达信息，也希望以这种方式，能够让更多公众理解和关注城市可持续发展，关注自己的城市。在保留全部核心指标的前提下，根据张家口市的实际情况，增加了重点产业扶持和国际影响提升两个目标，回应张家口在城市发展中的关切和期望。重点产业扶持目标层下，包括冰雪产业、新型能源、数字经济、高端制造、文化旅游、健康养生和特色农牧七个产业领域的城市指标。而国际影响提升目标层下，则通过测量国际交往、举办国际赛事和会议和被国际媒体正面报道等几个方面的城市指标，提示和测量张家口市积极利用冬奥资源和已有的知名度，进一步增加对外影响，助推其打造"国际张"战略目标的实现。此外，通过目标层的调整，结合张家口可再生能源示范区的发展特色，设置了城市能源转型的目标，增加了相应的城市指标，以回应张家口市在继续建设国家级可再生能源示范区，推动能源供应、能源消费、能源转型和碳中和方面具体发展目标的实现。

二、张家口城市可持续发展指标体系与对标

张家口城市可持续发展指标体系编制团队通过与张家口城市可持续发展责任部门的密切合作与互动，使得张家口城市可持续发展的具体目标变得更加清晰，也为构建一个充分考虑张家口市自身发展目标和特色的城市指标体系打下良好的基础。在与地方政府充分合作的基础上，引入评价研究的结果和专家评审的措施，确保了指标体系的科学性和实用性。专家评审邀请了大学教授、研究人员和前政府官员对成果给出评价，并提出建议和意见。他们在公共或私营部门都有知识和决策经验，并按专业领域分类（能源、建设、交通、工业、社会管理），包含外部专家和本地专家。因此，指标的筛选和确定是在专家与张家口市相关部门充分交流的基础上，

达成较为广泛共识后确定的。通过子系统层、目标层和指标层的设置和调整，回应了指标体系系统性与层次性的着眼点。并通过支持指标和城市指标的选择，形成了对指标体系构建着眼点中普遍性与特殊性、国际性与地方性的回应。

经过问卷调研和相关责任部门、专家学者的意见输入，形成了张家口城市可持续发展指标体系，如表 7-3 所示。该指标体系除 APEC 城市可持续发展指标体系的 34 个核心指标外，还包含 23 个支持指标和 23 个城市，共计 80 个指标。张家口城市可持续发展指标体系从目标层的调整和设置，到指标层中支持指标和城市指标的选择，都体现了 APEC 城市可持续发展指标体系为应对复杂多样的 APEC 城市所做的安排。并且通过将城市可持续发展的主体——张家口城市政府纳入构建过程中，再综合本书的研究和中外专家学者的意见，形成城市指标体系，体现了张家口城市的特色，回应了城市发展的诉求与目标。

本书从国际、中国和城市三个层面，选择了 SDG‐Tracker、GB/T 36749—2018、GB/T 41152—2021 和两区规划指标这四个指标体系与张家口城市可持续发展指标体系进行对标。由于 GB/T 36749—2018 是 ISO37120—2018 在中国地区的本地化标准，具有相当的相似性，所以并没有再选择 ISO37120—2018 进行对标。

总体看，张家口城市指标体系与国内外当前正在使用的指标体系，形成了良性的联系与补充，并具有城市特色。在核心指标与 SDG‐Tracker、GB/T 36749—2018 形成有效的联系与互补的基础上，支持指标和城市指标进一步加强了这种联系，并通过合理的指标选择，对影响城市发展十分重要的政策进行了有效的回应。与 GB/T 41152—2021 的对标中，核心指标表现出了与 GB/T 41152—2021 相近的关切，支持指标和城市指标则进一步顺应了当前中国城市低碳发展的关注点，实现了有效的对标。而张家口指标体系自身对社会、经济和城市治理的关注，又在促进低碳城市建设的基础上，促进城市向均衡、有自身特色和高质量的方向发展。在与两区规划指标的联系与互补方面，通过支持指标和城市指标的筛选，增加了八个与两区规划指标相同和相似的指标，结合核心指标，使张家口城市指标体系与两区规划指标达到了 50% 的重叠率，形成有效的联系，有效和切实地考虑到了对张家口市发展有重要影响的政策因素。同时，其他环境、社会和经济指标的设定，也从其他方面弥补了两区规划指标在环境、社会、经济和城市治理领域的缺失。在可再生能源示范区建设方面，充分响应其发展目标和中国碳中和发展的远景目标，例如增加了农村清洁采暖普及率、可再生能源消费量占终端能源消费总量比重，从可再生能源本地化消纳的角度，测量和引导张家口市更好地利用自身具有很大优势的可再生能源自然及产业，促进整个城市的可持续发展。

表 7-3　张家口城市可持续发展指标体系

子系统层	目标层	编号	指标层	核心指标	支持指标	城市指标	SDG-Tracker	GB/T 36749	GB/T 41152	两区规划指标
环境子系统可持续发展	城市能源转型	ZJK-Ind01	万元 GDP 电耗	√			—	—	—	—
		ZJK-Ind02	人均可再生能源发电量	√			C200208	—	—	—
		ZJK-Ind03	人均二氧化碳排放量	√			C090401	8.3	√	—
		ZJK-Ind04	单位 GDP 能耗降低率		√		C070301	—	√	√
		ZJK-Ind05	农村清洁采暖普及率		√		—	—	—	—
		ZJK-Ind06	城市新能源汽车万人普及率			√	—	—	√	—
		ZJK-Ind07	年人均能源消费量			√	—	7.5	—	√
		ZJK-Ind08	可再生能源消费量占终端能源消费总量的比重			√	C070201	7.4	√	√
		ZJK-Ind09	清洁能源装机量占比			√	—	—	—	—
		ZJK-Ind10	单位 GDP 二氧化碳排放量降低			√	C090401	—	√	—
	环境持续改善	ZJK-Ind11	人均生活用水量	√			C060401	21.4	√	√
		ZJK-Ind12	人均生活用电量	√			—	7.1	√	—
		ZJK-Ind13	万元 GDP 水耗	√			C060501	—	√	√
		ZJK-Ind14	污水处理厂集中处理率	√			C060303	20.2	√	—
		ZJK-Ind15	生活垃圾无害化处理率	√			C110603	16.1	—	—
		ZJK-Ind16	一般工业固体废物综合利用率	√			C110603	—	—	—
		ZJK-Ind17	PM2.5 年平均浓度	√			C110602	8.1	—	√

续表

子系统层	目标层	编号	指标层	核心指标	支持指标	城市指标	SDG—Tracker	GB/T 36749	GB/T 41152	两区规划指标
环境子系统可持续发展	环境持续改善	ZJK-Ind18	绿色建筑占新建竣工建筑的比例	√			—	—	—	—
		ZJK-Ind19	断面水质优良率		√		C060302	—	√	√
		ZJK-Ind20	地下水开采量		√		—	—	—	—
		ZJK-Ind21	耕地保有量		√		—	—	—	—
		ZJK-Ind22	森林覆盖率		√		C150101	—	√	√
		ZJK-Ind23	优良天数比率		√		—	—	√	—
		ZJK-Ind24	在建工程参与绿色施工评价或示范的比例			√	—	—	√	√
	社会发展	ZJK-Ind25	城区人口比例	√			C110301	—	—	√
		ZJK-Ind26	人口变化率	√			C110301	—	—	—
		ZJK-Ind27	基础教育阶段师生比	√			C040101	6.4	—	—
		ZJK-Ind28	每千人口医疗卫生机构床位数	√	√		C030801	12.2	—	—
		ZJK-Ind29	城镇职工基本养老保险参保人数	√			—	—	—	—
		ZJK-Ind30	新生儿、婴儿和5岁以下儿童死亡率		√		C030201	12.4	—	—
		ZJK-Ind31	每万人获得大专及以上学历人数		√		—	—	—	—
		ZJK-Ind32	每万人拥有公共文化设施面积		√		—	—	—	—
		ZJK-Ind33	人均社会保障财政支出		√		C030801	—	—	—
		ZJK-Ind34	互联网宽带接入用户数	√			C170602	17.1	—	—

续表

子系统层	目标层	编号	指标层	核心指标	支持指标	城市指标	SDG-Tracker	GB/T 36749	GB/T 41152	两区规划指标
环境子系统可持续发展	社会发展	ZJK-Ind35	农村人均收入提高率	—	√	—	—	—	—	√
		ZJK-Ind36	农村中本地就业人口占总人口的比例			√	—	—	—	—
	协调发展	ZJK-Ind37	城乡教育一体化实现度	√			C040501 C040a01	—	—	—
		ZJK-Ind38	城乡卫生一体化实现度	√			C030101 C030102	—	—	—
		ZJK-Ind39	城乡社会保障一体化实现度	√			—	—	—	—
		ZJK-Ind40	经济增长率	√			—	—	—	—
经济子系统可持续发展	经济基础	ZJK-Ind41	人均地区生产总值	√			C080101	—	—	—
		ZJK-Ind42	人均财政收入	√			—	—	—	—
		ZJK-Ind43	第二产业占GDP的比重	√			C090202	—	—	—
		ZJK-Ind44	第三产业占GDP的比重	√			—	—	√	—
		ZJK-Ind45	第三产业从业人员比重	√			—	5.4	—	√
		ZJK-Ind46	年引进外资总额		√		—	—	—	—
		ZJK-Ind47	城镇新增就业人数		√		—	—	—	—
		ZJK-Ind48	地方特色产业与新兴产业就业人口占比		√		—	—	—	—

续表

子系统层	目标层	编号	指标层	核心指标	支持指标	城市指标	SDG-Tracker	GB/T 36749	GB/T 41152	两区规划指标
经济子系统可持续发展	创新与智慧	ZJK-Ind49	研发内部经费占 GDP 比重	✓			C090501	—	—	—
		ZJK-Ind50	高新技术企业人均营业收入	✓			C090b01	—	—	—
		ZJK-Ind51	每万人口高价值发明专利拥有量		✓		—	—	—	—
		ZJK-Ind52	全社会研发投入增长率		✓		—	—	—	—
		ZJK-Ind53	年技术交易总额			✓	—	—	—	—
		ZJK-Ind54	冰雪产业增加值占服务业增加值比重			✓	—	—	—	—
	重点产业扶持	ZJK-Ind55	全年参与冰雪运动人次			✓	—	—	—	—
		ZJK-Ind56	新型能源产业 GDP 贡献率			✓	C090a01	—	✓	—
		ZJK-Ind57	数字经济产业 GDP 贡献率			✓	C090a01	—	—	—
		ZJK-Ind58	高端制造产业增加值占制造业增加值比重			✓	—	—	—	—
		ZJK-Ind59	文化旅游产业 GDP 贡献率			✓	—	—	—	—
		ZJK-Ind60	外来旅游人数增加率			✓	—	—	—	—
		ZJK-Ind61	健康养生产业增加值占服务业增加值比重			✓	—	—	—	—
		ZJK-Ind62	接受健康养生服务的人次数			✓	—	—	—	—

续表

子系统层	目标层	编号	指标层	核心指标	支持指标	城市指标	SDG-Tracker	GB/T 36749	GB/T 41152	两区规划指标
经济子系统可持续发展	重点产业扶持	ZJK-Ind63	特色农牧产业增加值占农业产业增加值比重			√	—	—	—	—
		ZJK-Ind64	农牧业新增就业人数			√	—	—	—	—
城市治理子系统可持续发展	城市高效治理	ZJK-Ind65	政务办事标准化率	√			C160602	—	—	—
		ZJK-Ind66	行政执法投诉处理率	√			—	—	—	—
		ZJK-Ind67	城市教育支出占比	√			C010a02	—	—	—
		ZJK-Ind68	城市科技支出占比	√			C010a02	—	—	—
		ZJK-Ind69	人均公用设施建设投资	√			C090a01	—	—	—
		ZJK-Ind70	人均公园绿地面积	√			C110701	13.2	√	—
		ZJK-Ind71	城乡服务事务网上办理率		√		—	—	—	—
		ZJK-Ind72	行政执法全过程记录实施比例		√		—	—	—	—
		ZJK-Ind73	智慧民生综合服务平台覆盖率		√		—	—	—	—
		ZJK-Ind74	城乡视频监控系统覆盖率		√		—	—	—	—
		ZJK-Ind75	人均应急避难场所面积		√		—	—	—	—
		ZJK-Ind76	网格化管理覆盖率			√	—	—	—	—

231

在对区域政策的回应基础上，城市指标体系还从张家口市地方特色产业、城市高效治理和国际影响力提升三个方面切入。通过调研，对张家口存在优势的产业设定明确的发展指标，引导和促进其积极合理地发展；城市高效治理指标则从强化政府服务质量、基本安全和管理的角度，促进更好的城市发展软环境营建；而国际影响力提升则从公众志愿者参与、加强对外合作与交流几个方面，促进张家口对奥运"遗产"的有效利用，抓住这一难得窗口期。通过三方面支持指标和城市指标的增加和补充，使得城市指标体系更加充分考虑到了城市发展目标与诉求，这些方面是很难在"自上而下"的指标体系中予以考虑和体现的，必须结合实际情况予以考虑。而一般的"自下而上"的指标体系，则也很难通过预设的指标库形成这样因地制宜的效果。与国内外指标体系的对标、对城市发展目标和诉求的回应，还进一步体现了 APEC 城市可持续发展指标体系普遍性与特殊性、国际性与地方性的编制着眼点，使其具备更强的先进性和针对性。

三、张家口城市可持续发展评价指标赋值

（一）张家口城市可持续发展评价指标赋值结果

张家口城市可持续发展指标体系的赋值工作是根据调研过程中，收集到的资料和张家口市各行政办事部门的基本情况开展的。赋值工作以 2025 年为目标年，根据中国和地方的发展目标、规划和实施情况，特别是张家口的发展战略、统计数据和权威机构的研究论文、研究报告，如世界自然基金会（WWF）发布的《张家口市碳排放总量控制方法学及政策建议》确定指标赋值。对于不能直接或间接从统计和发展规划中获得的数据和信息，如 GDP 的预期增长率、绿色建筑占比信息等；对于不能直接预测的目标，比如外来游客的增长速度，张家口市的相关部门给予了大量的支持。同时，这些数据的确定也参考了一些相似城市的发展数据。

大多数指标被赋予了两个值，分别为基础表现值（Basic Performance Value，BPV）和优良表现值（Excellent Performance Value，EPV）。BPV 考察的是"十四五"规划期间应该或大概率可以实现的目标。而根据历年统计数据和相关职责部门提供的信息，张家口市的一些指标往往可以超额完

成，所以 EPV 则根据各项规划的超额完成情况和最优发展情景进行估算。一些没有 EPV 的指标是由于自然条件或已达到最大阈值而难以有较高或较低的值，如耕地保有量指标。在经过专家审查和张家口市政府的确认后，最终完成了对张家口城市可持续发展评价指标的赋值。

表 7-4　张家口城市可持续发展评价指标赋值结果

子系统层	目标层	指标层	BPV	EPV	备注	
环境子系统可持续发展	城市能源转型	ZJK-Ind01	万元 GDP 电耗（千瓦时）	1000	800	
		ZJK-Ind02	人均可再生能源发电量（万千瓦时）	4.3	4.5	
		ZJK-Ind03	人均二氧化碳排放量（吨）	9.4	8.3	
		ZJK-Ind04	单位 GDP 能耗降低率（%）	15.5	–	
		ZJK-Ind05	农村清洁采暖普及率（%）	40	50	
		ZJK-Ind06	城市新能源汽车万人普及率（辆/万人）	130	150	
		ZJK-Ind07	年人均能源消费量（吨标煤）	3.8	3.5	
		ZJK-Ind08	可再生能源消费量占终端能源消费总量比重（%）	40	50	
		ZJK-Ind09	清洁能源装机量占比（%）	80	85	
		ZJK-Ind10	单位 GDP 二氧化碳排放量降低（%）	20	24	
	环境持续改善	ZJK-Ind11	人均生活用水量（立方米）	20	18	
		ZJK-Ind12	人均生活用电量（千瓦时）	300	280	
		ZJK-Ind13	万元 GDP 水耗（立方米）	2.5	2.2	
		ZJK-Ind14	污水处理厂集中处理率（%）	98	100	
		ZJK-Ind15	生活垃圾无害化处理率（%）	98	100	
		ZJK-Ind16	一般工业固体废物综合利用率（%）	55	60	
		ZJK-Ind17	PM2.5 年平均浓度（微克/立方米）	8	–	
		ZJK-Ind18	绿色建筑占新建竣工建筑的比例（%）	100	–	
		ZJK-Ind19	断面水质优良率（%）	100	–	
		ZJK-Ind20	地下水开采量（亿立方米）	5.8	5.5	
		ZJK-Ind21	耕地保有量（公顷）	873100	–	
		ZJK-Ind22	森林覆盖率（%）	50	55	
		ZJK-Ind23	优良天数比率（%）	90	95	
		ZJK-Ind24	在建工程参与绿色施工评价或示范的比例（%）	100	–	

续表

子系统层	目标层	指标层	BPV	EPV	备注
社会子系统可持续发展	社会发展	ZJK-Ind25	城区人口比例（%）	65	68	
		ZJK-Ind26	人口变化率（%）	5	—	
		ZJK-Ind27	基础教育阶段师生比（-）	0.07	0.06	
		ZJK-Ind28	每千人口医疗卫生机构床位数（张）	5	5.5	
		ZJK-Ind29	城镇职工基本养老保险参保人数（万人）	95	—	
		ZJK-Ind30	新生儿、婴儿和 5 岁以下儿童死亡率（‰）	3/4/6	2/3.5/5	
		ZJK-Ind31	每万人获得大专及以上学历人数（人）	750	860	
		ZJK-Ind32	每万人拥有公共文化设施面积（平方米）	250	260	
		ZJK-Ind33	人均社会保障财政支出（元）	2100	2600	
		ZJK-Ind34	互联网宽带接入用户数（户）	180	200	
		ZJK-Ind35	农村人均收入提高率（%）	15	20	
		ZJK-Ind36	农村中本地就业人口占总人口的比例（%）	25	26	
	协调发展	ZJK-Ind37	城乡教育一体化实现度（%）	85	—	
		ZJK-Ind38	城乡卫生一体化实现度（%）	35	—	
		ZJK-Ind39	城乡社会保障一体化实现度（%）	60	—	
经济子系统可持续发展	经济基础	ZJK-Ind40	经济增长率（%）	6	7.5	年均值
		ZJK-Ind41	人均地区生产总值（元）	50000	51000	
		ZJK-Ind42	人均财政收入（元）	5000	5300	
		ZJK-Ind43	第二产业占 GDP 的比重（%）	35	—	
		ZJK-Ind44	第三产业占 GDP 的比重（%）	55	60	
		ZJK-Ind45	第三产业从业人员比重（%）	70		
		ZJK-Ind46	年引进外资总额（亿美元）	5.5	6	
		ZJK-Ind47	城镇新增就业人数（万人）	6.3	7	
		ZJK-Ind48	地方特色产业与新兴产业就业人口占比（%）	25	26	
	创新与智慧	ZJK-Ind49	研发内部经费占 GDP 比重（%）	0.5	0.75	
		ZJK-Ind50	高新技术企业人均营业收入（万元）	120	—	
		ZJK-Ind51	每万人口高价值发明专利拥有量（项）	1.5	2	
		ZJK-Ind52	全社会研发投入增长率（%）	10	12	
		ZJK-Ind53	年技术交易总额（亿元）	45	55	

续表

子系统层	目标层	指标层	BPV	EPV	备注
经济子系统可持续发展	重点产业扶持	ZJK-Ind54	冰雪产业增加值占服务业增加值比重（%）	30	35	
		ZJK-Ind55	全年参与冰雪运动人次（人次）	1500	1650	
		ZJK-Ind56	新型能源产业 GDP 贡献率（%）	18	20	
		ZJK-Ind57	数字经济产业 GDP 贡献率（%）	2	3	
		ZJK-Ind58	高端制造产业增加值占制造业增加值比重（%）	25	30	
		ZJK-Ind59	文化旅游产业 GDP 贡献率（%）	13	15	
		ZJK-Ind60	外来旅游人数增加率（%）	20	22	
		ZJK-Ind61	健康养生产业增加值占服务业增加值比重（%）	3	4	
		ZJK-Ind62	接受健康养生服务的人次数（人）	10000	15000	
		ZJK-Ind63	特色农牧产业增加值占农业产业增加值比重（%）	80	85	
		ZJK-Ind64	农牧业新增就业人数（人）	5	5.5	
城市治理子系统可持续发展	城市高效治理	ZJK-Ind65	政务办事标准化率（%）	100	–	
		ZJK-Ind66	行政执法投诉处理率（%）	100	–	
		ZJK-Ind67	城市教育支出占比（%）	15	20	
		ZJK-Ind68	城市科技支出占比（%）	1	1.2	
		ZJK-Ind69	人均公用设施建设投资（元）	150	170	
		ZJK-Ind70	人均公园绿地面积（平方米）	150	–	
		ZJK-Ind71	城乡服务事务网上办理率（%）	100	–	
		ZJK-Ind72	行政执法全过程记录实施比例（%）	100		
		ZJK-Ind73	智慧民生综合服务平台覆盖率（%）	100/30	100/50	城区/乡村
		ZJK-Ind74	城乡视频监控系统覆盖率（%）	100	100	农村居民集中居住区/全部农村区域
		ZJK-Ind75	人均应急避难场所面积（平方米）	1	2	
		ZJK-Ind76	网格化管理覆盖率（%）	90	100	

续表

子系统层	目标层	指标层	BPV	EPV	备注
城市治理子系统可持续发展	国际影响提升	ZJK-Ind77	公众参与社会志愿者服务数量（人次/万人）	2000	–	
		ZJK-Ind78	年度举办国际赛事和国际会议的数量（次）	6	12	年均值
		ZJK-Ind79	被国外主要媒体正面报道的数量（次）	10	20	年均值
		ZJK-Ind80	中外政府与民间交往/互访（团次）	50	–	年均值

（二）共识取得机制的实践

在进行指标赋值的过程中，不可避免地需要消除分歧以取得共识，因而共识取得机制（见图 7-6）得到了实践。例如，在确定农村清洁采暖普及率赋值的阶段 1，资料显示城区和县城的清洁采暖率在 2025 年时可以分别达到 100% 和 70%，但对于农村则较难估计。在与指标筛选的专业咨询团队讨论并不能获得满意的结果后，进入了阶段 2，使用德尔菲法，这一问题被提交给当地发展责任部门（市能源局）的专业人士和专家进行咨询。最终形成的咨询结果是，由于张家口市拥有广大的牧区，以现有技术手段，为居住十分分散的牧区居民提供清洁采暖困难很大且成本较高，与牧民的生产生活方式不匹配。同时，牧区采暖产生的污染与碳排放又相对有限，所以农村清洁采暖普及率的 BPV 应确定为 40%，EPV 被确定为 50%。与此类似的过程还发生在确定张家口市森林覆盖率指标的过程中。由于张家口地理和气候，使得其草原占据较大比例，一味提升森林覆盖率并不合理，根据自然资源和规划局提供的信息，结合两区规划相关要求，确定了当前的赋值结果。

能够进入阶段 3 的问题数量不多，其中，较为重要的是关于人均可再生能源发电量和人均二氧化碳排放量赋值的确定过程。在评价研究中，人均可再生能源发电量与人均二氧化碳排放量存在一定的正相关性。但在赋值问题上，由于中国及张家口市可再生能源发电量的快速发展和诸多不确定因素，使得两者的赋值存在相当的难度。根据有关资料和报道估算，"十四五"期间中国的人均可再生能源发电量将增长到 2.3 万千瓦时，增长率超过 30%①，而张家口的数值则将增长到人均 12.5 万千瓦时以上，增长率超过 60%②。但可再生能源发电存在诸多的不确定性，并且张家口可再生能源外输量可能超过了 65%③。通过举行专题研讨会，综合多位专家的意见，考虑电力外输的情况，将人均可再生能源发电量的 BPV 和 EPV 定为现值。对于人均二氧化碳排放量，在阶段 2 的专家咨询过程中，BPV 的赋值得到共识，但 EPV 的赋值出现了分歧。一些专家认为 6.5 吨/人的人均二氧化碳排量过于激进，因而就这一个问题没有能够取得共识性的结果，从而启动了阶段 3。在阶段 3 中，就人均二氧化碳排放量进行了初步的研究。根据 Zhou 等和 He 等④研究，到 2025 年，河北省的人均排放量应低于 9 吨，或接近欧盟目前的水平。来自世界银行⑤和 Eurostat⑥ 发布的 2021 年数据显示，当前的欧盟人均二氧化碳排放量应该低于 8.4 吨（如图 7-8）。另有研究认为，2025 年中国人均二氧化碳排放量将在 7.3~8.3 吨⑦。根据国内外研究人员和机构的研究成果，确定这一指标的 EPV 为 8.3 吨/人，并在专家审查过程中得到了与会专家和当地政府的确认。但是，应当指出，作为面向未来的城市指标体系的一部分，当有更可靠的研究成果时，相关的赋值应当根据更新的研究成果予以变更。在 APEC 城市

---

① 国家能源局. 2021 年度全国可再生能源电力发展监测评价报告［EB/OL］.（2022-09-19）［2022-10-28］. http：//www. chinapower. com. cn/fd/fdsj/20220919/167491. html.

② 张家口市能源局. 河北省张家口市能源"十四五"发展规划［EB/OL］.（2020-06-24）［2020-06-24］. https：//www. zjk. gov. cn/index. html.

③ 深圳市建筑科学研究院. 张家口市碳排放总量控制方法学及政策建议［EB/OL］.（2021-01-26）［2021-05-29］. https：//www. szibr. com/.

④ ZHOU D D. Earliest Peaking the Carbon Emission of China［M］. Beijing：China Economic Publishing House, 2017：37-54.

⑤ WORLD BANK. CO2 Emission（metric tons per capita）［EB/OL］.（2021-07-01）［2021-11-26］. https：//data. worldbank. org/indicator/EN. ATM. CO2E. PC.

⑥ EUROSTAT. Greenhouse Gas Emissions Per Capita［EB/OL］.（2021-07-01）［2021-07-15］. https：//ec. europa. eu/eurostat/databrowser/view/t2020_ rd300/default/table ? lang=en.

⑦ 夏旭田. 能源基金会 CEO 邹骥：中国碳达峰峰值约在 103 亿吨，或带动 45 万亿投资［EB/OL］.（2021-08-26）［2021-10-26］. http：//finance. sina. com. cn/tech/2021-08-26/doc-ikqcfncc5202998. shtml.

可持续发展指标体系的赋值过程中，体现了充分考虑地方特色的做法。而将城市政府纳入指标体系的编制过程中，再结合专家学者的智力资源输入，则能使管理经验与科研成果有机结合，发挥各自优势，形成合力。

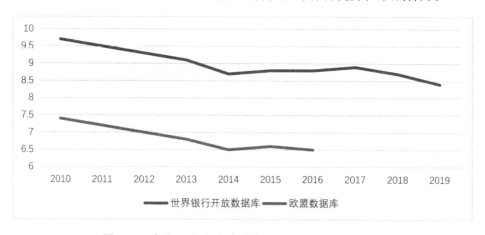

图 7-8　欧盟 27 国人均碳排放量（单位：吨/人·年）

第八章

结论与展望

随着全球可持续发展问题的日趋严峻，城市已经成为应对包括气候变化、能源转型和碳减排等发展挑战的前线。APEC 经济体，尤其是众多发展中经济体正在经历并将长期保持的快速城市化进程，与 APEC 经济体对全球经济、社会和治理的发展贡献一起，使 APEC 城市变得独特，且对全球应对可持续发展挑战有着深刻影响。

本书选择基于这样一个重要区域的城市开展研究，构建了适用于多样性、复杂性、发展不平衡和数量众多等特点交织的 APEC 城市的可持续发展指标体系。基于复杂系统理论，本书提出以环境、社会、经济和城市治理为子系统，构建 APEC 城市可持续发展评价方法与框架，并在此基础上提出了由核心指标、支持指标和城市指标三部分构成的指标体系，以适应 APEC 城市的复杂多样。结合城市类型识别研究，达到既能通过核心指标开展城市间的横向发展比较研究，又能通过支持指标和城市指标，在核心指标的基础上，制定面向具体城市的指标体系，灵活科学地处理城市间的差异和城市本身的发展需要，也形成对指标体系构建中的普遍性与特殊性、科学性和实用性、系统性与层次性、国际性与地方性着眼点的回应。通过本书的评价研究与应用研究，探索构建一套完整的，应用于 APEC 城市的可持续发展指标体系方法，为面向更多具体城市开展构建指标体系的工作提供实施的参考。

第一节　研究总结

一、当前城市可持续发展指标体系仍处于发展阶段，且相当多的既有指标体系不能很好地引导城市的可持续发展。由于相当多的既有城市指标体系的编制，完全以专家为导向或受到商业行为的影响，所以往往形成"自上而下"的指标体系，难以考虑具体城市情况。"自下而上"的指标体系又过于局限于某一部分城市或某些利益诉求的问题，忽视了可持续发展的主体——城市，也没有将影响城市发展的他组织主体——城市政府纳入指标体系的编制和应用中，因而需要构建一个相对均衡的城市指标体系。

二、本书基于复杂系统理论，提出了以环境、社会、经济和城市治理为子系统的 APEC 城市可持续发展评价方法与框架。此举从指标体系构建的底层逻辑上，从自组织和他组织有机统一的角度上，提出将影响城市发展的重要角色——城市政府，通过城市治理子系统引入评价方法和框架中，并指出了其重要性，如城市政府更容易通过提供适用的政策、开展更加有效的行动，提供综合集成的手段，有效应对复杂多样且快速发展的 APEC 城市遇到的可持续发展挑战。

三、通过基于 SOFM 方法的 APEC 城市类型识别研究，对 APEC 城市的发展环境条件与社会经济情况建立了一个相对客观的认识，并形成指导指标体系评价和应用研究的基础。APEC 城市类型识别的结果表明，大量新兴经济体城市的发展模式和质量仍然存在问题。它们与相对发达城市的发展差距较大，即便是河内和上海等新兴经济体的超级大城市，其发展水平仍不及纽约和东京等传统意义上的超级大城市，且由于基础设施的薄弱，探索更加全面的城市可持续发展模式更加迫切。

四、利用 APEC 城市可持续发展核心指标，对可持续发展问题最具挑战性的 B-1 型城市，进行了 APEC 城市可持续发展评价研究。评价结果显示，以中国北方城市为主的 B-1 型城市的综合发展水平不高，且处于较差水平的城市数量较多，这表明至少中国北方城市的可持续发展问题仍然较大。四个子系统发展不协调是造成这种情况主要问题之一，且这一问题普遍存在于这一类型城市之中，即使该城市的综合发展水平评价值较高。因此，在大力发展城市经济的基础上，提升城市环境和社会发展质量、提升城市治理能力的工作仍然很有必要。

五、以张家口市为研究对象的指标体系应用研究，为 APEC 城市可持续发展指标体系探索形成了一套完整的、可以向更多 APEC 城市反馈的城市指标体系构建应用方案，并引导城市开展可持续发展行动。通过将城市可持续发展的责任主体——城市政府纳入城市指标体系的编制过程中，利用 DR3 模型，将城市的发展目标与责任主体有效识别和联系起来，有效收集意见和建议，从而构成了保证城市可持续发展指标体系能够切实反映城市发展的条件，以及指导可持续发展实践的能力，并形成了一套完整的指导 APEC 城市可持续发展指标体系推广应用的方法。

第二节　研究展望

本书基于复杂系统理论，对 APEC 区域的城市可持续发展评价方法、框架和指标体系进行了研究，并通过城市类型识别研究，确定了以 B-1 型城市为研究对象，进行了城市可持续综合发展水平和子系统发展协调程度的评价研究，并以 B-1 型城市张家口市为例，开展了指标体系的应用研究，回顾整个研究，尚存在以下几个方面的不足，需要进一步深入研究。

一、未来有必要对构建 APEC 城市数据库的工作加以重视。APEC 城市类型的识别和城市可持续发展评价研究的工作，凸显了城市数据库的重要性。数据的缺少或不足，限制了研究过程中的一些选择，并进而在一定程度上影响了研究的过程和结果。因而，一个拥有相对完整、准确数据的，能够覆盖大多数 APEC 城市的城市数据库，可以被认为是服务于本区域各个经济体相关研究、十分有必要的学术"基础设施"。在今后的工作中，应重视对于这一重要学术基础设施的建设。

二、未来应对更多类型 APEC 城市开展研究。基于多种原因，本书仅针对可持续发展问题最突出的 B-1 型城市开展了相关的评价和应用研究，在未来，应结合更多城市数据，对其他类型城市开展评价与应用研究，使得对更多不同类型 APEC 城市的可持续发展问题的了解和研究更加深入，探索更多城市可持续发展的解决方案。

三、指标体系在未来仍有完善的空间。由于指标体系的构建受到数据可获得性，以及相关城市责任部门提供资料的完整度的影响，本书所选择的指标体系依然存在不太全面的问题，这也在一定程度上影响了评价研究和应用研究的结果。在未来的工作中，将会更加深入地挖掘 APEC 城市数据，提高城市数据的可获得性，并进一步总结经验，加强与各利益相关方的沟通，以开展更加全面、深入和准确的研究。

参考文献

一、中文文献

专著

[1] 曹小曙, 等. 中国地学通鉴: 城市卷 [M]. 西安: 陕西师范大学出版社, 2018.

[2] 曾珍香, 顾培亮. 可持续发展的系统分析与评价 [M]. 北京: 科学出版社, 2000.

[3] 陈希镇. 现代统计分析方法的理论和应用 [M]. 北京: 国防工业出版社, 2016.

[4] 高继华, 狄增如. 系统理论及应用 [M]. 北京: 科学出版社, 2018.

[5] 何晓群. 应用多元统计分析 [M]. 北京: 中国统计出版社, 2015.

[6] 刘春成, 侯汉坡. 城市的崛起 城市系统学与中国城市化 [M]. 北京: 中央文献出版社, 2012.

[7] 刘起运. 宏观经济系统的投入产出分析 [M]. 北京: 中国人民大学出版社, 2006.

[8] 苗东升. 复杂性科学研究 [M]. 北京: 中国书籍出版社, 2013.

[9] 钱学森. 论系统工程: 新世纪版 [M]. 上海: 上海交通大学出版社, 2007.

[10] 孙施文. 现代城市规划理论 [M]. 北京: 中国建筑工业出版社, 2007.

［11］王放．中国城市化与可持续发展［M］．北京：科学出版社，2000.

［12］袁志发，宋世德．多元统计分析［M］．北京：科学出版社，2009.

［13］赵峥．亚太城市绿色发展报告［M］．北京：中国社会科学出版社，2016.

［14］郑锋．可持续城市理论与实践［M］．北京：人民出版社，2005.

［15］中国社会科学院经济学部．中国经济研究报告［M］．北京：经济管理出版社，2012.

［16］周国艳，于立．西方现代城市规划理论概论［M］．南京：东南大学出版社，2010.

［17］周一星．城市地理学［M］．北京：商务印书馆，1995.

［18］朱丽，严哲星．走向可持续城市——APEC 案例与中国实践［M］．北京：中国建筑工业出版社，2019.

期刊

［1］曾卓．中国地级及以上级别城市发展水平及分类标准初探［J］．市场与人口分析，2000（06）.

［2］仇保兴．如何使海绵城市更具"弹性"［J］．建设科技，2017（01）.

［3］窦攀烽，等．基于城市分类的绿色城市指标体系构建［J］．生态学杂志，2019，38（06）.

［4］杜海龙，等．中外绿色生态城区评价标准比较研究［J］．城市发展研究，2018，25（06）.

［5］凤亚红，陈小妮．基于三重底线理论的 PPP 项目可持续评价［J］．工程管理学报，2021，35（02）.

［6］顾朝林，等．霍尔－巴洛《城市生态学》评介［J］．生态学报，2021，41（23）.

［7］何跃，高策．城市演化的非他律性探索［J］．山西大学学报（哲学社会科学版），2011，34（02）.

[8] 黄发明, 等. 基于改进 TOPSIS 法的湖泊水质评价 [J]. 水电能源科学, 2020, 38 (04).

[9] 黄经南, 等. 国际常用发展指标框架综述与展望 [J]. 国际城市规划, 2019, 34 (05).

[10] 李芳, 李东坪. 基于熵权法的组合评价模型 [J]. 信息技术与信息化, 2021 (09).

[11] 李勤, 等. 基于改进 TOPSIS 法的民用建筑再生利用方案决策 [J]. 武汉大学学报 (工学版), 2022, 55 (02).

[12] 刘晨阳, 曹以伦. APEC 三十年与我国参与亚太区域经济合作的战略新思考 [J]. 东北亚论坛, 2020, 29 (02).

[13] 刘耀彬, 宋学锋. 城市化与生态环境的耦合度及其预测模型研究 [J]. 中国矿业大学学报, 2005 (01).

[14] 龙惟定. 碳中和城市建筑能源系统 (1): 能源篇 [J]. 暖通空调, 2022, 52 (03).

[15] 毛艳. 中国城市群经济高质量发展评价 [J]. 统计与决策, 2020 (03).

[16] 彭思涵, 等. 基于代谢理论的城市化—水资源系统协同演化研究 [J]. 水文, 2019, 39 (04).

[17] 秦梦迪, 等. 中德城镇群城镇等级与发展资源差异比较研究 [J]. 规划师, 2017, 33 (10).

[18] 茹小斌, 等. 北京城市生态空间承载力评价研究 [J]. 环境与可持续发展, 2019, 44 (05).

[19] 尚虎平, 张怡梦. 我国政府绩效问责: 实现 "绩效型政府" 与 "责任型政府" 的统一 [J]. 南京社会科学, 2015 (09).

[20] 邵超峰, 等. 基于 SDGs 的中国可持续发展评价指标体系设计 [J]. 中国人口·资源与环境, 2021, 31 (04).

[21] 孙晓, 等. 中国不同规模城市可持续发展综合评价 [J]. 生态学报, 2016, 36 (17).

[22] 王慧娟, 兰宗敏. 中国城市可持续发展指标体系构建、测度与评

价［J］. 商业经济研究，2022（07）.

［23］王淑佳，等. 国内耦合协调度模型的误区及修正［J］. 自然资源学报，2021，36（03）.

［24］向雪琴，等. 城市分类研究进展综述［J］. 标准科学，2018（04）.

［25］颜姜慧，刘金平. 基于自组织系统的智慧城市评价体系框架构建［J］. 宏观经济研究，2018（01）.

［26］杨东峰，等. 迈向可持续的城市：国际经验解读——从概念到范式［J］. 城市规划学刊，2010（01）.

［27］杨东峰，等. 从可持续发展理念到可持续城市建设——矛盾困境与范式转型［J］. 国际城市规划，2012，27（06）.

［28］杨东峰，等. 城市可持续性的定量评估：方法比较与实践检讨［J］. 城市规划学刊，2011（03）.

［29］杨锋，等. ISO 37120 城市可持续发展指标体系国际标准解读［J］. 中国经贸导刊，2014，29.

［30］杨玉珍. 我国生态、环境、经济系统耦合协调测度方法综述［J］. 科技管理研究，2013，33（04）.

［31］俞立平，等. 赋权类非线性学术评价方法伪权重及权重失灵研究——以 TOPSIS 评价方法为例［J］. 情报杂志，2022，41（05）.

［32］张爱琴，等. 科技评价中加权 TOPSIS 的权重可靠吗？——基于分子加权 TOPSIS 法的改进［J］. 现代情报，2018，38（11）.

［33］张成昱，等. 既有公共建筑改造综合性能评价指标体系研究［J］. 建筑节能，2019，47（10）.

［34］张发明，刘志平. 组合评价方法研究综述［J］. 系统工程学报，2017，32（04）.

［35］张桂林，等. 基于 ISO 37120 分析城市可持续发展水平——以 4 个一线城市为例［J］. 工程管理学报，2018，32（01）.

［36］张静，任志远. 陕西省城市可持续发展系统协调性评价［J］. 地域研究与开发，2016，35（04）.

［37］赵闯，等．SOFM 神经网络在物流中心城市分类评价中的应用［J］．中国公路学报，2004，17（04）．

［38］赵景柱，等．中国可持续城市建设的理论思考［J］．环境科学，2009，30（04）．

［39］赵玉川，胡富梅．中国可持续发展指标体系建立的原则及结构［J］．中国人口·资源与环境，1997，7（04）．

［40］郑锋．自组织理论方法对城市地理学发展的启示［J］．经济地理，2002（06）．

［41］周干峙．城市及其区域——一个典型的开放的复杂巨系统［J］．城市轨道交通研究，2009，12（12）．

［42］周干峙．城市发展和复杂科学［J］．规划师，2003（S1）．

［43］周干峙．城市及其区域——一个典型的开放的复杂巨系统［J］．城市发展研究，2002，9（01）．

［44］庄贵阳．中国低碳城市试点的政策设计逻辑［J］．中国人口·资源与环境，2020，30（03）．

其他

［1］郭玲．乌鲁木齐以能源绿色低碳发展为关键，落实"双碳"目标任务［EB/OL］．乌鲁木齐晚报，2022-05-11．

［2］国家能源局．2021 年度全国可再生能源电力发展监测评价报告［EB/OL］．中国电力网，2022-10-28．

［3］深圳市建筑科学研究院．张家口市碳排放总量控制方法学及政策建议［EB/OL］．深圳市建筑科学研究院，2021-05-29．

［4］夏旭田．能源基金会 CEO 邹骥：中国碳达峰峰值约在 103 亿吨，或带动 45 万亿投资［EB/OL］．21 世纪经济报道，2021-10-26．

［5］张家口市能源局．河北省张家口市能源"十四五"发展规划［EB/OL］．张家口市人民政府网站，2020-06-24．

［6］中国国务院．国务院关于"十四五"新型城镇化实施方案的批复［EB/OL］．中国政府网，2022-07-01．

二、英文文献

专著

[1] ALLEN P M. Cities and regions as self-organizing systems: models of complexity [M]. London: Routledge, 2012.

[2] BASTE I A, et al. Making Peace with Nature: A scientific blueprint to tackle the climate, biodiversity and pollution emergencies [M]. Nairobi: United Nations Environment Programme, 2021.

[3] BRANDON P, et al. Cities and Sustainability, Sustaining Our Cultural Heritage [M]. Moratuwa: University of Moratuwa, 2000.

[4] DAY J W, et al. America's most sustainable cities and regions: Surviving the 21st century megatrends [M]. New York: Springer, 2016.

[5] GEORGE D, MALLERY P. IBM SPSS statistics 26 step by step: A simple guide and reference [M]. London: Routledge, 2019.

[6] UNITED NATIONS. Handbook of National Accounting: Integrated Environmental and Economic Accounting 2003 [M]. New York: United Nations, 2003.

[7] ZHOU D D, et al. Earliest Peaking the Carbon Emission of China [M]. Beijing: China Economic Publishing House, 2017.

期刊

[1] ALI-TOUDERT F, JI L. Modeling and measuring urban sustainability in multi-criteria based systems—A challenging issue [J]. Ecological Indicators, 2017, 73.

[2] AMEEN R F M, et al. A critical review of environmental assessment tools for sustainable urban design [J]. Environmental Impact Assessment Review, 2015, 55.

[3] AWADH O. Sustainability and green building rating systems: LEED, BREEAM, GSAS and Estidama critical analysis [J]. Journal of Building Engi-

neering, 2017, 11.

［4］BEG N, et al. Linkages between climate change and sustainable development［J］. Climate policy, 2002, 2（02）.

［5］BENSON E M, BEREITSCHAFT B. Are LEED−ND developments catalysts of neighborhood gentrification?［J］. International Journal of Urban Sustainable Development, 2020, 12（01）.

［6］BIBRI S E, et al. Compact city planning and development: Emerging practices and strategies for achieving the goals of sustainability［J］. Developments in the built environment, 2020, 4.

［7］CALLWAY R, et al. Embedding green infrastructure evaluation in neighbourhood masterplans − does BREEAM communities change anything?［J］. Journal of Environmental Planning & Management, 2019, 62（14）.

［8］DOU P, et al. Construction of an index system for green cities based on urban classification［J］. Chinese Journal of Ecology, 2019, 38（06）.

［9］E. INNES J, BOOHER D E. Indicators for Sustainable Communities: A Strategy Building on Complexity Theory and Distributed Intelligence［J］. Planning Theory & Practice, 2000, 1（02）.

［10］EGGER S. Determining a sustainable city model［J］. Environmental Modelling & Software, 2006, 21（09）.

［11］EVANS J, JONES P. Rethinking sustainable urban regeneration: ambiguity, creativity, and the shared territory［J］. Environment and Planning A, 2008, 40（06）.

［12］GIMENEZ C, et al. Sustainable operations: Their impact on the triple bottom line［J］. International journal of production economics, 2012, 140（01）.

［13］HAAPIO A. Towards sustainable urban communities［J］. Environmental Impact Assessment Review, 2012, 32（01）.

［14］HADDAD A, et al. Framework for Assessing Urban Energy Sustainability［J］. Sustainability, 2021, 13（16）.

　　[15] KESSEL D G. Global warming—facts, assessment, countermeasures [J] . Journal of Petroleum Science and Engineering, 2000, 26 (04) .

　　[16] KROPP J. A neural network approach to the analysis of city systems [J] . Applied Geography, 1998, 18 (01) .

　　[17] MARQUEZ-BALLESTEROS M-J, et al. Measuring urban energy sustainability and its application to two Spanish cities: Malaga and Barcelona [J] . Sustainable Cities and Society, 2019, 45.

　　[18] MUNIER N. Methodology to select a set of urban sustainability indicators to measure the state of the city, and performance assessment [J] . Ecological Indicators, 2011, 11 (05) .

　　[19] PACHECO A G C, KROHLING R A. Ranking of Classification Algorithms in Terms of Mean-Standard Deviation Using A-TOPSIS [J] . Annals of Data Science, 2018, 5 (01) .

　　[20] PENG T, DENG H. Research on the sustainable development process of low-carbon pilot cities: the case study of Guiyang, a low-carbon pilot city in south-west China [J] . Environment, Development and Sustainability, 2021, 23 (02) .

　　[21] QIAO Z G, et al. Forecasting carbon dioxide emissions in APEC member countries by a new cumulative grey model [J] . Ecological Indicators, 2021, 125.

　　[22] REN Y T, et al. A guiding index framework for examining urban carrying capacity [J] . Ecological Indicators, 2021, 133.

　　[23] REYES NIETO J E, et al. Urban Integrated Sustainable Assessment Methodology for Existing Neighborhoods (UISA fEN), a New Approach for Promoting Sustainable Development [J] . Sustainable Development, 2018, 26 (06) .

　　[24] RICHARDSON F M, THOMAS M S C. Critical periods and catastrophic interference effects in the development of self-organizing feature maps [J] . Developmental Science, 2008, 11 (03) .

［25］SALMORAL G, et al. Water-related challenges in nexus governance for sustainable development: Insights from the city of Arequipa, Peru ［J］. Science of The Total Environment, 2020, 747.

［26］SHARIFI A, MURAYAMA A. A critical review of seven selected neighborhood sustainability assessment tools ［J］. Environmental Impact Assessment Review, 2013, 38.

［27］SHI Q, et al. Challenges of developing sustainable neighborhoods in China ［J］. Journal of Cleaner Production, 2016, 135.

［28］SINGH R K, et al. An overview of sustainability assessment methodologies ［J］. Ecological Indicators, 2012, 15 (01).

［29］WEN B, et al. Evolution of sustainability in global green building rating tools ［J］. Journal of Cleaner Production, 2020, 259.

［30］WU Y G, et al. Design with nature and eco-city design ［J］. Ecosystem health and sustainability, 2020, 6 (01).

［31］ZHAO R D, et al. Evaluating urban ecosystem resilience using the DPSIR framework and the ENA model: A case study of 35 cities in China ［J］. Sustainable Cities and Society, 2021, 72.

［32］ZHU J, et al. Measuring Carbon Market Transaction Efficiency in the Power Industry: An Entropy-Weighted TOPSIS Approach ［J］. Entropy, 2020, 22 (09).

［33］ZHU L, et al. Developing an Indicator System to Monitor City’s Sustainability Integrated Local Governance: A Case Study in Zhangjiakou ［J］. Sustainability, 2022, 14 (09).

其他

［1］ISO. ISO/TR 37121: 2017 Sustainable development in communities — Inventory of existing guidelines and approaches on sustainable development and resilience in cities ［R］. International Standardization Organization, 2017.

［2］APEC EWG. Research on Forms of Low-Carbon Energy System and

Best Practices for APEC Sustainable Cities [EB/OL] . Asia−Pacific Economic Cooperation, 2020−08−19.

［3］ APEC EWG. APEC Sustainable Urban Development Report − From Models to Results [EB/OL] . Asia−Pacific Economic Cooperation Secretariat, 2021−12−16.

［4］ APEC POLICY SUPPORT UNIT. Partnerships for the Sustainable Development of Cities in the APEC Region [EB/OL] . Asia−Pacific Economic Cooperation, 2020−08−06.

［5］ BRE. BREEAM Communities Integrating sustainable design into masterplanning [EB/OL] . Building Research Establishment, 2019−10−09.

［6］ ISO. ISO 37105: 2019: Sustainable cities and communities — Descriptive framework for cities and communities [EB/OL] . International Organization for Standardization, 2020−12−25.

［7］ ROBERTS B H, et al. Shaping the Future through an Asia−Pacific Partnership for Urbanization and Sustainable City Development [EB/OL] . Asia−Pacific Economic Cooperation, 2019−11−05.

［8］ UNITED NATIONS. World Urbanization Prospects the 2018 Revision Methodology [EB/OL] . United Nations, 2020−05−17.

［9］ UNITED NATIONS. World urbanization prospects: The 2014 revision [EB/OL] . United Nations, 2018−05−14.

后　记

　　本书在 APEC 城市可持续指标体系的构建与评价应用研究的基础上修改而成，经过大量文献梳理、实地调查、专家调研、分析和研究工作，终于完成了对 APEC 城市可持续发展指标体系的研究。除了我与王辰的共同努力，本书的研究得到了 APEC 可持续城市项目联合运营中心（以下简称"CNSC 联合运营中心"）的鼎力支持。CNSC 联合运营中心是 APEC 可持续能源中心（APSEC）下设的支柱项目联合研究机构，由 APSEC、中国建筑节能协会和中国建筑股份有限公司三方共同组建和运营管理，致力于在 APEC 区域传播可持续城市的先进理念和模式，促进成员经济体在可持续发展领域的信息交流、政策对话、技术研发、示范推广、能力建设等方面加强合作。

　　从研究开始，中国建筑节能协会会长武涌会长、李德英副会长、吴景山秘书长、付宇副秘书长、北京中建工程顾问有限公司总经理、中建设计工程技术研究院院长孙鹏程博士、中建工程产业技术研究院有限公司绿色建造研究所副所长黄宁博士、中国建筑技术中心楚洪亮女士、APSEC 合作部主管秦冬女士等，他们参与了研究的设计、调研和讨论、沟通与联络等工作，为研究工作的推进和成功完成贡献了智慧，付出了汗水。

　　在项目调查研究、资料整理与分析、数据分析研究和书稿修改编辑的过程中，APSEC 主任助理德斯文先生（Steivan DEFILLA）、研究员严哲星博士，以及天津大学建筑学院壹佰工作室的硕士研究生胡维杭，为相关环节的顺利进行和本书的出版做出了具体而有益的工作。最后，需要衷心表达谢意的是参与本书的 APSEC 专家团成员，他们是深圳市原副市长唐杰、国家应对气候变化战略研究和国际合作中心首任主任李俊峰、亚洲开发银行高级金融专家沈一扬、电力规划设计总院的院长助理何肇、国际部副处长王顺超和王珺、中国电力建设集团有限公司投资与运营管理部副主任严秉忠、深圳市建筑科学研究院的刘俊跃副总和总工李芬博士、北京工业大学城市交通学院院长陈艳艳、国家节能中心副主任康艳兵、山东建筑大学原党委书记王崇杰教授、天津大学的张维教授、赵林教授和任军教授等人。作为本书相关领域的资深专家学者们，他们为研究的前瞻性、科学性和合理性提供了弥足珍贵的指导与建议。

朱　丽

2022 年 10 月